2016优秀统计课题集粹

浙江省统计局 编

GLAMOUROUS
DATA

数字的魅力

基于统计视野的 浙江经济社会发展研究 （2016）

浙江工商大学出版社
ZHEJIANG GONGSHANG UNIVERSITY PRESS

图书在版编目(CIP)数据

数字的魅力：基于统计视野的浙江经济社会发展研究：2016 / 浙江省统计局编. —杭州：浙江工商大学出版社，2016.12

ISBN 978-7-5178-1996-7

Ⅰ. ①数… Ⅱ. ①浙… Ⅲ. ①区域经济发展－浙江省－文集②社会发展－浙江省－文集 Ⅳ. ①F127.55-53

中国版本图书馆 CIP 数据核字(2016)第 315065 号

数字的魅力
——基于统计视野的浙江经济社会发展研究(2016)

浙江省统计局 编

责任编辑	吴岳婷　刘　韵	
封面设计	林朦朦	
责任校对	何小玲	
责任印制	包建辉	
出版发行	浙江工商大学出版社	
	（杭州市教工路 198 号　邮政编码 310012）	
	（E-mail：zjgsupress@163.com）	
	（网址：http://www.zjgsupress.com）	
	电话：0571－88904980，88831806（传真）	
排　版	杭州朝曦图文设计有限公司	
印　刷	杭州嘉业印务有限公司	
开　本	787mm×1092mm　1/16	
印　张	22.5	
字　数	334 千	
版 印 次	2016 年 12 月第 1 版　2016 年 12 月第 1 次印刷	
书　号	ISBN 978-7-5178-1996-7	
定　价	50.00 元	

版权所有　翻印必究　印装差错　负责调换

浙江工商大学出版社营销部邮购电话　0571－88904970

编辑委员会

主　任：王　杰

副主任：竺　园　沈　强　方腾高　王美福

　　　　张　斌　左南丁　陈　红　郁志君

　　　　李金昌　苏为华

编　委：（按姓氏笔画排列）

　　　　王启金　王科跃　朱飞飞　朱天福

　　　　刘迎春　李　新　沈　毅　张晟立

　　　　沙培锋　陈良汉　陈晓明　林　云

　　　　明升利　周云云　周东春　郎初华

　　　　胡　迪　胡永芳　姚剑平　徐海彪

　　　　郭慧敏　黄　平　黄则铷　傅吉青

　　　　蔡　特　潘强敏

主　编：张　斌

副主编：朱飞飞　沙培锋

编　辑：王武平　莫乐平　牛域宁　劳　印

　　　　施越霞

目　录

2016年浙江省信息经济发展综合评价报告

为了贯彻落实省委、省政府关于加快发展信息经济的战略部署,监测、评价信息经济发展水平,追踪信息经济发展的进程和效果,强化信息经济在推动全省经济转型升级中的重要作用,根据《浙江省人民政府关于加快发展信息经济的指导意见》(浙政发〔2014〕21号)和《浙江省人民政府关于印发加快发展信息经济重点工作部门分工方案的通知》(浙政办函〔2014〕75号)要求,省统计局组织开展了信息经济统计监测评价体系研究。在理论探索、经验借鉴、产业分析和统计实证的基础上,经过多次组织相关部门、专家学者讨论、咨询,建立了一套导向明确、指标科学、全面反映信息经济水平的综合评价体系,并开展了2015年度省、设区市和县(市、区)三个层次的综合评价工作。

一、信息经济综合评价体系的构建

1962年,美国经济学家弗里兹·马克卢普在《美国的知识生产和分配》中首先提出了信息经济的概念,随后美国企业家保罗·霍肯在《下一代经济》中认为"信息经济是以信息和知识为基础的经济";20世纪80年代末,我国经济学家乌家培认为"信息经济是以现代信息技术等高技术为基础,信息产业起主导作用的,基于信息、知识的一种新型经济"。通过对信息经济理论发展和本质特征的总结,我们认为信息经济是以信息资源为基础,信息技术为手段,通过研发与生产知识密集型的信息技术产品和服务,促进经济增长、社会进步和劳动就业的一种新型经济形态。从产业链和价值链看,信息经济发展的主要表现形式为信息产业化和产业信息化,涉及经济社会生活的方方面面。

(一)指导思想

深入贯彻党的十八大、十八届三中、十八届四中全会和习近平总书记系列重要讲话精神,坚持以"八八战略"为总纲,认真落实"两富""两美"浙江建设的新要求,紧紧围绕省委、省政府关于加快发展信息经济的决策部署,结合我省经济社会发展实际,建立导向明确、指标科学、全面反映信息经济发展情况的评价体系,客观真实地反映信息经济发展水平,强化统计分析、监测和预警工作,引导和促进我省各地查找发展的优势和不足,明确推进信息经济发展的目标、方向和任务,进一步全面深化改革开放,提高自主创新能力,不断提高信息经济综合实力和国际竞争力,为加快推进我省从制造大省向信息经济大省跨越,促进经济社会转型升级奠定坚实基础。

(二)基本原则

1. 导向性原则

认真贯彻落实习总书记关于要"建设网络强国,形成实力雄厚的信息经济"的讲话精神和省委、省政府的战略部署,围绕《浙江省人民政府关于加快发展信息经济的指导意见》(浙政发〔2014〕21 号)和《浙江省信息经济发展规划(2014—2020 年)》确定的指导思想、主要目标和重点工作,通过建立统计监测评价体系,跟踪政策实施效果,反映工作进程,揭示存在的薄弱环节,引导和激励各地区增强科学发展意识和发展能力,创新体制机制,切实有效地推进信息经济发展。

2. 系统性原则

统计监测评价体系作为一个有机的整体,应该能够反映和测度被评价系统的主要特征和基本状况。信息经济涉及面非常广,涵盖信息基础设施建设、信息经济核心产业发展、信息技术在经济社会各领域的应用等方面的内容,统计监测评价指标体系应全面反映信息经济在生产、生活、消费、管理等各个领域的发展状态,并揭示各领域之间的内在关系。

3.针对性原则

要针对现阶段信息经济发展的基本特征、主要趋势、关键领域和薄弱环节,有针对性的选取一些核心指标。在确定市、县评价指标体系过程中,要充分考虑各地客观条件、产业基础和发展阶段的差异性,尽量选取具有共性的指标,淡化对市、县域信息经济发展没有普适性的指标。

4.可操作性原则

信息经济作为新型经济形态,产业链长,渗透性强,具有跨行业、跨部门、行业交叉、多行业、多业态的特点。指标体系要以现有统计体系、方法和规范标准为基础,指标设置上体现少而精的原则,所选指标宜控制在 20 个左右。对于一些必须反映而又缺乏指标或技术支持的内容,待条件成熟后再纳入评价指标体系。

5.开放性原则

建立信息经济统计监测评价体系是一项开创性工作,没有经验可供借鉴,需要边探索边完善。同时,由于信息技术瞬息万变,信息领域的新理念、新产品、新机制和新模式不断变化,信息经济统计监测评价体系应保持其动态性和开放性,要根据信息经济发展的新情况、新特征、新的发展阶段以及统计调查制度和测算方法的逐步完善,及时对指标体系进行补充和修订,按照先易后难、逐步完善的原则,有计划、有步骤地建立健全符合浙江实际和特点的信息经济统计监测评价体系。

(三)评价指标体系

根据上述评价指标体系设置原则,我们构建了信息经济统计监测指标体系,该指标体系由基础设施类、产业发展类和融合应用类等 3 个方面 20 项具体指标组成。具体如下:

1.信息基础设施

信息基础设施是信息经济发展的基础技术支撑。在指标构建上,选取城域网出口宽带、固定宽带段口平均速度、每平方千米拥有移动基站数量、固定互联网普及率、移动互联网普及率和付费数字电视普及率(含 IPTV)6 项指标,从网络终端设备普及情况和网络承载能力、网络速率、数字化业务覆盖水平情况等综合衡量信息经济基础设施发展情况。

2.信息经济核心产业

信息经济核心产业是信息经济的基础性产业。依据国家工业和信息化部和国家统计局的统计制度,浙江省已经确定了《浙江省信息经济核心产业统计分类目录》,具体包括计算机、通信和其他电子设备制造业、电子信息机电制造业、专用电子设备制造业、软件及其服务业、信息网络传输及其服务业、广播影视数字内容及其服务业等 6 大国民经济行业类别。选取信息经济核心产业增加值占 GDP 的比例以反映信息经济核心产业对区域经济发展和产业结构优化带来的影响,信息经济核心产业劳动生产率来反映企业生产效率,信息制造业新产品产值率反映工业企业自主创新能力及新产品开发和应用力度。

3.融合应用

大力发展信息经济,核心就是要以互联网为代表的信息技术加速各行各业渗透、融合、发展,推动互联网由消费领域向生产领域拓展,加速提升产业发展水平,构筑经济社会发展新优势和新动能。评价指标的安排从个人应用、企业应用和政府应用三个角度入手,反映个人、企业实体和政府三大主体在信息经济整合应用环节的发展情况。个人应用方面包括人均移动互联网接入流量、全体居民人均通讯支出、人均电子商务销售额和网络零售额相当于社会消费品零售总额比例 4 个指标;企业应用方面选取企业信息化投入相当于主营业务收入比例、企业电子商务销售额占主营业务收入的比重、企业每百名员工拥有计算机数、企业从事信息技术工作人员的比例、企业应用信息化进行购销存管理普及率、企业应用信息化进行生产制造管理普及率和企业应用信息化进行物流配送管理普及率 7 个指标;政府应用方面鉴于目前反映政府应用相关指标的数据采集存在困难,该项指标暂时不参与评价,待条件成熟后再纳入指标评价。

表 1　浙江省信息经济综合评价指标体系

类别	一级指标	权数	二级指标	单位	权数
基础设施类	一、基础设施	25	1. 城域网出口带宽	Gbps	4
			2. 固定宽带段口平均速度	Mbps	6
			3. 每平方千米拥有移动基站数量	个/平方千米	4
			4. 固定互联网普及率	户/百人	4
			5. 移动互联网普及率	户/百人	5
			6. 付费数字电视普及率(含 IPTV)	户/百人	2
产业发展类	二、核心产业	30	1. 信息经济核心产业增加值占 GDP 的比例	%	15
			2. 信息经济核心产业劳动生产率	万元/人	8
			3. 信息制造业新产品产值率	%	7
融合应用类	三、个人应用	22	1. 人均移动互联网接入流量	G/人	6
			2. 全体居民人均通讯支出	元/人	7
			3. 人均电子商务销售额	元/人	6
			4. 网络零售额相当于社会消费品零售总额比例	%	3
	四、企业应用	23	1. 企业信息化投入相当于主营业务收入比例	%	2
			2. 企业电子商务销售额占主营业务收入的比重	%	2
			3. 企业每百名员工拥有计算机数	台/百人	5
			4. 企业从事信息技术工作人员的比例	%	5
			5. 企业应用信息化进行购销存管理普及率	%	3
			6. 企业应用信息化进行生产制造管理普及率	%	3
			7. 企业应用信息化进行物流配送管理普及率	%	3
	五、政府应用	该项指标暂时不参与评价,待条件具备再纳入指标评价。			

（四）指标权重的确定

指标权重主要由指标的重要性确定，同时适当考虑数据的可靠性，即对部分开展统计调查时限较短、数据质量不够稳定的指标（如部分电子商务和信息技术企业应用部分指标）暂时适当降低权重。反映政府应用情况的指标由于暂不参与评价，暂时不分配权重。权重的确定采用了德尔菲法，即专家评价与打分法。经信息化领域、信息产业领域和统计领域专家评审后，确定了评价指标体系的 3 大类，5 个一级指标的权重和 20 个二级指标的权重。权重分数合计为 100 分。

需要指出的是，信息经济评价指标体系的指标构成和权重设置还仅是初步研究结果，将在今后实际工作中进一步完善和改进。

（五）综合评价方法

综合评价的过程是对统计计算获得的评价指标先进行无量纲化处理，再对无量纲化处理得到的数值进行综合加权计算评价得分。评价过程既计算出总水平，也可以计算出分层或分类的水平，并且能初步显示各个评价内容的相互影响与相互制约的关系。具体计算方法如下：

1. 以全省平均值作为标准值对评价指标进行无量纲化处理

为了避免在无量纲化过程中统计信息的流失，准确刻画各地相关指标相对于全省的水平，我们以全省平均值作为标准值对评价指标进行无量纲化处理，其统计意义在于能准确揭示各地与全省平均水平的差异程度。为增加数据的可比性，在"城域网出口带宽指标"里设置各市平均数区分市级和县级数据，设置各市平均数和县区平均数为指标标准值。为了避免单项指标的过度影响，单项指标得分最高不超过该项指标分值的 2 倍。

具体方法如下：

$$I_{ij} = \frac{X_{ij}}{\overline{X}_j}$$

其中：X_{ij} 是第 i 个地区第 j 个指标值，$\overline{X}_j$ 是第 j 个指标的全省平均值；I_{ij} 是第 i 个地区第 j 个指标相对于全省平均水平的标准化值。I_{ij} 大于 1，表明 I_{ij}

高于全省平均水平,反之,则低于全省平均水平。

2. 按照评价指标权重,对无量纲化处理后的二级指标逐项进行加权,分别计算出一级指标的得分

具体方法如下:

$$E_{ik} = \sum_j I_{ij} W_j$$

其中:E_{ik} 为第 i 个地方第 k 个一级指标的得分,W_j 为第 k 个一级指标范围内第 j 个二级指标值的权重。

3. 通过对各个一级指标加权计算出各地信息经济发展情况综合得分

具体方法如下:

$$E_i = \sum_k E_{ik} W_k$$

其中:E_i 为第 i 个地区的信息经济发展指数,W_k 为第 k 个一级指标的权重。

二、2015 年全省信息经济发展总体情况

近年来,全省深入实施"八八战略",紧紧抓住新一轮科技产业革命与产业变革、数字经济发展浪潮的重大历史机遇,加快推进以互联网为核心的信息经济创新发展,以关键技术创新和应用模式创新为引领,加快信息基础设施建设,大力发展新一代信息技术产业,全面推进新一代信息技术与三次产业的融合创新,以信息化培育新动能,用新动能推动新发展,全省信息经济呈现良好的发展势头,成为浙江经济转型升级的新动能。根据评价结果显示,2015 年全省信息经济发展指数为 125.6%,其中基础设施、核心产业、个人应用和企业应用发展指数分别为 151.1%、111.9%、137.8% 和 103.8%(详见表 2)。

(一)信息基础设施建设水平大幅提升

近年来,浙江不断加大力度,加快完善基础设施建设,打造全方位互联

互通格局,建设高速畅通、覆盖城乡、质优价廉、服务便捷的宽带网络基础设施和服务体系,网络覆盖和保障能力不断提升,各项指标均处于全国前列,2015年全省电信业务总量(按2010年不变单价)达1581亿元,较上年增长38%。至2015年,全省城域网出口宽带达22.7Tbps,固定宽带端口平均速率达30.9Mbps,比上年分别增长95.0%和194.3%。全省累计建成4G基站数约10万个,每平方公里拥有移动电话基站数量2.0个,TD-LTE/FDD已完成全省商用覆盖,4G+/pre5G启动试验网建设与应用。固定互联网普及率和移动互联网普及率分别达34.7户/百人和102.9户/百人,分别比上年提高3.6和13.1个点。全省广播电视有线网络"一省一网"整合基本完成,"三网融合"取得重大进展,全省付费数字电视普及率(含IPTV)达53.1%,比上年提高8.8个百分点。

(二)信息经济核心产业成为全省经济增长的新引擎

信息经济核心产业的发展以及相关创新能力的提升,为信息经济加速发展提供强劲拉动与内生动力。2015年,全省信息经济核心产业增加值3373亿元,按现价计算,比上年增长18.2%,增幅比上年提高3.8个百分点,占全省GDP的比重为7.9%,比上年提高0.8个百分点。信息经济核心产业劳动生产率为28.3万元/人,是全社会劳动生产率的2.5倍,比上年增长13.2%。作为"新经济"的基础,信息经济核心产业已经成为我省重要的支柱产业。2015年,信息制造业新产品产值率达52.2%,高出全省规模以上工业20.3个百分点,信息制造业已成为我省工业新产品的高产区;信息服务业营业收入3615亿元,增长39.4%,增幅高于规模以上服务业营业收入19.3个百分点,对规模以上服务业增长的贡献率达66.7%。全省大力推进以重点企业研究院为核心的产业技术创新综合试点,推进产业基地及特色小镇建设,已建成国家和省级信息产业基地、园区40个,省级信息经济示范区12个,省级信息经济类特色小镇10个。一批优势骨干企业快速成长,2015年全省13家企业入围中国电子百强,9家企业入围中国软件百强,22家入围中国电子元件百强,入围百强数总体保持全国前列。

(三)融合应用深入推进

1. 个人信息消费成为激发消费增长的重要引擎

随着互联网、移动互联网、物联网、云计算、大数据等新一代信息技术的快速发展,个人信息消费热点不断涌现,新服务、新模式层出不穷,可穿戴设备、AR/VR、智能家电等智能硬件成为新的消费热点;网络约车、网络众筹、网络医院等分享经济不断创新发展,基于互联网的个人信息消费活力不断激发,成为消费增长的重要引擎。在 4G 用户大幅增长、套餐流量资费下降等因素影响下,全省居民个人信息消费额大幅增长,信息消费的领域不断拓宽,消费方式和消费习惯也发生了巨大的变化。2015 年,全省网络零售额7611 亿元,比上年增长 49.9%,省内居民网络消费 4012 亿元,增长 39.6%。全年人均通讯支出 956 元/人,增长 8.8%。全年人均移动互联网接入流量6.2G,比上年增加 3.7G,增长 148%,呈高速增长态势。人均电子商务销售额 10255 元/人,比上年增长 17.6%。网络零售额相当于社会消费品零售总额的 38.5%,比上年提高 6.9 个百分点。浙江跨境电商进出口额约占全国的四分之一,仅次于广东,位居全国第二;跨境电商出口超 40 亿美元,约占全国的 16%。据阿里研究院发布的数据显示,2015 年全国电商百佳县中浙江占 42 席,全国 780 个淘宝村中浙江占 280 席,均位居全国第一。

2. 企业融合创新应用进一步提升

新一代信息技术在企业各个关键环节的应用不断深化、应用面不断拓展,研发设计、生产装备、流程管理、物流配送、能源管理的数字化、网络化、智能化不断加速,信息技术正在从单项业务应用向多业务综合集成转变,从单一企业应用向产业链协同应用转变,全省机器换人和智能制造步伐不断加快,企业信息整合应用正在成为推动传统产业发展方式转变的重要动力。从全省近 4 万家规模以上工业企业的信息化调查情况来看,2015 年,每百名员工拥有计算机 25.1 台,比上年增长 4.6%;信息化投入 272 亿元,相当于企业主营业务收入的比例为 0.4%,比上年提高 0.2 个百分点;专职从事信息技术工作人员 13.9 万人,占全部从业人员的 2.0%,占比较上年提高

0.3 个百分点；应用信息化进行购销存管理普及率、生产制造管理普及率和物流配送管理普及率分别为 55.7％、36.8％和 11.8％。

全省信息化水平不断提升。据中国电子信息产业发展研究院发布的评估报告，2015 年浙江省信息化发展指数达 95.89，较 2014 年的 84.8 增长 11.09，仅次于北京、上海，居全国第三位、各省区第一位；两化融合发展指数为 98.15，相比 2014 年的 86.26 增长 11.89，仅次于广东，位居全国第二。

表 2　2015 年浙江省信息经济主要指标完成情况

类别	一级指标	二级指标	单位	2014 年	2015 年
基础设施类	基础设施	1.城域网出口带宽	Gbps	11939	23286
		2 固定宽带段口平均速度	Mbps	10.5	30.9
		3.每平方千米拥有移动基站数量	个/平方公里	1.5	2.0
		4.固定互联网普及率	户/百人	31.1	34.7
		5.移动互联网普及率	户/百人	89.8	102.9
		6.付费数字电视普及率(含 IPTV)	户/百人	44.3	53.1
产业发展类	核心产业	1.信息经济核心产业增加值占 GDP 的比例	％	7.1	7.9
		2.信息经济核心产业劳动生产率	万元/人	25.0	28.3
		3.信息制造业新产品产值率	％	46.1	52.2
融合应用类	个人应用	1.人均移动互联网接入流量	G/人	2.5	6.2
		2.全体居民人均通讯支出	元/人	879.0	956.5
		3.人均电子商务销售额	元/人	8723	10255
		4.网络零售额相当于社会消费品零售总额比例	％	31.6	38.5
	企业应用	1.工业企业信息化投入相当于主营业务收入比例	％	0.2	0.4
		2.工业企业电子商务销售额占主营业务收入的比重	％	3.6	3.7
		3.工业企业每百名员工拥有计算机数	台/百人	24.0	25.1
		4.工业企业从事信息技术工作人员的比例	％	1.7	2.0
		5.工业企业应用信息化进行购销存管理普及率	％	56.5	55.7

类别	一级指标	二级指标	单位	2014 年	2015 年
企业应用	6. 工业企业应用信息化进行生产制造管理普及率	％	38.7	36.8
		7. 工业企业应用信息化进行物流配送管理普及率	％	12.5	11.8
政府应用	该项指标暂不参与评价。				

三、全省各地信息经济发展综合评价结果

　　根据《浙江省信息经济综合评价办法（试行）》,对 11 个设区市和 90 个县(市、区)进行了综合评价。在评价实施过程中,鉴于目前部分指标分县(市、区)的数据采集尚存在一定的困难,我们对这类指标统一采用特殊处理方式。一是对移动电话用户数、移动互联网用户数、移动互联网接入流量、移动电话基站数、付费数字电视用户数等反映基础设施指标,统一采用公安总户数的比例对市辖区的总数进行划分;二是各县(市、区)常住人口数暂时采用 2010 年人口普查数据。

(一)市级评价结果

　　根据评价结果,可分为三个梯队。第一梯队分值为 100 分以上,杭州作为我省信息经济的领军城市,以 149.8 的高分蝉联榜首,对全省信息经济快速发展的示范带动作用明显;第二梯队分值在 80 至 100 之间共 5 个市,依次是宁波 98.6 分、嘉兴 97.3 分、金华 95.2 分、温州 88.0 分、湖州 82.5 分;第三梯队分值在 60 至 80 之间的地区,依次是台州 74.7 分,丽水和绍兴并列 74.3 分、舟山 67.4 分和衢州 67.3 分,5 个地区评价结果较为接近。

　　从纵向得分看,杭州、台州得分略有上升,分别提升 1.33 和 0.10 分,其余 9 市得分均有所下降,下降最多的 3 市分别是舟山、宁波和金华,分别下降 8.0、3.72 和 3.68 分。总体上看,全省各市由于产业基础和经济发展水平不均,信息经济发展水平仍存在较大的差距,且与领头的杭州市的差距有

略微拉大的迹象。

从名次变化看,台州市提升 3 位,超过舟山、丽水、绍兴 3 市,从第 10 位提升到第 7 位,而舟山后退 1 位,绍兴后退 2 位,分别居第 10、第 9 位。

表3　2015 年各市信息经济综合评价结果

地区	基础设施		核心产业		个人应用		企业应用		总指数	
	得分	位次	得分	位次	得分	位次	得分	位次	得分	位次
杭州市	134.64	1	174.22	1	152.64	1	131.6	1	149.8	1
宁波市	122.43	2	73.27	5	104.56	3	100.2	2	98.6	2
嘉兴市	116.33	3	87.34	2	92.19	5	94.5	4	97.3	3
金华市	99.24	5	81.44	3	104.75	2	99.7	3	95.2	4
温州市	112.59	4	73.25	6	83.65	6	84.8	9	88.0	5
湖州市	85.56	9	75.73	4	76.15	7	94.1	5	82.5	6
台州市	96.92	6	52.63	10	69.58	10	84.1	10	74.7	7
丽水市	66.26	10	53.59	9	93.82	4	91.5	6	74.3	8
绍兴市	86.76	8	57.19	8	72.21	8	84.9	8	74.3	9
舟山市	93.09	7	41.62	11	70.11	9	70.3	11	67.4	10
衢州市	64.43	11	64.19	7	49.89	11	91.2	7	67.3	11

1. 基础设施建设方面

杭州、宁波、嘉兴、温州 4 个市的发展情况优于全省平均水平,金华、台州、舟山、绍兴和湖州 5 市处于中流水平,与全省平均水平较为接近,排名最后两位的是丽水和衢州 2 市,与全省平均水平有一定的差距。就分项指标情况来看,城域网出口带宽最为领先的是杭州、温州和宁波市,分别达到3684、3804 和 3034Gbps。固定宽带段口平均速度最高的依次是杭州、温州、嘉兴、宁波和台州市,分别为 34.5、33.9、31.8、31.3 和 30.5Mbps。嘉兴、舟山和宁波市每平方公里拥有移动电话基站数量居前三位,分别为 3.9个、3.6 个和 2.9 个。杭州和宁波市互联网普及率最高,其中固定互联网普及率分别为 40.6 和 39.4 户/百人,移动互联网普及率分别为 129.1 户/百人和 121.8 户/百人。各市付费数据电视普及率(含 IPTV)的差距较为明显,杭州市付费数据电视普及率(含 IPTV)高达 125.5 户/百人。

从纵向得分对比看,湖州、嘉兴、绍兴、台州、丽水 5 市得分有所提升,分别提升 3.3、4.86、3.54、5.63、8.25 分,表明其在基础建设方面的改善程度比全省平均提升水平快;其余 6 市得分有所下降,改善程度比全省平均提升水平慢。在名次变化上,嘉兴、台州、丽水各前进 1 位,温州、衢州、舟山各后退 1 位,其他 5 市没有变化。

2. 核心产业发展情况

杭州市以 174.2 分独占鳌头,与其他市地相比优势十分明显,居第 2 至第 6 位的分别是嘉兴、金华、湖州、宁波和温州。杭州将"发展信息经济、推进智慧应用"作为全市"一号工程",连续出台了打造信息经济"六大中心"等一系列政策扶持,信息经济得到迅猛发展。2015 年,杭州信息经济核心产业增加值占 GDP 的比例达 18.5%,比全省平均水平高出 10.6 个百分点;信息经济核心产业劳动生产率为 48.8 万元/人,是全省平均水平的 1.7 倍;信息制造业新产品产值率 63.1%,比全省平均水平高 10.9 个百分点。此外,嘉兴、宁波、温州和金华 4 市的信息经济核心产业增加值占当地 GDP 的比例均在 6.0% 以上;舟山、湖州、绍兴、金华和台州市的信息经济核心产业劳动生产率均在 20 万元/人以上;嘉兴市信息制造业的新产品产值率达 66.6%,居全省首居位。

从得分看,杭州提升 1.61 分,快于全省平均提升水平,而其余 10 市均有所下降,提升水平慢于全省平均提升水平,其中舟山、衢州得分降低最大,分别降低 10.55 和 9.37 分。从名次变化看,宁波提升 1 位,温州下降 1 位,位次互换,分别居第 5 和第 6 位,其他 9 市则没有变化。

3. 个人应用情况

杭州、宁波、嘉兴、金华等市作为全国信息消费试点市,先后出台了多项促进信息消费扩大内需的实施意见及试点方案,试点工作卓有成效。个人应用前 3 位的杭州、金华、宁波市得分均高于 100 分,丽水、嘉兴、温州 3 市的得分在 80 分以上,湖州、绍兴、舟山、台州和衢州 5 市得分低于 80 分。杭州、舟山、温州和宁波市等地居民全年人均通讯支出在 1000 元以上,杭州、宁波、金华、嘉兴、舟山、湖州、温州和台州等市全年人均移动互联网接入流量在5G以上。根据阿里研究院发布2015年中国"电商百佳城市"榜单,我省11个地级市全部入围其中,杭州、金华市分列第一和第四位。2015年,杭州网络零售总额达2680亿元,比上年增长42.6%,拉动全省网络零售总额增长15.8个百分点,网络零售总额相当于社会消费品零售总额的57.0%,人均电子商务销售额为29891.3元,是全省平均水平的2.9倍。金华网络零售总额相当于社会消费品零售总额的75.4%,为全省最高。其他各市的发展也各有特色,嘉兴市网络零售总额占社会消费品零售总额的55.9%,高出全省平均水平17.4个百分点;丽水和宁波2市人均电子商务销售额最高,分别为18705和10596元。

从得分变化看,衢州得分提升最大,提升5.08分,其次是温州市,提升2.06,其提升水平快于全省平均提升水平,其余9市均有所下降,下降最大的为嘉兴和绍兴2市,得分分别下降11.63和8.42分。从名次变化看,金华、丽水、湖州各提升1位,而宁波、嘉兴、绍兴各下降1位,其他5市没有变化。

4.企业应用情况

全省各市的发展水平差异有所扩大。杭州市的优势地位进一步显现,从上年的120.8分上升到131.6分,宁波和金华市分别为100.2和99.7分,得分在100分左右,嘉兴、湖州、丽水和衢州5市得分在90分以上,绍兴、温州和台州市接近85分,舟山得分为70.3分。杭州市工业企业的信息网络软硬件配备较为普及,规模以上工业企业从事信息技术工作人员的比例为2.8%,每百名员工拥有计算机数量33.6台。宁波市在工业企业应用信息化进行购销存管理普及率、生产制造管理普及率和物流配送管理普及率上相对领先,分别为62.0%、44.5%和13.7%。从规模以上工业企业的信息化投入情况看,杭州、宁波、绍兴、嘉兴、湖州和金华等市的信息化投入分别为72.8、43.7、39.5、26.7、25.7和17.5亿元。杭州和湖州市信息化投入相当于企业主营业务收入的比例分别为0.59%和0.61%,约高于全省平均水平0.2个百分点。丽水、杭州、温州、金华和衢州市工业企业电子商务销售额占主营业务收入的比重分别为 13.9%、6.7%、4.6%、4.1% 和 4.1%,高于全省平均水平。

从得分情况看,杭州、嘉兴、湖州均有所提升,分别提升 10.84、3.54、3.25 分,其他各市均有所下降,其中舟山、丽水下降最大,分别下降 12.78 和 7.64 分。从名次变化看,嘉兴、湖州各提升 2 位,绍兴提升 1 位,衢州、丽水各下降 2 位,温州下降 1 位,其他 5 市没有变化。

(二)县(市、区)级评价结果

2015 年,全省 90 个县(市、区)中,综合评价得分最高的 6 个县(市、区)依次为杭州市的滨江区(171.0)、西湖区(154.5)、余杭区(148.5)、上城区(133.0)、下城区(126.5)、宁波市海曙区(121.4)和杭州市拱墅区(121.3),得分超过 120 分,比 2014 年新增拱墅区;综合评价得分在 100—120 分有 16 个县(市、区),在 80—100 分有 21 个县(市、区),在 60—80 分有 35 个县(市、区),60 分以下的有 11 个县(市、区)。80 分以上占比接近 50%,60 分以下的占比为 12.2%。

信息经济总体发展情况处于全省领先地位(总得分 100 以上)的 23 个县区依次是滨江区、西湖区、余杭区、上城区、下城区、海曙区、拱墅区、江东区、乐清市、南湖区、秀洲区、椒江区、东阳市、吴兴区、义乌市、鹿城区、海宁市、鄞州区、江干区、婺城区、越城区、萧山区、金东区。

从名次变化看,提升 10 位及以上的有 11 个,分别是吴兴区(16 位)、天台县(16 位)、江干区(14 位)、桐庐县(14 位)、秀洲区(13 位)、椒江区(13 位)、三门县(12 位)、南湖区(11 位)、桐乡市(11 位)、临海市(10 位)、莲都区(10 位)。

1.信息基础设施建设方面

39 个县(市、区)得分高于 100 分,优于全省平均水平。排名前 20 位的依次是上城区、下城区、义乌市、海曙区、西湖区、拱墅区、滨江区、江东区、鹿城区、江干区、越城区、余杭区、萧山区、桐乡市、南湖区、镇海区、吴兴区、龙湾区、椒江区、秀洲区。新进前 20 位的是越城区、桐乡市、南湖区、吴兴区、秀洲区 5 个县(市、区)。

从名次变化看,提升 10 位及以上的有 12 个,分别是长兴县(28 位)、莲都区(28 位)、吴兴区(22 位)、三门县(22 位)、柯城区(19 位)、桐乡市(18 位)、上虞市(15 位)、永康市(15 位)、婺城区(12 位)、秀洲区(10 位)、越城区(10 位)、嵊州市(10 位)。

2. 信息经济核心产业发展情况

10 个县(市、区)得分高于 100 分,优于全省平均水平。依次是滨江区、余杭区、西湖区、东阳市、乐清市、嘉善县、临安市、开化县、苍南县、海宁市。

从名次变化看,提升 10 位以上的有 8 个,分别是桐庐县(37 位)、诸暨市(19 位)、宁海县(16 位)、龙湾区(16 位)、浦江县(16 位)、磐安县(13 位)、鹿城区(11 位)、兰溪市(11 位)。

3. 个人应用情况

23 个县(市、区)得分高于 100,优于全省平均水平。依次是滨江区、下城区、江东区、上城区、余杭区、西湖区、拱墅区、义乌市、椒江区、秀洲区、江干区、鹿城区、海曙区、萧山区、吴兴区、莲都区、婺城区、鄞州区、北仑区、镇海区、越城区、永康市、龙湾区。

从名次变化看,提升 10 位以上的有 13 个,分别是天台县(24 位)、温岭市(23 位)、平阳县(21 位)、桐乡市(19 位)、桐庐县(17 位)、江干区(16 位)、富阳市(14 位)、庆元县(14 位)、浦江县(13 位)、黄岩区(13 位)、缙云县(13 位)、苍南县(11 位)、瑞安市(11 位)。

4. 企业应用情况

29 个县(市、区)得分高于 100 分,优于全省平均水平。排名居前 20 的分别为滨江区、西湖区、上城区、江东区、下城区、江干区、拱墅区、海曙区、宁海县、淳安县、金东区、余杭区、南湖区、乐清市、磐安县、天台县、衢江区、义乌市、庆元县、桐庐县。

从名次变化看,提升 10 位以上的有 22 个,分别是天台县(44 位)、景宁县(35 位)、庆元县(32 位)、南浔区(28 位)、椒江区(26 位)、临海市(26 位)、兰溪市（22位）、秀洲区（21位）、三门县（20位）、仙居县（20位）、富阳区（19位）、吴兴区（18位）、海盐县（16位）、诸暨市（16位）、桐庐县（15位）、镇海区（15位）、文成县（15位）、德清县（14位）、拱墅区（13位）、萧山区（13位）、海宁市（13位）、温岭市（13位）。

四、信息经济发展的对策建议

促进浙江信息经济加快发展，不断提高信息经济的综合实力和国际竞争力，把浙江建设成信息经济大省和信息经济发展先行区，建议实施以"一二三四发展模式"为核心的战略举措，即夯实"一个基础"，狠抓"两个重点"，深挖"三个切入点"，掌握"四个支撑点"。

（一）一个基础：加强信息基础设施建设

加快宽带网络建设，大力推进骨干网、城域网和接入网升级改造，提升网络容量和智能调度能力。加快下一代互联网的部署和商用。实现全省宽带无线网络全覆盖，公共服务场所等重点区域无线局域网广泛覆盖。全面推进"三网融合"，统筹新一代移动通信网、下一代互联网和下一代广播电视网络建设，强化信息基础设施标准规范。推进电信、广电业务双向进入，鼓励发展交互式网络电视（IPTV）、手机电视、有线电视宽带服务等融合性业务，确保省IPTV集成播控平台和传输系统安全稳定运行。优化提升云计算中心建设，提高数据计算、存储、智能处理和安全管控能力。加强全省信息基础设施建设，为信息经济稳步发展，创造良好的基础网络环境。

（二）两个重点：大力发展"互联网＋"新业态，培植信息经济核心产业

浙江发展信息经济其核心就是大力推进以互联网等为代表的新一代信息技术在各行各业的融合渗透，培育壮大"云移大物"（云计算、移动互联网、大数据、物联网）等代表的新一代信息技术产业，大力发展"互联网＋"，促进

传统产业的转型升级,努力建设信息经济大省,助力浙江快速发展、走在前列。目前,信息经济已成为我省推动经济转型升级的新引擎。它像黏合剂、催化剂,渗透在企业产品开发、设计、生产、销售等各个环节,提升价值链。在当前"互联网＋"时代,互联网"加"上传统制造业,催生了智能制造;"加"上传统商业,催生了电子商务;"加"上传统金融,催生了互联网金融……正是通过互联网在各个行业的渗透、融合、颠覆,既改造了传统产业实现升级,又催生了新兴产业实现转型,推动存量提升和增量发展,真正实现实体经济的"腾笼换鸟"和"凤凰涅槃"。

同时,越要发展信息经济,越是需要强大实体经济的支撑与互动,割裂与传统经济或者其他经济形态的联系,信息经济也不能健康发展。现阶段,必须加快发展电子信息制造业、软件和信息技术服务业,着力发展应用电子产业。以安防、云计算、电子信息、电子商务、物流快递、大数据、动漫游戏等领域为重点,加快培育发展具有国际竞争力的大型企业、企业集团和行业龙头企业,推动一批品牌影响力大、创新能力强、发展潜力大、带动性强的大企业尽快实现国际化。鼓励企业或行业协会牵头成立产业战略联盟,引导产业链上下游企业间交流协作,以龙头骨干企业带动中小企业发展,使全省信息经济核心产业进一步做大做强。

(三)三个切入点:电子商务、信息消费、两化融合

1.推动电子商务向纵深拓展

推进电子商务应用和模式创新。深入实施"电商换市"。普及生产企业电子商务应用,进一步扩大浙货销售,逐步构建通畅高效的网络营销体系。引导商品市场发展电子商务,实施商品交易市场信息化改造,有序建设电商平台,推动市场商户开设网店,推动网上网下市场融合互动发展。培育发展第三方电商平台、电商交易企业、电商服务商和电商产业基地等各类市场主体,推动电子商务向企业间电子商务交易和大宗商品网上交易拓展。围绕农村消费、农产品销售、农村青年创业和城乡一体化,大力发展农村电子商务。加快发展跨境电子商务。努力开拓电商新领域,构建电商综合服务

体系。

2.扩大信息消费

当前,浙江正处于居民消费升级、企业装备投资消费升级、城市管理服务升级的新阶段,要进一步挖掘消费潜力、增强供给能力,推动信息消费快速增长。通过加强资费监管,加强网络购物、电子银行、互动媒体等信息消费应用示范,改善居民信息消费体验,增强居民信息消费意愿,释放居民信息消费需求,催生新的经济增长点。鼓励企业加大技术创新投入,加强企业技术中心、重点企业研究院、行业公共技术研发中心等多层次创新体系建设,提高企业的核心竞争力。加快电子政务建设。建设基于云计算的全省统一电子政务公共服务平台,加快建设集行政审批、便民服务、政务公开等功能于一体、省市县三级联动的政务服务网。研究制订公共信息资源开放共享管理办法,建立跨部门、跨地区信息共享、业务协同的公共服务体系,创新推进政府信息资源的深度开发和社会化利用。

3.推进信息化和工业化深度融合

提升企业信息化水平。以"三名"企业特别是协同制造的龙头企业、总部型企业为重点,开展贯彻信息化和工业化深度融合管理体系国家标准试点,形成示范带动效应。实施千家规模以上工业企业"登高计划",推进企业信息化从基础应用、单项应用向集成应用、创新应用、产业链协同应用转变,确保骨干企业基本实现装备智能化、设计数字化、生产自动化、管理现代化、营销服务网络化。针对中小微企业多样化、个性化需求,帮助中小微企业深化研发设计、生产制造、经营管理、市场营销等核心环节的信息化应用。

(四)四个支撑点:技术创新、体制创新、人才创新、安全保障

1.加强核心技术自主创新

以杭州国家自主创新示范区建设为契机,着力构建信息经济自主创新体系,完善创新链条,提升创新能力。采取政府引导、市场运作、社会和企业

共同投入的方式,实现信息经济领域重大核心技术的创新发展。加大对具有自主知识产权的新技术、新产品和新服务的政府采购力度,激励科技创新。提升企业自主创新的研发平台支撑,支持企业自办或与国内外大专院校、科研单位联办省级(重点)企业研究院、重点实验室、博士后工作站、工程技术研究中心和中试基地等研究开发机构,完善自主创新的基础条件和技术装备,实现科技成果的转化。鼓励企业成立技术联盟,实现技术资源互补,减少单个企业的开发风险及投入成本,促进技术创新。

2. 加强体制机制创新

这是确保浙江信息经济走在前列的关键要件。要用改革的办法激发市场主体积极性,建立完善高效的投入机制、开放共享的运行机制、产学研用协同创新机制、科学协调的管理制度。要打破行业进入壁垒,促进信息资源开放共享和企业公平竞争,增强信息经济发展的内生动力。同时,针对薄弱环节和瓶颈制约,强化政府在制度建设、规划引导和政策调控等方面的职能。

3. 强化人才创新支撑

积极引进信息经济复合型紧缺人才,加大对信息经济高层次人才,特别是行业领军人才和团队的引进,完善配套政策措施,提供良好的工作环境和生活条件。鼓励院校、企业紧密合作培养高素质技能型人才,加快信息经济专业人才培养,强化在职人员技能培训。创新办学理念,探索建立中国互联网大学等新平台,优化高等院校学科和专业设置,加大复合型人才培养力度。

4. 强化信息安全保障

完善行业标准规范和网络法治,加强法律法规体系建设,促进信息经济健康、有序发展。加强网络安全顶层设计,实行网络基础设施与安全保密设施同步规划、同步建设、同步使用,强化信息化项目安全审计,重点保障网络和信息安全。构建互联互通的安全开放平台,打造"互联网+"安全免疫系统。积极参与制定网络安全国际行为准则、互联网治理等国际规则和标准,组织开展全省"互联网＋"新业态领域的安全标准建设,加强基础信息资源和个人信息保护,强化互联网信息安全管控。

课题负责人:王　杰
课题组成员:林　云　吕国堂　王怡川
　　　　　　谢海波　蒋晓雁　徐　璐
　　　　　　赵蓓蓓　郭慧敏
执　笔　人:蒋晓雁

附件1

2015 年各县(市、区)信息经济综合评价结果

排　名	地　区	基础设施	核心产业	个人应用	企业应用	总　分
1	滨江区	151.77	182.38	185.76	162.8	171.0
2	西湖区	154.63	165.50	144.88	149.1	154.5
3	余杭区	137.39	177.59	153.44	117.7	148.5
4	上城区	175.90	65.79	160.58	147.6	133.0
5	下城区	171.44	56.75	163.66	133.2	126.5
6	海曙区	157.18	86.55	120.04	129.2	121.4
7	拱墅区	152.79	75.43	138.22	130.5	121.3
8	江东区	151.76	40.11	161.94	133.6	116.3
9	乐清市	108.73	116.20	96.68	111.9	109.1
10	南湖区	135.99	88.26	93.87	117.6	108.2
11	秀洲区	126.48	82.41	126.81	96.4	106.4
12	椒江区	129.13	83.66	128.04	86.1	105.4
13	东阳市	93.11	142.29	77.95	95.9	105.2
14	吴兴区	132.22	79.96	114.12	98.9	104.9
15	义乌市	158.21	33.80	134.67	108.7	104.3
16	鹿城区	143.87	88.67	120.19	63.7	103.7
17	海宁市	108.30	104.22	92.47	105.9	103.0
18	鄞州区	125.65	80.35	107.71	103.1	102.9
19	江干区	142.51	32.18	120.28	132.2	102.2
20	婺城区	109.22	85.56	109.46	107.2	101.7
21	越城区	139.32	79.45	105.45	85.4	101.5
22	萧山区	137.23	66.19	116.14	94.0	101.3
23	金东区	90.52	99.85	92.34	117.9	100.0
24	龙湾区	129.31	88.87	101.34	76.8	99.0
25	北仑区	124.98	64.66	107.20	103.4	98.0
26	江北区	126.18	72.25	97.47	96.2	96.8

排 名	地 区	基础设施	核心产业	个人应用	企业应用	总 分
27	富阳区	92.52	92.88	99.49	102.5	96.5
28	镇海区	133.09	56.70	105.49	96.5	95.7
29	余姚市	104.08	97.88	81.71	93.8	94.9
30	临安市	85.55	110.69	75.25	101.3	94.4
31	永康市	109.02	70.87	102.93	100.4	94.2
32	嘉善县	103.65	111.14	73.53	81.2	94.1
33	桐乡市	136.72	68.24	86.42	86.4	93.5
34	慈溪市	118.74	74.93	86.44	96.8	93.4
35	苍南县	100.47	105.32	58.56	78.0	87.5
36	宁海县	79.72	81.37	64.43	118.6	85.8
37	平湖市	100.19	86.58	67.47	84.9	85.4
38	桐庐县	81.95	83.52	68.49	107.3	85.3
39	瑞安市	112.82	77.71	73.34	65.9	82.8
40	南浔区	85.54	86.52	56.05	99.1	82.5
41	玉环县	121.72	51.79	70.14	89.3	81.9
42	永嘉县	87.13	67.17	87.76	87.7	81.4
43	瓯海区	124.91	48.75	86.50	69.7	80.9
44	长兴县	90.38	88.91	61.09	79.0	80.9
45	莲都区	94.74	37.53	111.68	88.9	80.0
46	诸暨市	88.36	81.37	54.51	93.0	79.9
47	定海区	107.07	48.01	86.03	83.2	79.2
48	安吉县	81.09	63.62	68.40	106.6	78.9
49	武义县	78.73	65.64	80.24	93.8	78.6
50	淳安县	70.82	80.87	41.81	118.1	78.3
51	海盐县	85.89	70.35	59.61	97.0	78.0
52	洞头县	96.93	63.75	55.71	95.1	77.5
53	浦江县	80.82	68.52	73.25	88.7	77.3
54	德清县	90.08	60.55	62.25	91.2	75.4

排　名	地　区	基础设施	核心产业	个人应用	企业应用	总　分
55	开化县	55.63	105.79	35.59	93.8	75.0
56	天台县	75.67	45.11	74.73	111.0	74.4
57	象山县	85.79	61.86	54.16	97.0	74.2
58	嵊州市	78.75	60.26	54.55	102.6	73.4
59	兰溪市	64.40	82.93	47.32	95.5	73.4
60	平阳县	96.59	67.86	59.95	66.5	73.0
61	温岭市	106.53	42.62	71.41	77.1	72.9
62	黄岩区	94.69	38.96	81.37	78.3	71.3
63	路桥区	119.36	24.73	66.75	80.3	70.4
64	奉化市	97.82	53.11	62.91	68.6	70.0
65	磐安县	64.56	56.30	49.41	111.2	69.5
66	青田县	58.37	76.39	58.98	76.5	68.1
67	柯桥区	89.82	43.99	75.54	67.6	67.8
68	临海市	74.54	54.25	57.47	87.8	67.7
69	云和县	66.28	60.91	53.46	91.7	67.7
70	柯城区	103.11	22.15	64.18	89.6	67.2
71	上虞区	86.20	31.99	64.58	94.5	67.1
72	泰顺县	85.84	68.42	35.10	75.3	67.0
73	新昌县	72.20	49.95	56.63	92.4	66.7
74	三门县	97.54	37.51	53.83	83.7	66.7
75	缙云县	67.11	58.76	57.17	84.5	66.4
76	江山市	53.64	73.01	41.98	82.0	63.4
77	龙泉市	56.83	56.69	50.37	91.8	63.4
78	衢江区	73.60	25.74	43.79	108.8	60.8
79	仙居县	79.52	24.90	57.65	87.2	60.1
80	文成县	71.17	46.55	42.07	80.4	59.5
81	龙游县	61.82	44.74	37.22	95.0	58.9
82	建德市	69.70	36.12	44.10	90.4	58.8

排　名	地　区	基础设施	核心产业	个人应用	企业应用	总　分
83	遂昌县	55.96	64.99	39.49	70.8	58.5
84	庆元县	52.78	23.39	51.33	107.9	56.3
85	普陀区	99.72	17.64	57.13	57.4	56.0
86	松阳县	52.12	51.84	41.40	76.5	55.3
87	岱山县	69.51	18.27	53.16	78.1	52.5
88	常山县	55.39	44.36	36.06	75.2	52.4
89	嵊泗县	90.21	6.40	65.64	57.3	52.1
90	景宁县	57.74	18.45	39.46	90.5	49.5

附件 2

浙江省信息经济综合评价指标解释

一、基础设施

1. 城域网出口带宽

反映本地区在数据和互联网业务上与国内和国际其他地区数据传输服务能力。

城域网出口带宽＝各运营商城域网出口带宽之和

2. 固定宽带端口平均速度

反映本地区宽带平均接入速度。

固定宽带端口平均速度 $= \sum$（各运营商固定宽带端口平均速率 $\times$ 固定宽带总条数）$\div \sum$ 各运营商固定宽带总条数

3. 每平方千米拥有移动基站数量

反映本地区移动基站覆盖情况。

每平方千米拥有移动基站数量＝各运营商移动基站数之和 $\div$ 行政区划面积

4. 固定互联网普及率

反映本地区互联网普及应用水平。

固定互联网普及率＝各运营商固定宽带总条数之和÷常住人口总数

5. 移动互联网普及率

反映本地区移动互联网普及应用水平。

移动互联网普及率＝各运营商移动互联网用户数之和÷常住人口

6. 付费数字电视普及率（含 IPTV）

反映本地区付费数字电视服务使用水平。

$$付费数字电视普及率（含 IPTV）＝（付费数字电视用户数$$
$$＋IPTV 用户数）÷总户数（公安）$$

二、核心产业

1. 信息经济核心产业增加值占 GDP 的比重

反映信息经济核心产业发展对区域经济发展与产业结构优化的贡献度。

$$信息经济核心产业增加值占 GDP 的比重＝$$
$$信息经济核心产业增加值÷GDP×100\%$$

2. 信息经济核心产业劳动生产率

反映企业生产效率、劳动投入的重要指标，是企业生产技术水平、经营管理水平、职工技术熟练程度和劳动积极性的综合表现。

$$规模以上信息经济核心产业劳动生产率＝（规模以上信息制造业增加$$
$$值＋规模以上信息服务业增加值）÷（规模以上信息制造业年平均用工人数$$
$$＋规模以上信息服务业年均从业人员数）$$

3. 信息制造业新产品产值率

反映信息制造业企业自主创新能力及新产品开发和应用强度。

$$信息制造业新产品产值率＝规模以上信息制造业新产品产值÷$$
$$规模以上信息制造业工业总产值×100\%$$

三、个人应用

1. 人均移动互联网接入流量

反映本地区移动数据流量使用水平。

人均移动互联网接入流量＝移动互联网接入流量÷常住人口总数

2. 全体居民人均通讯支出

以抽样调查数据进行推算,反映本地区居民用于通信方面的通信工具、电话费、邮费及其他通信费用等全部支出的水平。

3. 人均电子商务销售额

反映规模以上工业企业、有资质的建筑业企业、限额以上批发和零售业企业、限额以上住宿和餐饮业企业、房地产开发经营业企业、规模以上服务业法人企业借助网络订单而销售的商品和服务总额的水平。

人均电子商务销售额＝全社会规上(限上)企业电子商务销售额
÷常住人口总数

4. 网络零售额相当于社会消费品零售总额比例

反映本地区通过网络实现零售额与全社会消费品零售总额的比例关系。

网络零售额相当于社会消费品零售总额比例＝
网络零售额÷社会消费品零售总额×100％

四、企业应用

1. 企业信息化投入相当于主营业务收入比例

反映本地区企业信息消费（投入）水平。

企业信息化投入相当于主营业务收入比例＝规模以上企业
信息化投入÷规模以上企业主营业务收入×100％

2. 企业电子商务销售额占主营业务收入的比重

反映企业借助网络订单而销售的商品和服务占企业销售的份额。

企业电子商务销售额占主营业务收入的比重＝规模以上
企业电子商务销售额÷规模以上企业主营业务收入×100％

3. 企业每百名员工拥有计算机数

反映企业计算机应用情况。

企业每百名员工拥有计算机数＝规模以上企业期末计算机拥有数
÷规模以上企业从业人员平均人数

4. 企业从事信息技术工作人员的比例

反映企业信息化人才使用情况。

企业从事信息技术工作人员的比例＝规模以上企业信息
技术人员数÷规模以上企业从业人员平均人数×100％

5. 企业应用信息化进行购销存管理普及率

反映企业销售与采购环节信息化应用水平。

企业应用信息化进行购销存管理普及率＝应用信息化进行购销存
管理的规模以上企业数÷使用信息化管理的规模以上企业数×100％

6. 企业应用信息化进行生产制造管理普及率

反映企业生产环节信息化应用水平。

企业应用信息化进行生产制造管理普及率＝应用信息化进行生产制造管理的规模以上企业数÷使用信息化管理的规模以上企业数×100％

7. 企业应用信息化进行物流配送管理普及率

反映企业物流环节信息化应用水平。

企业应用信息化进行物流配送管理普及率＝应用信息化进行物流配送管理的规模以上企业数÷使用信息化管理的规模以上企业数×100％

五、政府应用

反映本地区政府信息技术投入水平。政府应用暂不参与评价,待条件具备再纳入指标体系进行综合评价。

数据来源:基础设施指标数据来源于浙江移动、电信、联通、华数和省新闻出版广电局,网络零售额数据来源于省商务厅,总户数数据来源省公安厅,其余数据来源于省统计局和国家统计局浙江调查总队。

离散因变量空间计量模型的统计推断

一、引　言

空间计量经济学发源于 20 世纪 70 年代的欧洲。20 世纪 90 年代，由于空间关系的理论框架逐渐清晰，空间计量经济学才开始进入了快速发展阶段。传统的计量经济学，因忽略了地理空间邻近个体的相互作用带来的空间相关性和空间异质性，从而可能导致计量估计方法和检验结果的失效或偏差。而空间计量经济学的崛起和快速发展，弥补了传统计量经济学的这些缺陷。近二十年的发展过程中，空间计量经济学应用在众多领域，如区域经济、环境、社会、地理等，成为计量经济学理论发展过程中的一个重要分支。

空间计量模型按照因变量是否连续，可以分为连续因变量空间计量模型和离散因变量空间计量模型，而离散因变量空间计量模型又可以分为二元因变量空间计量模型、多元选择空间计量模型和有序因变量空间计量模型。二元因变量模型分为线性概率模型、二元 Probit 模型以及二元 Logit 模型。由于线性概率模型存在很多缺陷，经济意义不明显，现在已很少采用。本文研究的是连接函数为标准正态分布函数的空间二元 Probit 模型的估计方法。

没有加入空间效应的离散因变量模型在经济、农业、消费等领域中的应用是非常广泛的，但相邻位置的个体选择结果往往是类似的，比如在对土地种植何种农作物的决策中，周边地区土地使用者如何选择会对决策结果产生影响,也就是存在空间依赖,构建一般的离散因变量模型将不再合适,这就需要在离散因变量模型中加入空间因素,构建离散因变量空间计量模型。对于引入空间效应的离散因变量空间计量模型,国内外学者的研究相对较少。本文将重点研究此类模型中的二元空间 Probit 模型。

(一)空间计量模型总述

空间计量经济学的概念最早由 Paelinck(1979)提出,此后经过相关学者的努力得到发展,最终形成了空间计量经济学的理论框架体系。Anselin(1988)对空间计量经济学作了系统的研究,分析了两种模型:空间滞后模型(Spatial Lag Model)和空间误差模型(Spatial Error Model)。Anselin(1990)在这些基本模型的基础上,将这两个模型合并,使空间相关的两种情况都存在。随着空间计量经济学的发展,另一种建模方法被大家采用,即空间杜宾模型(Spatial Durbin Model,SDM),这种模型不仅考虑被解释变量的空间效应,同时还考虑了解释变量的空间因素。对空间相关性检验方法包括 Moran's I 检验(Moran,1950)、LM－lag 检验及 LM－error 检验(Anselin,1988)、Robust LM－error 检验及 Robust LM－lag 检验(Bera & Yoon,1993)。除此之外,还有基于最大似然法的 LR、Wald、LM 检验、KP－Moran 检验以及 Anselin 提出的空间相关性得分检验等(Burridge,1980;Anselin,1988)。当空间因素引入模型中后,不再满足经典假设的条件,如果继续使用 OLS 方法来估计,所得到的估计量将是有偏且不一致的,针对这一问题,学者们提出了不同的解决方法。如利用极大似然估计(ML)(Ord,1975)、两阶段最小二乘方法(2SLS)(Kelejian & Prucha,1998)、广义矩估计(GMM)(Harry et al.,1999)、贝叶斯方法(LeSage & Pace,1999)等来估计空间计量模型。

(二)空间 Probit 模型

相对于连续因变量空间计量模型,离散因变量空间计量模型的研究较少。国外一些学者研究了估计离散因变量空间计量模型的方法,包括 EM 算法、极大似然法、广义矩估计以及贝叶斯 MCMC 算法等。Anselin(2002)

比较了空间 Probit 模型和空间 Logit 模型,他认为空间 Probit 模型比空间 Logit 模型更有优势,在离散因变量空间计量模型中空间 Probit 模型更为流行,因此本文重点研究空间 Probit 模型。

1. EM 算法

McMillen(1992)研究了 SAR Probit 模型,他提出使用 EM 算法对模型估计所得参数估计值的离散程度进行一致度量。

2. 极大似然法

Beron & Vijverberg(2004)指出,采用极大似然法估计 SAR 概率单位模型非常困难,计算比较复杂。Fleming(2004)将极大似然估计方法应用到离散因变量模型中。Wang et al. (2013)提出了用部分极大似然估计量来估计空间 Probit 模型,通过模拟证明该估计量在一定条件下是一致的且渐近正态的。

3. 广义矩估计方法

Pinkse & Slade(1998)将广义矩估计方法(GMM)应用到空间 Probit 模型中,讨论了 GMM 估计量的渐近性质。这个方法的关键之处是找到合适的工具变量,但这并不容易。Klier & McMillen(2008)基于 Pinkse & Slade(1998)的 GMM 提出了一种线性化的形式来避免出现不可行问题。Hoshino(2010)针对包含空间滞后潜在因变量和空间自回归误差项两种空间因素的二元空间 Probit 模型提出了一种可行的 GMM 估计量,他们指出,在合理的条件下,估计量是一致的且是渐近正态的。

4. 贝叶斯方法

Albert & Chib(1993)对非空间 Probit 模型的研究做出了巨大贡献,他们提出将二元因变量观测值视为非观测因素或者潜在效用的代理指标,使用贝叶斯 MCMC 算法能够得到潜在水平的估计值。Bolduc et al. (1995)利用 Albert & Chib(1993)提出的贝叶斯 MCMC 抽样法对空间概率单位模型进行估计,他们使用该方法处理存在空间协方差结构。LeSage(2000)也将该方法拓展到了 SAR 概率单位模型中。除了 SAR 概率单位模型，LeSage & Pace(2009)还对 SAR 序数概率单位模型、SAR Tobit 模型以及 SAR 多项式概率单位模型使用贝叶斯 MCMC 算法进行估计。

5.其他估计方法

除了上述提到的四种较主流的估计方法外，还有其他的估计方法用来估计离散因变量空间计量模型。如 Lambert et al.(2010)构造两步估计来估计空间计数模型。

通过对现有文献的梳理，没有发现有学者对空间二元 Probit 截面模型的估计方法用蒙特卡罗模拟进行对比。因此，本文将对空间二元 Probit 截面模型的几种主流的估计方法进行系统的梳理，并利用蒙特卡洛模拟进行对比。

二、截面数据的空间二元 Probit 模型的估计

(一)空间二元 Probit 截面模型

空间计量模型根据空间滞后因子的不同，可分为空间滞后模型、空间误差模型和空间杜宾模型。本文研究的是在模型中设置因变量空间自相关项的空间滞后模型：

$$Z = \rho WZ + XB + E, \ E \sim N(0, \ \sigma_\epsilon^2 I_n) \tag{1}$$

其中，$Z = \begin{bmatrix} z_1 \\ \vdots \\ z_n \end{bmatrix}$，$X = \begin{bmatrix} x_{11} & \cdots & x_{1k} \\ \vdots & \ddots & \vdots \\ x_{n1} & \cdots & x_{nk} \end{bmatrix}$，$W = \begin{bmatrix} w_{11} & \cdots & w_{1n} \\ \vdots & \ddots & \vdots \\ w_{n1} & \cdots & w_{nn} \end{bmatrix}$，$B = \begin{bmatrix} \beta_1 \\ \vdots \\ \beta_k \end{bmatrix}$，

$E = \begin{bmatrix} \epsilon_1 \\ \vdots \\ \epsilon_n \end{bmatrix}$。

Z 是不可观测的潜在变量；X 是 $n \times k$ 阶自变量矩阵，且其 k 阶满秩，元

素一致有界;W 是 $n \times n$ 阶空间权重矩阵,其对角线元素全为 0;ρ 为空间自回归系数,$\rho \in (-1,1)$,$(I_n - \rho W)$ 为非奇异矩阵;B 为自变量 X 的 $k \times 1$ 阶系数向量;E 为 $n \times 1$ 阶的误差项向量,$\{\varepsilon_i\}$ 独立同分布且服从正态分布,$i = 1$,$\cdots$,n,表示 n 个个体,$E[\varepsilon_i] = 0$,$E[\varepsilon_i^2] = \sigma_\varepsilon^2 < \infty$。$\theta = (\beta_1, \cdots, \beta_k, \rho)' \in \Theta$,参数空间 Θ 是紧集,且参数真值 θ_0 为 Θ 的内点。

可观测的二元变量 y_i 为:

$$y_i = \begin{cases} 1, & z_i \geqslant 0 \\ 0, & z_i < 0 \end{cases}$$

对应的 $Y = (y_1, \cdots, y_n)'$。

Z 的数据生成过程为:

$$Z = (I_n - \rho W)^{-1} XB + (I_n - \rho W)^{-1} E \tag{2}$$

$$E \sim N(0, \sigma_\varepsilon^2 I_n)$$

当 $\rho = 0$ 或 $W = I_n$ 时,模型简化成普通 Probit 模型。

(二)空间二元 Probit 截面模型的贝叶斯估计

贝叶斯估计的基本思想是给定因变量的数据 Y 和先验分布 $p(Z)$、$p(B)$、$p(\rho)$ 的前提下,从模型参数的后验分布 $p(Z, B, \rho \mid Y)$ 中进行抽样。我们给出 LeSage & Pace(2009)对空间二元 Probit 模型的估计方法。在 $p(Z, B, \rho \mid Y)$ 中抽样通过马尔科夫链蒙特卡罗方法(MCMC)和吉布斯(Gibbs)抽样法来实现,将空间二元 Probit 模型的估计看成一个 MCMC 抽样过程,从模型参数 Z、B、ρ 的条件后验分布中进行抽样,即 $p(Z \mid B, \rho, Y)$、$p(B \mid Z, \rho, Y)$ 和 $p(\rho \mid Z, B, Y)$。

1. 给定样本数据 Y 和参数 B、ρ,可以得到多元截尾正态分布 $p(Z \mid B, \rho, Y)$

$$Z \sim N((I_n - \rho W)^{-1} XB, [(I_n - \rho W)'(I_n - \rho W)]^{-1})$$

从一个高维的多元截尾正态分布中产生样本典型的做法是通过 Gibbs 抽样法(Geweke,1991)来进行抽样。

对于多元截尾正态分布,Geweke(1991)给出了有效的抽样方法,本文将使用该方法,Gibbs 抽样方法如下。

对 $n \times 1$ 向量 Z 中的元素 z_i 进行抽样时,假设 z_i 的分布是以其他 $n-1$ 个元素 z_{-i} 为条件分布的。在 SAR 概率单位模型中,从一个截尾的 n 元正态分布中抽样:$Z \sim \text{TMVN}(\mu, \Omega)$,该分布服从于一个线性不等式约束 $a \leqslant Z \leqslant b$,截尾区间的边界 a 和 b 依赖 Y 中各元素的观测值(0 或 1)。Geweke(1991)证明:n 元截尾分布 $Z \sim \text{TMVN}(\mu, \Omega)$ 服从线性不等式约束 $a \leqslant Z \leqslant b$,从该分布中进行抽样,等价于从一个服从线性不等式约束 $\underline{b} \leqslant \tilde{Z} \leqslant \overline{b}$ 的 n 元正态分布 $\tilde{Z} \sim N(0, \Omega)$ 中进行抽样,其中,$\underline{b} = a - \mu$,$\overline{b} = b - \mu$。设定 $Z = \mu + \tilde{Z}$ 以获得 Z 的抽样。

Geweke(1991)的方法使用了截尾多元正态分布的精度矩阵或者方差—协方差逆矩阵,从该分布中进行抽样。在 SAR 概率单位模型中,将该矩阵标记为 $\Psi = \Omega^{-1} = 1/\sigma_\epsilon^2 (I_n - \rho W')(I_n - \rho W)$,在非空间单位模型中,令 $\sigma_\epsilon^2 = 1$,对其进行约束。

Geweke 的方法考虑到 $\tilde{Z}$ 中元素的边际分布不是一元截尾分布,他认为 $\tilde{Z}$ 中各个元素 $\tilde{z}_i$ 基于其他所有元素 $\tilde{z}_{-i}$ 的条件概率分布可以表示为具有条件均值和条件方差的一元分布,方便计算。在一定约束下,这些均值和方差的表达式可以用于从一元截尾分布中进行抽样,由此我们可以使用 Gibbs 抽样从感兴趣的多元截尾正态分布中构建一个样本。

对于非截尾的多元正态分布 $N(0, \Omega)$,Geweke 使用分块对称矩阵的逆来构造 $E(\tilde{z}_i \mid \tilde{z}_{-i}) = \gamma_{-i} \tilde{z}_{-i}$,其中,$\gamma_{-i} = -\Psi_{-i}/\Psi_{i,i}$,$\Psi_{-i}$ 是 Ψ 中第 i 行除该元素以外的其他所有元素。在截尾正态分布中,使用的条件分布如下所示:

$$\tilde{z}_i \mid \tilde{z}_{-i} = \gamma_{-i} \tilde{z}_{-i} + h_i v_i$$

$$h_i = \Psi_{i,i}^{-1/2}$$

$v_i \sim N(0, 1)$ 的抽样服从以下截尾约束:

$$(\underline{b}_i - \gamma_{-i} \tilde{z}_{-i})/h_i < v_i < (\overline{b}_i - \gamma_{-i} \tilde{z}_{-i})/h_i$$

$$\underline{b}_i = -\infty \text{ 且 } \overline{b}_i = -\mu, y_i = 0$$

$$\underline{b}_i = -\mu_i \text{ 且 } \overline{b}_i = +\infty, y_i = 1$$

由此可以产生一个由 $\tilde{z}_i (i = 1, \ldots, n)$ 构成的向量 $\tilde{z}$,在对元素 $\tilde{z}_i$ 进行

抽样时,可以使用前期抽样结果 $\tilde{z}_1, \tilde{z}_2, \cdots, \tilde{z}_{i-1}$。此外,在更新 $\tilde{z}_i$ 时,还会使用前一次 Gibbs 抽样中得到的 $\tilde{z}_{i+1}, \tilde{z}_{i+2}, \cdots, \tilde{z}_n$。更正式的表述为用 $\tilde{z}_i^{(0)}$ 来表示起始值,$\tilde{z}_i^{(m)}$ 表示 Gibbs 取样进行 m 次抽样后的值。在第一次抽样给初始值 $\tilde{z}_i^{(0)}$ 赋值时,使用 $\tilde{z}_1^{(1)}, \tilde{z}_2^{(1)}, \cdots, \tilde{z}_{i-1}^{(1)}$。在完成最后一个元素 $i=n$ 的抽样后,得到一系列的 $\tilde{z}_i^{(1)}, i=1, 2, \cdots, n$。第二次抽样时,$m=2$,使用之前产生的 $\tilde{z}_i^{(1)}, i=1, 2, \cdots, n$ 来对第一个元素 $\tilde{z}_1^{(2)}$ 进行抽样,得到新值 $\tilde{z}_i^{(2)}, i=1$。对于第二个元素,同时使用 $\tilde{z}_i^{(2)}$ 和 $\tilde{z}_i^{(1)}, i=3, \cdots, n$。剩下的元素进行抽样采取同样的步骤。在对取样器进行第二次抽样后,得到更新的向量 $\tilde{z}_i^{(2)}, i=1, \cdots, n$,在 m 次的抽样中这一过程会持续。

上述过程体现了 Gibbs 抽样法的特征,考虑到观测值之间的相关性,可以通过对每一个元素的条件分布 $\tilde{z}_i \mid \tilde{z}_{-i}$ 进行依次抽样得到向量 $\tilde{z}$ 的联合分布。

通过对含有 n 个观测值的向量 $\tilde{z}$ 进行 m 次抽样,可以得到 $Z = \mu + \tilde{z}^{(m)}$。

(1)因为 $B \sim N(c, T)$,可以从多元正态分布里进行抽样。

$$(p(B \mid Z, \rho, Y) \propto N(c^*, T^*)$$

$$c^* = (X'X + T^{-1})^{-1}(X'\widetilde{W}Z + T^{-1}c)$$

$$T^* = (X'X + T^{-1})^{-1}$$

$$\widetilde{W} = I_n - \rho W$$

(2)条件密度 $p(\rho \mid Z, B, Y)$ 为:

$$p(\rho \mid Z, B, Y) \propto |I_n - \rho W| \exp\left(-\frac{1}{2}(\widetilde{W}Z - X\beta)'(\widetilde{W}Z - X\beta)\right)$$

(三)空间二元 Probit 截面模型的极大似然估计

McMillen(1992)给出了空间二元 Probit 截面模型的极大似然(ML)估计。考虑一个不包含空间自相关的标准 Probit 模型。假设给定分布,我们基于未知参数 β 定义样本的似然函数,其中包含所假定分布的特征,然后我们极大化似然函数求得参数的值。如果分布的假设正确给定,那么极大似然估计量是一致的、渐近有效的以及渐近正态的。因为极大似然估计方法的潜在的统计性质,所以非线性模型一般都采用极大似然方法估计参数。

考虑空间二元 Probit 模型,模型参数的估计是基于模型的简化形式即 $Z = (I_n - \rho W)^{-1} X\beta + (I_n - \rho W)^{-1} E$ 进行的,参数估计更为复杂。首先,因为简化形式的误差项为 $(I_n - \rho W)^{-1} E$,它的方差－协方差矩阵为 $\sum = (I_n - \rho W)^{-1} (I_n - \rho W')^{-1} \sigma_\varepsilon^2$,为异方差的,使得标准 Probit 模型估计量不再一致;其次,假定误差之间独立,估计量虽然保持一致但不再有效,这是因为误差项的方差－协方差矩阵的非对角线元素的信息没有被利用到;除此之外,为了处理异方差性和利用非对角线信息,多维积分的问题必须被解决。因此,如果在标准 Probit 模型中加入空间自相关项即模型(2.1),则包含 n 个观测的空间 Probit 对数似然函数为:

$$l(\beta, \rho \mid X, WZ) = \sum_{i=1}^{n} y_i \ln\Phi\left(\left(\sum_{j=1}^{n} w_{ij} z_j + X_i \beta\right)/\sigma_i\right) +$$

$$\sum_{i=1}^{n} (1 - y_i) \ln\left[1 - \Phi\left(\left(\sum_{j=1}^{n} w_{ij} z_j + X_i \beta\right)/\sigma_i\right)\right] \tag{3}$$

其中,σ_i 是误差项的方差－协方差矩阵的第 i 个标准差。因为 Z 是不可观测的,所以上式是不能被操作的(Anselin,2002)。Case(1992)和 McMillen(1992)提出了利用模型的简化形式最大化对数似然函数求得 β 和 ρ 的方法。利用式(2.2)来定义一个合理的似然函数。

为了简化式(2)以便于计算,作如下定义:

$$U \triangleq (I_n - \rho W)^{-1} E$$

$$X^* \triangleq (I_n - \rho W)^{-1} X \tag{4}$$

其中,$U = (u_1, u_2, \cdots, u_n)'$。

根据式(4),式(2)可转化为:

$$Z = X^* \beta + U, \quad U \sim MVN\left(0, \sum\right) \tag{5}$$

式(5)即为模型的简化形式。

基于空间二元 Probit 模型简化形式的对数似然函数为:

$$l(\beta, \rho \mid X, Wz) = \sum_{i=1}^{n} y_i \ln\Phi(X_i^* \beta/\sigma_i) + \sum_{i=1}^{n} (1 - y_i) \ln\left[1 - \Phi(X_i^* \beta/\sigma_i)\right]$$

$$\tag{6}$$

其中，$\Phi(X_i^* \beta / \sigma_i) = P(z_i > 0) = P(y_i = 1 \mid X_i, W_{ij} z_j)$

最大化上式即可得到 β 和 ρ 的估计值，即

$$\tilde{\theta} = \arg \max_{\theta \in \Theta} l(\beta, \rho \mid X, WZ)$$

McMillen(1992)并未对其所提出的空间二元 Probit 截面模型 ML 估计量的一致性和渐近正态性进行证明。

(四)空间二元 Probit 截面模型的 GMM 估计

Pinkse & Slade(1998)最早将 GMM 方法应用于空间二元 Probit 误差模型，Klier & McMillen(2008)线性化 Pinkse & Slade 的 GMM 估计量并推广到空间二元 Logit 滞后模型和误差模型。Hoshino(2010)针对包含空间滞后因变量和空间自相关误差项的空间二元 Probit 模型提出了可行的 GMM 估计量。上述方法都是针对截面模型进行的。本文借鉴 Hoshino(2010)的 GMM 估计方法对仅包含空间滞后因变量的空间二元 Probit 截面模型进行估计。

1. 模型估计

有如下等式成立：

$$(I_n - \rho W)^{-1} = I_n + \rho W + \rho^2 W^2 + \cdots \tag{7}$$

$y_i = 1$ 的概率 $P(y_i = 1)$ 可以写成 $P(u_i \geqslant -X_i^* \beta)$，$i = 1, \cdots, n$。根据 Hoshino 的引理 1，$(I_n - \rho W)^{-1}$ 的行和是一致有界的，且 $E[\varepsilon_i] = 0$，因此 $E[u_i] = 0$。其方差—协方差矩阵为：

$$E[uu'] = \sum = (I_n - \rho W)^{-1}(I_n - \rho W')^{-1} \sigma_\varepsilon^2 \tag{8}$$

定义上式的对角线元素为 σ_u^2（即 $\sigma_u^2(\rho) = (\sigma_{u1}^2(\rho), \cdots, \sigma_{un}^2(\rho))'$），则 u_i 的期望为：

$$E[u_i(\theta) \mid X_i, y_i = 1] = \sigma_{ui} \frac{\varphi(X_i^* \beta / \sigma_{ui})}{\Phi(X_i^* \beta / \sigma_{ui})}$$

$$E[u_i(\theta) \mid X_i, y_i = 0] = -\sigma_{ui} \frac{\varphi(X_i^* \beta / \sigma_{ui})}{1 - \Phi(X_i^* \beta / \sigma_{ui})} \tag{9}$$

其中，$\varphi(\cdot)$ 是正态分布密度函数，$\Phi(\cdot)$ 为正态累积分布函数。Pinkse

& Slade(1998)基于广义残差构造矩条件提出了空间 Probit 模型的 GMM 估计量。下文用到的估计量是对他们的估计量的拓展。

没有空间效应的 Probit 模型,其标准误差有同方差或者观测值之间是常数的假定,而式(8)表明,方差是 ρ 的函数,是异方差的。尽管在线性回归模型里忽略异方差性可以获得一致估计量,但是这并不适用于离散选择模型(Yatchew & Griliches,1985)。因此,需要处理异方差来获得无偏和一致估计。当然,在模型里,σ_ϵ^2 必须是固定的。

令 $q_i \triangle 2y_i - 1$,则式(9)可记为

$$\widetilde{uu}_i(\theta \mid X_i, y_i) \triangle q_i\sigma_{ui} \frac{\varphi(X_i^*\beta/\sigma_{ui})}{\Phi(q_iX_i^*\beta/\sigma_{ui})} \tag{10}$$

下文中,把 $\widetilde{uu}_i(\theta \mid X_i, y_i)$ 简化成 $\widetilde{uu}_i(\theta)$。

假设存在矩函数向量 $g(V,\theta)$,则

$$\widetilde{g}_n(V,\theta) \triangle \frac{1}{n}\sum_{i=1}^n g(V_i,\theta) = \frac{1}{n}\sum_{i=1}^n V'_i \widetilde{uu}_i(\theta)$$

其中,V 是工具变量的矩阵。我们把 V 取成 $\{X, WX, W^2X, \cdots\}$ 的一个固定的子集。

因为 $E[u_i]$ 为 0,所以根据期望迭代定理 $E[\widetilde{uu}_i(\theta_0)]$ 也为 0。因此,如果 V 中的元素是一致有界的(Hoshino 引理 3),则 $E[g(V_i,\theta_0)] = 0$。那么,GMM 估计量就是解决下面的问题:

$$\tilde{\theta} \underset{\theta \in \Theta}{\operatorname{argmin}} \widetilde{Q}_n(V, \theta) \tag{11}$$

其中,$\widetilde{Q}_n(V,\theta) = \widetilde{g}_n(V,\theta)'\widetilde{H}\widetilde{g}_n(V,\theta)$,$\widetilde{H}$ 是一个正定矩阵。如果 $\widetilde{g}_n(V,\theta) \overset{P}{\to} E[g(V_i,\theta)]$,$\widetilde{H} \overset{P}{\to} H$,则 $\widetilde{Q}_n(V,\theta) \overset{P}{\to} Q_0(V,\theta) = E[g(V_i,\theta)]'HE[g(V_i,\theta)]$。

2. 模型假设

假设 2.1:$\widetilde{H} \overset{P}{\to} H$,其中 H 是一个正定矩阵。

假设 2.2:当且仅当 $\theta_0 \in \Theta, HE[g(V_i,\theta_0)] = 0$。

假设 2.3:对所有的 $\theta \in \Theta, g(V_i,\theta)$ 对 V_i 可测可微。

3.模型参数估计的大样本性质

(1)一致性

定理 2.1 在假设 2.1—2.3 成立的条件下，$\tilde{\theta} \xrightarrow{P} \theta_0$。

(2)渐近正态性

根据 Arbia(2006)第二章的定义 17，$\alpha_{k,l}(\eta)$ 为空间混合系数，其定义如下：

假定 $(\Omega, \mathscr{F}, P)$ 为一个概率空间。令 $T_{\Lambda_\tau} \subset \mathscr{F}$ 为随机场 X_{s_i} 中产生的 $\sigma-$代数，$s_i \in \Lambda_\tau$；$|\Lambda_\tau|$ 为 $s_i \in \Lambda_\tau$ 的个数；$\Gamma(\Lambda_1, \Lambda_2)$ 为元素 Λ_1 到元素 Λ_2 的最小欧几里得距离。则混合系数定义为：

$$\alpha_{k,l}(\eta) \triangleq sup_{A \in T_{\Lambda_1}, B \in T_{\Lambda_2}} |P(A \cap B) - P(A)P(B)|,$$

其中，$|\Lambda_1| \leqslant k$，$|\Lambda_2| \leqslant l$，$\Gamma(\Lambda_1, \Lambda_2) \geqslant \eta$。强混合条件为当 $\eta \to \infty$ 时，$\alpha_{k,l}(\eta)$ 收敛于 0。

定理 2.2 在假设 2.1—2.3 及三个附加假设，即(a) $G'HG$ 和 S 是非奇异的，其中，$G \triangleq E[\partial g(V_i, \theta_0)/\partial\theta']$，$S \triangleq E[g(V_i, \theta_0)g(V_i, \theta_0)']$；(b)当 $k + l \leqslant 4$ 时，$\sum_{\omega=1}^{\infty} \omega\alpha_{k,l}(\omega) < \infty$；(c) $\alpha_{1,\infty}(\omega) = o(\omega^{-2})$ 成立的条件下，

$$\sqrt{n}(\tilde{\theta} - \theta_0) \xrightarrow{d} N[0, (G'HG)^{-1}G'HSHG(G'HG)^{-1}]。$$

Hansen(1982)证明了 H 收敛于 S^{-1}。因此，估计量的渐近分布等价于

$$\sqrt{n}(\tilde{\theta} \xrightarrow{P} \theta_0) \xrightarrow{d} N[0, (G'S^{-1}G)^{-1}]$$

定理的证明详见 Hoshino(2010)定理 1 和定理 2 的证明。

三、三种估计方法的蒙特卡罗模拟比较

为了弥补空间二元 Probit 模型估计方法模拟比较的空白，我们运用蒙特卡罗模拟比较贝叶斯方法、GMM 估计以及极大似然估计。

(一)数据产生

考虑模型的简化形式 $z = (I_n - \rho W)^{-1}X\beta + (I_n - \rho W)^{-1}\varepsilon, \varepsilon \sim N(0,$

$\delta_\varepsilon^2 I_n)$ ， $y_i = \begin{cases} 1, z_i \geq 0 \\ 0, z_i < 0 \end{cases}$ 。其中， $z = (z_1, \cdots, z_n)'$, $i = 1, 2, \cdots, n$, z_i 为第 i 个个体的不可观测的潜在变量， y_i 为第 i 个个体的可观测的二元变量， x 为解释变量； w 是 $n \times n$ 阶空间权重矩阵； $\varepsilon = (\varepsilon_1, \cdots, \varepsilon_n)'$ 为误差项； β 、 ρ 为待估参数； I_n 为 $n \times n$ 阶单位矩阵。

从标准正态分布中随机产生解释变量和误差项，即 $x_{1i} \sim N(0,1)$ 、 $x_{2i} \sim N(0,1)$ 、 $\varepsilon_i \sim N(0,1)$ 。

W 为 K 近邻空间权重矩阵(Anselin,2001)，本次模拟将 K 设为 6，即将距个体 i 最近的 6 个个体视为 i 的邻居，对应 W 中的元素设为 1，否则为 0，并通过 R 软件中 knn2nb 函数随机产生。 W 对角线元素均为 0，且为了减少或消除区域间的外在影响，将 W 进行行标准化，使得 $\sum^{j} w_{ij} = 1$ 。

为研究样本数目的变化对估计量的影响，把样本量设为 $n = 100$ 、400。为分析空间相关性程度对估计量的影响，将 ρ 取不同的值，即 0、0.2、0.4、0.6、0.8。

参数的真实值取为： $\beta_0 = 0, \beta_1 = 1, \beta_2 = -1$ 。

(二)模拟结果

在下面的两张表中，给出参数的估计结果 $(\tilde{\theta} = (\tilde{\beta}_0, \tilde{\beta}_1, \tilde{\beta}_2, \tilde{\rho}_0))$ 、偏差(bias)及均方标准误(RMSE)，其中，偏差的绝对值和均方标准误越小，估计结果越好。重复 1000 次，分别取其平均值作为最后的结果。另外，我们记录了三种估计方法的计算时间以判断哪种估计方法的计算效率最高。

表1　n＝100 的估计结果

ρ	参数	贝叶斯估计			ML			GMM		
		θ	bias	RMSE	θ	bias	RMSE	θ	bias	RMSE
0	β_0	0.0020	0.0020	0.2071	0.0060	0.0060	0.2043	0.0231	0.0231	0.1956
	β_1	1.1197	0.1197	0.2964	1.0813	0.0813	0.2662	1.0766	0.0766	0.2183
	β_2	−1.1225	−0.1225	0.3039	−1.0904	−0.0904	0.2671	−1.0865	−0.0865	0.2182
	ρ	−0.1466	−0.1466	0.2792	−0.0221	−0.0221	0.3096	0.0158	0.0158	0.2140
	时间	56.4847mins			1.2647mins			47.8073mins		
0.2	β_0	0.0000	0.0000	0.1924	0.0042	0.0042	0.1959	0.0165	0.0165	0.1861
	β_1	1.1220	0.1220	0.3061	1.1052	0.1052	0.2926	1.1014	0.1014	0.2155
	β_2	−1.1211	−0.1211	0.3014	−1.1095	−0.1095	0.2894	−1.1134	−0.1134	0.2303
	ρ	0.0569	−0.1431	0.2644	0.1812	−0.0188	0.2695	0.2058	0.0058	0.1892
	时间	1.0619 hours			1.3832 mins			50.8623 mins		
0.4	β_0	−0.0045	−0.0045	0.1757	0.0078	0.0078	0.1763	0.0194	0.0194	0.1807
	β_1	1.1205	0.1205	0.3011	1.1224	0.1224	0.3225	1.1085	0.1085	0.2456
	β_2	−1.1104	−0.1104	0.3000	−1.1286	−0.1286	0.3170	−1.1315	−0.1315	0.2939
	ρ	0.2821	−0.1179	0.2237	0.3808	−0.0192	0.2231	0.3832	−0.0168	0.1904
	时间	55.0196mins			1.3132mins			52.0937mins		
0.6	β_0	−0.0093	−0.0093	0.1711	0.0116	0.0116	0.1743	0.0307	0.0307	0.1933
	β_1	1.1094	0.1094	0.2999	1.1799	0.1799	0.4285	1.1783	0.1783	0.3063
	β_2	−1.1142	−0.1142	0.3171	−1.1943	−0.1943	0.5514	−1.1935	−0.1935	0.3729
	ρ	0.5132	−0.0868	0.1662	0.5840	−0.0160	0.1719	0.5264	−0.0736	0.2068
	时间	1.2014hours			1.6493mins			48.2641mins		
0.8	β_0	−0.0091	−0.0091	0.2081	0.0215	0.0215	0.2961	0.0469	0.0469	0.3139
	β_1	1.0234	0.0234	0.2671	1.4786	0.4786	1.1067	1.4752	0.4752	0.6021
	β_2	−1.0209	−0.0209	0.2739	−1.4980	−0.4980	1.1985	−1.4632	−0.4632	0.6397
	ρ	0.7254	−0.0746	0.1194	0.7895	−0.0105	0.1316	0.6447	−0.1553	0.2739
	时间	55.2820mins			1.3866mins			50.5460mins		

注:通过模拟发现 GMM 估计利用梯度求得的结果不佳。因此本模拟利用 ML 的估计值作为 GMM 估计的初始值。下同。

表2　n＝400 的估计结果

ρ	参数	贝叶斯估计			ML			GMM		
		$\tilde{\theta}$	bias	RMSE	$\tilde{\theta}$	bias	RMSE	$\tilde{\theta}$	bias	RMSE
0.8	β_0	−0.0022	−0.0022	0.0845	−0.0020	−0.0020	0.0846	0.0014	0.0014	0.0907
	β_1	1.0157	0.0157	0.1108	1.0254	0.0254	0.1130	1.0341	0.0341	0.0971
	β_2	−1.0227	−0.0227	0.1098	−1.0245	−0.0245	0.1120	−1.0330	−0.0330	0.1081
	ρ	−0.0413	−0.0413	0.1275	−0.0056	−0.0056	0.1295	0.0395	0.0395	0.0984
	时间	1.8891 hours			19.4990 mins			4.9880hours		
0.2	β_0	−0.0028	−0.0028	0.0761	−0.0008	−0.0008	0.0744	0.0041	0.0041	0.0789
	β_1	1.0160	0.0160	0.1141	1.0280	0.0280	0.1169	1.0347	0.0347	0.0957
	β_2	−1.0243	−0.0243	0.1094	−1.0260	−0.0260	0.1123	−1.0339	−0.0339	0.1034
	ρ	0.1650	−0.0350	0.1080	0.1956	−0.0044	0.1153	0.2342	0.0342	0.0969
	时间	2.0296hours			21.1081mins			5.3426hours		
0.4	β_0	−0.0030	−0.0030	0.0678	−0.0005	−0.0005	0.0669	0.0054	0.0054	0.0811
	β_1	1.0172	0.0172	0.1165	1.0285	0.0285	0.1193	1.0338	0.0338	0.1487
	β_2	−1.0253	−0.0253	0.1140	−1.0249	−0.0249	0.1145	−1.0345	−0.0345	0.1596
	ρ	0.3701	−0.0299	0.0889	0.3951	−0.0049	0.0957	0.4287	0.0287	0.0955
	时间	2.3190hours			25.9285mins			6.4367hours		
0.6	β_0	−0.0025	−0.0025	0.0638	−0.0001	−0.0001	0.0647	0.0044	0.0044	0.0704
	β_1	1.0221	0.0221	0.1213	1.0387	0.0387	0.1363	1.0430	0.0430	0.1162
	β_2	−1.0255	−0.0255	0.1203	−1.0401	−0.0401	0.1343	−1.0471	−0.0471	0.1411
	ρ	0.5761	−0.0239	0.0650	0.5950	−0.0050	0.0746	0.6066	0.0066	0.1008
	时间	1.9876 hours			21.4905mins			5.0189 hours		
0.8	β_0	−0.0019	−0.0019	0.0617	−0.0015	−0.0015	0.0660	0.0103	0.0103	0.0944
	β_1	0.9723	−0.0277	0.1188	1.0691	0.0691	0.1971	1.0866	0.0866	0.3442
	β_2	−0.9768	0.0232	0.1170	−1.0709	−0.0709	0.1933	−1.0882	−0.0882	0.3927
	ρ	0.7703	−0.0297	0.0422	0.7977	−0.0023	0.0491	0.7404	−0.0596	0.1764
	时间	2.1060 hours			22.7094mins			5.3154hours		

　　从模拟时间来看,GMM 估计用时最长,其次是贝叶斯估计,ML 估计用时最短,效率最高。从模拟结果来看,随着空间自相关程度 ρ 的改变,各种估计量的效果也不同,尤其是在空间自相关性大的时候,三种估计方法得到的估计值差别更大。

当样本量为 100,没有空间自相关性存在($\rho = 0$)时,GMM 估计结果最好,其次是 ML 估计。当空间自相关性较小($\rho = 0.2$)时,GMM 结果更好,贝叶斯估计和 ML 估计略差。当空间自相关性变大时,贝叶斯估计的 β 结果最好,但其估计的 ρ 结果偏小,ML 估计结果开始变好,估计出的 $\tilde{\rho}$ 结果最好,但当 ρ 增大至 0.8 时,ML 和 GMM 估计出的 β 结果偏大。

当样本量变大为 400 时,总体而言 ML 估计结果最好。贝叶斯方法虽然估计出的 β 结果较好,但和样本量为 100 时一样,ρ 的估计结果较差。

四、银行危机影响因素的实证研究

(一)研究背景

目前大部分银行系统金融危机的实证是基于不包含空间效应的传统的 Probit 或 Logit 模型研究的。Frankel & Rose(1996)是利用 Probit 模型最早研究此类问题的文献之一,研究了发展中国家货币崩溃的影响因素,对早期的预警系统做出了贡献。Demirgüç—Kunt & Detragiache(2002)基于多元 Logit 模型研究了银行危机的预测问题。最近,Schularick & Taylor(2009)利用 Logit 模型分析了与金融危机事件相关的罕见事件,Duca & Peltonen(2013)运用多元离散模型考察了系统财务事件的评估和预测。尽管这些文献致力于对银行和金融危机的深入研究,但传统的 Probit 和 Logit 模型没有考虑到不同银行或金融系统之间的联系产生的影响。

本节研究 1998 年的世界范围内的银行危机,考察通货膨胀率等因素对银行危机产生的影响。由于地域相近的国家在经济上存在较大的相互依赖,因此通过传统的二元 Probit 模型不再适用于对银行危机进行分析,而通过空间二元 Probit 模型分析更加合理。

(二)模型与指标选择

本文参考 Amaral et al.(2014)等金融危机方面的文献,选取了以下五个自变量用来考察其对国家银行危机是否产生影响。即 Inf/通货膨胀率；GDP/GDP 增长速度；PubExpenses/政府消费占 GDP 之比；PCI/单位资本收入；Dep/该国是否有存款保险。因变量为 CRIS 意为：如果国家在危机中，那么该值为 1。

从世界银行数据库里搜集 65 个国家在 1998 年的上述指标数据，用以分析银行危机与经济发展等的关系。

模型如下：

$$z_i = \rho \sum_{j=1}^{n} w_{ij} z_j + X_i B + \varepsilon_i$$

$$y_i = \begin{cases} 1, & z_i \geqslant 0 \\ 0, & z_i < 0 \end{cases} \tag{12}$$

其中，上述模型中各参数含义与式(2.1)中对应参数含义一致。

估计中采用的权重矩阵 W 是根据国家所在位置的经纬度来构建的 K 近邻空间权重矩阵。距观测点 i 最近的 K 个观测点视为其邻居，其空间权重为 1，否则为 0。最后将 W 行标准化。本节根据数据以及相关文献将 K 取为 8。除上述本节应用的 K 近邻空间权重矩阵外，还可以基于观测点间经济距离构建空间权重矩阵应用到空间计量实证研究中(林光平等,2007)。

(三)模型的估计

因为样本量较小，通过模拟发现利用贝叶斯估计结果更好。因此本节采用贝叶斯估计方法对该金融问题进行研究。

模型的估计结果如表 3 所示。

表 3　空间二元 Probit 模型估计结果

变量	估计值	t 值	p 值
β_0	0.1081	0.125	0.9010
Inf	−0.0051	−0.322	0.7486
GDP	−0.2527	−3.252	0.0018
PubExpenses	0.0051	0.084	0.9331
PCI	−0.0231	−1.770	0.0815
Dep	0.4243	0.611	0.5436
ρ	0.5977	3.780	0.0003

(四)结论

从表3可以发现,ρ 的 p 值<0.05,说明银行危机有很强的空间相关性,有明显的空间效应。这是由于地域上相近的国家在经济上也存在较大的相互依赖,相互合作关系,形成了一定程度上的利益共同体。因此,当一国出现银行业危机时,容易产生连锁反应,通过各种相关途径影响到其他国家,使银行业的危机进一步恶化。所以,银行业的危机具有明显的空间效应。为了防止银行业的危机,各国要完善本国经济体系,增强本国经济体制结构的稳定性以及抗干扰性。对银行业加强监管。

GDP 增长速度的 p 值较小,由此可以看出 GDP 增长速度对银行危机的影响十分显著。得到系数估计为负,这说明国家 GDP 的增长速度减慢时,更容易产生银行危机。这可能是因为 GDP 增长速度过慢会导致银行贷款过多,银行风险控制的稳定性降低,在这种情况下,若出现大量坏账,会导致银行业的普遍衰退。因此,为了避免银行业危机,需要发展本国经济,提高 GDP 增长速度,保持经济的健康快速发展。

另外,PCI 的系数在 10% 的显著性水平下是显著不为 0 的,说明单位资本收入对银行危机的产生是有一定的影响的。单位资本收入越低,越容易发生银行危机;反之,单位资本收入越高,银行越安全,发生危机的概率小。

综上,空间 Probit 模型能有效和准确揭示各国经济与银行危机的关系,突出空间关系的重要性,提高模型分析的稳定性。在实际中,对各国经济部门和相关机构提供健全的经济体制、完善金融体系等方面具有一定的借鉴意义。如大力发展本国经济,提高单位资本收入。这样,在很大程度上能够避免银行危机。

课题负责人:邱　瑾

课题组成员:张灿灿　周　涛

陈　升　顾洲一

变点模型的经验似然非参数统计推断

一、课题的研究概况

(一)课题的研究背景及意义

变点问题最早出现在质量控制领域,主要是为了检测从生产线上抽查的产品质量是否呈现显著波动,若检测产品的质量超过规定的质量范围,则希望能及时发现,以免造成更多的次品,则这个产品质量发生质变的时刻称为变点时刻。从 20 世纪 70 年代以来,变点问题一直是统计学中的一个热门研究问题。从统计学的角度来看,所谓变点是指在一个序列或过程中的某一个位置或时刻起,序列或过程发生了变化,这种变化反映序列或过程的某种质的变化。对变点问题的研究,主要集中在两个方面:一是假设检验问题,即检测变点是否存在。二是估计问题,即若存在变点,对变点进行统计推断,如变点数量的估计、变点位置的估计、变点性质的研究等。

变点问题作为统计学中的热门问题之一,有效地把估计和假设检验理论、连续抽样和非连续抽样方法、统计控制理论、贝叶斯和非贝叶斯方法等结合起来。变点问题可根据考察方式不同而进行分类,如由抽样方式不同可分为事中和事后变点问题。由变点数目不同可分为单变点和多变点问题。从样本角度可分为独立和相依的样本变点问题。由样本分布的特征不同可分为刻度参数和位置参数变点问题。由变点变化形式不同可分为突变和渐变变点问题等。

目前变点问题广泛应用于各个领域,例如在股票市场分析中,尽管根据经济理论,股票价格服从正态分布,但是现实中会有许多因素引起股票波动,股票价格不再服从正态分布,因而投资者最关心的是哪些突发事件会引起股票价格市场显著变化。在计算机的应用中,对图像、模式的识别等问题需要借助变点分析的相关方法。此外,地震、海啸等难以准确预测的突发事件也属于变点问题,其他应用方面可参考 Basseville & Nikiforov(1993)。因此,对变点问题进行统计推断具有非常重要的实际意义。

(二)课题的研究方法简介

经验似然方法是一种非参数统计推断方法,其思想可以追溯到 Thomas & Gtunkemeier(1975),在乘积型约束条件下,利用非参数似然比思想构造生存函数的置信区间。由于大部分我们所感兴趣的参数或已知函数的估计方程是线性的。因此,乘积型约束条件限制了这一方法的应用和推广。Owen(1988,1990,2001)在此基础上,提出了单变量均值和某些其他统计量的经验似然置信域,并在专著 *Empirical likelihood* 对经验似然进行了系统性的介绍。由于 Owen 使用的是线性约束条件,从而使得经验似然方法被广泛应用。这一方法与经典的统计方法比较有许多突出优点,如变换不变性、Bartlertt 纠偏性、置信域的形状由数据自行决定及无需构造轴统计量等。

Owen(1988)提出经验似然方法后,该方法备受国内外学者的青睐,并将这一方法应用到各种统计模型及各大领域。结合本课题研究内容,在广义线性模型研究方面,如 Kolaczyk(1994)详细地介绍了如何运用经验似然方法对广义线性模型进行相应的分析。Li & Pan(2013)在纵向数据情形下,考虑广义线性模型的经验似然方法问题。Yang et. al(2015)基于修正的经验似然方法对广义线性误差模型进行讨论等。在变点问题研究方面,如 Guan(2004)利用经验似然方法研究了变点前后分布存在关系的半参数变点问题。Zou (2007)应用经验似然方法对变点模型进行研究。Liu et. al (2008)及 Zhao et. al(2013)运用经验似然方法对分段线性模型进行变点及参数估计。Shen(2013)基于经验似然方法考虑了均值变点问题,并证明检验统计量的渐近分布等。

(三)课题的主要研究内容及创新

本课题利用经验似然方法对自然连接下的广义线性模型以及删失线性回归模型的变点问题进行研究。首先,根据变点模型,建立原假设,提出经验似然比检验统计量及变点估计。其次,在原假设成立的条件下,证明经验似然比检验统计量与经典的参数似然比检验统计量具有相同的渐近分布,并进一步证明变点估计的大样本性质。最后,通过数据模拟和实例分析对所提出的模型及变点估计方法进行验证。

经验似然法由 Owen(1988)提出,是一种非参数方法,具有许多良好的性质。国内外许多学者将其应用于各个领域。在变点方面,本课题在已有相关文献的基础上考虑自然连接情形下的广义线性模型及删失线性回归模型的变点问题。具体创新之处可以概括为:

第一,广义线性模型是普通线性回归模型的自然推广,在实际中具有广泛的应用价值,对其变点问题的研究也受到广大统计学者的关注。鉴于经验似然法的优越性,本课题采用经验似然方法对广义线性变点模型进行统计推断,并对检验统计量的渐近分布及变点估计的性质进行重点研究。

第二,线性回归模型变点问题的研究受到广大统计学者的青睐,大部分学者对其研究都针对完整数据情形,本课题考虑删失数据情形,数据的适用范围更大,可包含生存数据。采用经验似然方法对删失线性回归变点模型进行统计推断时,由于估计方程变量相关,传统的经验似然比检验统计量无法得到简要的渐近分布,不利于计算。因此,采用调整的经验似然比检验统计量来进行变点检测和推断。

二、广义线性变点模型的经验似然推断

广义线性模型是传统线性回归模型的自然推广,最早由 Nelder & Wedderburn(1972)提出,它使响应变量的总体均值通过一个连接函数而依赖于线性预测值,同时允许响应变量概率分布为指数族分布,常见的广义线

性模型有 Logistic 回归模型、Possion 回归模型、负二项回归模型等。近年来,广义线性模型受到广大学者的青睐,关于广义线性模型的详细内容可参考 McCullagh & Nelder(1989)的专著 *Generalized linear models*。

(一)广义线性模型

广义线性模型的一般形式为:

$$E = (y_i \mid x_i) = \mu_i = h(x_i^T \beta_i) \tag{2.1.1}$$

其中 y_i 为响应变量,其分布为指数族分布且均值为 μ_i,x_i 为协变量,$h(\cdot)$ 为连接函数的反函数。由此,可知广义线性模型一般由三部分组成:随机部分、线性部分和连接函数。

连接函数建立了随机部分与线性部分之间的特定关系,即:

$$g(\mu_i) = \eta_i = x_i^T \beta_i$$

其中 μ_i 为随机变量的均值,η_i 为线性部分,$g(\cdot)$ 为连接函数且单调可微,则上式可转化为:

$$E(y_i \mid x_i) = \mu_i = g^{-1}(\eta_i) = h(x_i^T \beta_i)$$

它将随机变量的均值与线性部分连接起来。

在传统线性回归模型中也存在连接函数,而往往被我们所忽略,其连接函数为 $g(\mu_i) = \mu_i$。在广义线性模型中,连接函数存在多种取法,这里主要介绍一种特殊且常用的连接函数,即:

$$g = b'^{-1}(\theta)$$

这种连接函数称为自然连接函数。此时有:

$$\eta_i = x_i^T \beta_i = g(\mu_i) = g(b'(\theta)) = \theta \tag{2.1.2}$$

式 2.1.2 说明线性部分 η_i 直接与自然参数 θ 相联系,当连接函数为自然连接函数时往往使得广义线性模型的统计推断更为简便。因此,本课题主要考虑自然连接下含有变点的广义线性模型的统计推断。

(二)模型构建

设独立同分布随机变量 $\{y_i, i = 1, \cdots, n\}$ 的密度函数为:

$$f(y_i \mid \theta, \varphi) = \exp\left[\frac{y_i\theta - b(\theta)}{a(\varphi)} + c(y_i, \varphi)\right]$$

其中 θ 为自然参数，φ 为离散参数。$a(\cdot), b(\cdot), c(\cdot)$ 为已知函数，满足 A.1 至 A.3 条件。根据前文分析，假设广义线性变点模型为：

$$\theta(x_i) = g(\mu_i) = x_i^T\beta_1 I\{i \leqslant k\} + x_i^T\beta_2 I\{i > k\}, i = 1, 2, \cdots, n$$

$$(2.2.1)$$

其中 $\beta_1 = (\beta_{11}, \beta_{12}, \cdots, \beta_{1d}), \beta_2 = (\beta_{21}, \beta_{22}, \cdots, \beta_{2d})$ 为 d 维模型未知参数，$x_i = (x_{i1}, \cdots, x_{id})$ 为 d 维协变量。若存在某个时刻，使得 $\beta_1 \neq \beta_2$ 且 $1 \leqslant k \leqslant n$，则称 k 为变点时刻。检验变点是否存在是研究变点问题的基础，为了进行变点存在性的检验，给出如下假设：

$$H_0: \beta_1 = \beta_2 \quad vs \quad H_i: \beta_1 \neq \beta_2$$

可知检验模型 2.2.1 是否存在变点等价于对原假设 H_0 的检验。

对于广义线性模型，目前已有学者对其从变点方面进行讨论，如 Antoch et. al(2004)考虑自然连接情形下，构造加权残差和统计量，通过理论证明得到其渐近分布。Hofrichter(2007)在研究单变点、多变点的普通线性回归模型的基础上，延伸至单变点、多变点及连续变点的广义线性模型。Zhou & Liang(2008)、Huh(2012)等都对广义线性变点模型进行相关的统计推断。本章基于经验似然方法对广义线性变点模型进行统计推断。

(三)变点估计

对于模型 2.2.1，需要估计的参数为模型未知参数 β_1, β_2 及变点估计 k。给定某个 k 满足 $1 \leqslant k \leqslant n$，根据前 k 个样本和后 $n-k$ 个样本可得到参数 β_1，β_2 的极大似然估计值。令 $\mu = h(x_i^T\beta)$，则在自然连接情况下，由式 2.1.4 可知：

$$\sum_{i=1}^{k}(y_i - h(x_i^T\beta_1))x_i = 0, \sum_{i=k+1}^{n}(y_i - h(x_i^T\beta_2))x_i = 0 \quad (2.3.1)$$

由式 2.3.1 可得到 β_1, β_2 的极大似然估计值分别为 $\hat{\beta}_{1k}, \hat{\beta}_{2k}$。在 H_0 下，$\hat{\beta}_{1k}$ 应与 $\hat{\beta}_{2k}$ 近似相等，则令估计方程变量为：

$$Z_i(k) = \begin{cases} (y_i - h(x_i^T\hat{\beta}_{2k}))x_i, & i = 1, 2, \cdots, k \\ (y_i - h(x_i^T\hat{\beta}_{1k}))x_i, & i = k+1, \cdots, n \end{cases} \quad (2.3.2)$$

显然，在 H_0 下，对所有 k 都有 $E(Z_i(k)) = 0$，则可得到经验似然比为

$$R(k) = \frac{\max\{\prod_{i=n}^{k} p_i \prod_{i=k+1}^{n} q_i \mid \sum_{i=1}^{k} p_i Z_i(k) = \sum_{i=k+1}^{n} q_i Z_i(k) = 0\}}{\max\{\prod_{i=1}^{k} p_i \prod_{i=k+1}^{n} q_i \mid \sum_{i=1}^{k} p_i Z_i(k) = m_1, \sum_{i=k+1}^{n} q_i Z_i(k) = m_2\}}$$

(2.3.3)

其中 m_1, m_2 未知，p_1, q_2 满足于：

$$\sum_{i=1}^{k} p_i = 1, p_1 \geqslant 0$$

$$\sum_{i=k+1}^{n} q_i = 1, q_i \geqslant 0$$

因此，由 Owen（2001）可知：

$$\max\{\prod_{i=1}^{k} p_i \prod_{i=k+1}^{n} q_i \mid \sum_{i=k+1}^{n} p_i Z_i(k) = m_1, \sum_{i=k+1}^{n} q_i Z_i(k) = m_2\} = k^{-k}(n-k)^{-(n-k)}.$$

结合式 2.3.3 可得到经验似然比函数为：

$$R(k) = \max\{\prod_{i=1}^{k} k p_i \prod_{i=k+1}^{n} (n-k) q_i \mid \sum_{i=1}^{k} p_i Z_i(k) = 0, \sum_{i=k+1}^{n} q_i Z_i(k) = 0\}$$

(2.3.4)

因此，检验统计量为：

$$M_n = \max\{-2\log R(k)\} \qquad (2.3.5)$$

在不同显著性水平 α_0 下，若检验统计量 M_n 足够大则拒绝原假设，说明模型 2.2.1 存在变点，此时对应的变点估计为：

$$\hat{k} = \min_{k_1 \leqslant k \leqslant k_2} \{k : k = \arg\max_{k_1 \leqslant k \leqslant k_2} \{-2\log R(k)\}\}$$

通过模拟可知检验统计量 M_n 对于太小或太大（接近 n）的 k 比较敏感，不利于计算。因此，令 $k_1 = [\log^2 n]$，表示 k_1 取小于或等于 $\log^2 n$ 的最大整数，$k_2 = n - k_1$，在给出检验统计量 M_n 的渐近分布之前，先给出以下所需条件：

B.1 令 $X_{1k} = (x_1, x_2, \cdots, x_k)$，$X_{2k} = (x_{k+1}, x_{k+2}, \cdots, x_n)$，且 $rank(X_{1k}) = d$，$rank(X_{2k}) = d$。

B.2 假设存在某一序列 $r(n)$，当 $n \to \infty$，有 $r(n) \to 0$。

B.3 假设存在满秩正定矩阵 J, H，使得当 $n \to \infty, k \to \infty, n-k \to \infty$，有：

$$\left|\frac{1}{k}X'_{1k}X_{1k} - J\right| = 0(r(k))$$

$$\left|\frac{1}{n-k}X'_{2k}X_{2k} - H\right| = 0(r(n-k))。$$

B. 4 假设 $E\mid x_i\mid^2 < \infty, E\mid Z_i(k)\mid^2 < \infty$。

定理 2.3.1 假设条件 B. 1—B. 4 成立且在 H_0 下对任意 t,有:

$$\lim_{n\to\infty} P(A(\log n)\sqrt{M_n} \leqslant t + D(\log n)) = \exp(-2e^{-t})$$

其中 $A(x) = (2\log x)^{\frac{1}{2}}, D(x) = 2\log + (\frac{d}{2})\log\log x - \text{lot}\Gamma(\frac{d}{2}), \Gamma(x)$ 为伽马函数,d 为协变量维数。

在应用中,可通过定理 2.3.1 计算 p 值,即 $t = A(\log n)\sqrt{M_n} - D(\log n)$ 时,p 值为 $1 - \exp(-2e^{-t})$。当 p 值小于给定的检验水平时,可认为模型 2.2.1 存在变点。若变点存在,则所估计的变点时刻为 $\hat{k}$。

接下来研究变点估计的大样本性质。令 $\hat{\tau}_n = \frac{\hat{k}}{n}, \tau_{nk} = \frac{k}{n}$,及 $\tau_{n0} = \frac{k_0}{n}$,其中 k_0 为真实变点,假设在给定 x_i 情况下,当 $i = 1, \cdots, n\tau_{nk}$ 时,$Z_i(\tau_{nk})$ 的分布为 F_x,当 $i = n\tau_{nk} + 1, \cdots, n$ 时,$Z_i(\tau_{nk})$ 的分布为 P_x。定义 $\Lambda_0 = \Lambda = \Lambda_n = 0$ 及 $\Lambda_k = \frac{-2\log R(\tau_{nk})}{2n}$,且构造下列等式:

$$d\widetilde{F}_x(\tau) = [\tau I\{\tau \leqslant \tau_0\} + \tau_0 I\{\tau > \tau_0\}]dF_x + (\tau - \tau_0)I\{\tau > \tau_0\}dP_x$$

$$d\widetilde{G}_x(\tau) = [(1-\tau)I\{\tau \geqslant \tau_0\} + (1-\tau_0)I\{\tau < \tau_0\}]dP_x + (\tau_0 - \tau)I\{\tau < \tau_0\}dF_x$$

$$dQ_x(\tau) = I\{\tau < \tau_0\}dF_x + I\{\tau > \tau_0\}dP_x$$

其中 $\tau, \tau_0 \in (0,1)$,不妨令 $B_i = \tau + \lambda(\tau)Z_i(\tau)$,且:

$$\Phi(\tau,\lambda) = E_{d\widetilde{F}_x}(\log(B_i)) + E_{d\widetilde{G}_x}(\log(1-B_i)) - \tau\log\tau - (1-\tau)\log(1-\tau)$$

$$(2.3.6)$$

其中 $\lambda(\tau)$ 满足于 $\frac{\partial\Phi(\tau,\lambda)}{\partial\lambda(\tau)} = 0$。由 $\hat{k} = n\hat{\tau}_n$,假设:

C. 1 $\lim_{n\to\infty}\tau_{nk} = \tau$,且 $\lim_{n\to\infty}\tau_{n0} = \tau_0, \tau, \tau_0 \in (0,1)$;

C. 2 $\int\left(\frac{1}{B_i^2} + \frac{1}{(1-B_i)^2}\right)d(F_x + P_x) < \infty$。

定理 2.3.2 假设 H_1 及条件 C. 1—C. 2 成立,对于任意 $\varepsilon > 0$,有:

$$\lim_{n \to \infty} P(\mid \hat{\tau} - \tau_0 \mid > \varepsilon) = 0$$

即 $\hat{\tau}_n$ 是 τ_0 的相合估计。

（四）Logistic 回归模拟分析

本小节将以广义线性模型最常见的 Logistic 回归模型为例进行数据模拟，验证理论方法的可行性。Logistic 回归模型作为广义线性模型中最为常见的特殊形式，具有广泛的使用价值，得到许多学者的推广研究，其中部分学者对 Logistic 回归变点模型进行分析，如 Ulm(1991)基于单向卡方分布检验 Logistic 回归模型参数变点。Gurevich & Vexler(2005)采用极大似然检验 Logistic 回归模型变点。Fong et. al(2015)对 Logistic 变点模型进行了相关研究等。

1. Logistic 回归变点模型

考虑一个简单的 Logistic 回归模型，即：

$$P(y_i = 1 \mid x_i) = \pi(x_i\beta_1)I(i \leqslant k) + \pi(x_i\beta_2)I(i > k), i = 1, 2, \cdots, n$$

其中 y_i 为只取 0 和 1 的二元响应变量观测值，x_i 为协变量的观测值，β_1, β_2 为模型未知参数，$\pi(x) = (1 + \exp(-x))^{-1}$，$I(\cdot)$ 为示性函数。若存在某个时刻 k 使得 $\beta_1 \neq \beta_2$ 且满足 $1 \leqslant k \leqslant n$，则称 k 时刻为变点。

由前文可知，给定一个 k，则根据极大似然方法由前 k 个样本和后 $n-k$ 个样本可得到模型未知参数的估计值，相对应的似然函数为：

$$L(\beta_1 \mid x_i) = \prod_{i=1}^{k} \left[\pi(x_i\beta_1) \right]^{y_i} \left[1 - \pi(x_i\beta_1) \right]^{1-y_i}$$

$$L(\beta_2 \mid x_l i) = \prod_{i=k+1}^{m} \left[\pi(x_i\beta_2) \right]^{y_i} \left[1 - \pi(x_i\beta_2) \right]^{1-y_i}$$

通过对对数似然函数求导，可得：

$$\sum_{i=1}^{k} (y_i - \pi(x_i\beta_1))x_i = 0$$

$$\sum_{i=k+1}^{m} (y_i - \pi(x_i\beta_2))x_i = 0$$

$$(2.4.1)$$

因此，由式 2.4.1 可求得参数 β_1, β_2 的极大似然估计为 $\hat{\beta}_{1k}, \hat{\beta}_{2k}$，从而构造估

计方程变量为

$$Z_i(k) = \begin{cases} (y_i - \pi(x_i\hat{\beta}_{2k}))x_i, & i = 1,2,\cdots,k \\ (y_i - \pi(x_i\hat{\beta}_{1k}))x_i, & i = k+1,\cdots,n。 \end{cases}$$

则由式 2.3.3 及式 2.3.4 可得到经验似然比检验统计量 M_n。

2. 模拟结果

本小节将通过一系列符合假设条件的随机样本数据的模拟结果来验证前文方法的合理性。假设样本数据来自下列模型：

$$P(y_i = 1 \mid x_i) = \begin{cases} (1 + \exp(-2x_i + 1.5))^{-1}, & i = 1,2,\cdots,n\tau_0 \\ (1 + \exp(2x_i + 1.5))^{-1}, & i = n\tau_0 + 1,\cdots,n。 \end{cases}$$

$$(2.4.2)$$

其中 x_i 服从均匀分布 $U(0,5)$ 的独立随机变量,在给定 x_i 情况下,通过式 2.4.4 可得到响应变量观测值 y_i,即随机观测样本量为 $\{(x_i, y_i), i = 1, 2, \cdots, n\}$。

接下来,根据前文内容对所得随机样本进行分析,根据式 2.3.3 及式 2.3.4 构造经验似然比检验统计量 M_n,并假设检验水平 α_0 等于 0.05。由于经验似然比检验统计量对于太小或太大(接近 n)的 k 比较敏感。因此,令 $k_1 = [\log^2 n]$,即 k_1 为 $\log^2 n$ 的下取整,$k_2 = n - k_1$。为了比较不同样本容量及不同变点发生时刻的模拟效果,令样本容量 n 取 200,500,1000,1500,τ_0 取 0.25,0.5,0.75,相对应的变点时刻为 $k_0 = n\tau_0$,并重复取样 500 次。模拟结果如下表图所示。

表 1 $\hat{k}$ 的均值、中位数、标准差及检验统计量值和 p 值

n	k_0	mean($\hat{k}$)	median($\hat{k}$)	sk($\hat{k}$)	$\sqrt{M_n}$	Pvalue
	50	51.25	51	1.47	14.09	2.72e$-$10
200	100	101.11	101	0.92	14.23	2.09e$-$10
	150	151.30	151	1.38	14.34	1.71e$-$10

续　表

n	k_0	mean($\hat{k}$)	median($\hat{k}$)	sk($\hat{k}$)	$\sqrt{M_n}$	Pvalue
	125	126.03	126	1.26	21.94	0.00
500	250	250.91	251	0.78	22.57	0.00
	375	376.27	376	1.09	22.49	0.00
	250	250.96	251	0.69	28.35	0.00
1000	500	501.05	504	0.52	29.39	0.00
	750	751.19	751	0.80	31.34	0.00
	375	376.01	376	0.52	38.62	0.00
1500	750	751.05	751	0.58	38.57	0.00
	1125	1126.15	1126	0.77	34.23	0.00

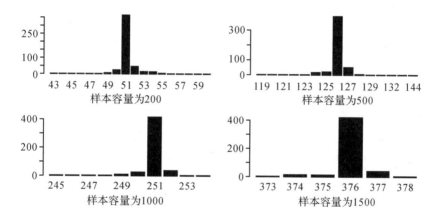

图1　变点估计直方图（$\tau_0 = 0.5$）

对于 Logistic 回归变点模型,由表1可知,变点估计 $\hat{k}$ 的均值及中位数接近模拟假设真实变点 k_0,通过标准差可知变点估计值波动不大且随着样本容量增加,标准差逐渐变小,说明当样本容量增加,$\hat{k}$ 越稳定,效果越好。图1、图2及图3更直观地展现了变点估计值的情况,可知变点估计在左右两端估计波动较大,在0.5处估计较好。因此,本课题构造经验对数似然比统计量检验变点方法具有可行性。

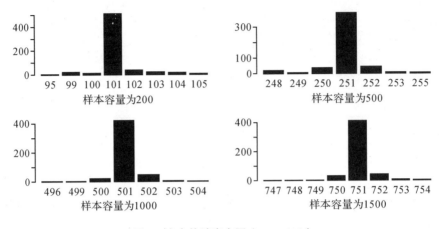

图2 变点估计直方图（$\tau_0 = 0.5$）

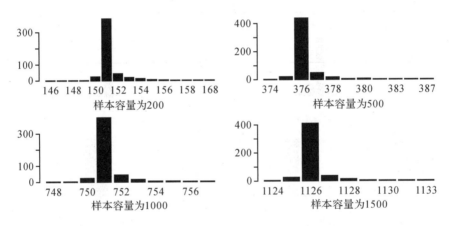

图3 变点估计直方图（$\tau_0 = 0.75$）

(五)实例分析

本小节通过一个实际案例研究方法的可行性,数据来源于英国儿童发展研究,为了让人们重视居高不下的死亡率,英国对生期死亡率进行了研究,调查了1958年3月3—9日出生于英格兰、苏格兰及威尔士约17000名儿童,并进行随访,记录情况。到目前为止,已随访8次。我们选取其中第二、四次随访数据,即1969年、1981年随访记录。此时,随访对象年龄对应为11岁、23岁,人数约15337名、12537名。其中,第二次随访中进行了一项数学测试,并记录了相应所得分数,第四次随访过程中一个调查问题为参与者是否存在计算能力问题,结果显示有 656 名参与者存在计算能力问题。对于第四次随访对象,记第二次随访的数学测试分数为 x(x 的范围为 0—40),令 n_i 为有计算能力问题中得分为 x_i 的人数,N_i 为对应分数 x_i 的总人数。从研究报告中可知有 186 名得分为 0,其中有 69 名计算能力有问题,而得分超过 29 分的有 4 名是计算能力存在问题。假设 p_i 为得分 x_i 总人数中有计算能力问题的对象所占比率,用 logit 连接函数连接 p_i 与线性预测部分 η_i,且当 $n_i \geqslant 10$ 时,记 $y_i = 1$,当时 $n_i < 10$ 时,记 $y_i = 0$。通过对数据进行分析并应用前文方法对英国儿童发展数据进行分析。

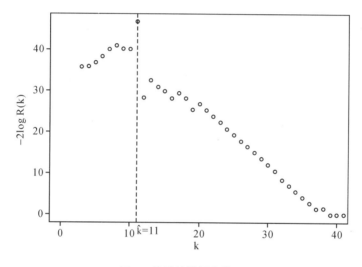

图 4　检验统计量变化图

假设在 5% 水平下,所得结果如图 4 所示,检验统计量 M_n 最大值为 48,对应 $\hat{k}$ 值为 11,p 值为 2.38×10^{-4},显然 p 值小于检验水平。因此,认为该案例存在一个变点,对应变点位置估计为 11,即相对应分数 $x_i = 10$。通过对数据分析,可认为所得分数大于 10 时,判定无计算能力问题。

三、删失线性回归变点模型的经验似然推断

删失数据是实际应用时遇到的复杂数据中一种常见的数据类型。一般

认为删失数据是指在观察或实验中，由于人力或者其他原因未能观察到所感兴趣的事件发生，因而得到的不完整数据。

由于删失数据在实际应用中更为常见，许多学者将其运用到各个方面，对于变点问题，如 Stute(1996)基于 U 统计量检验删失数据序列的变点模型，并研究其检验统计量与变点估计的大样本性质。Horváth(1998)在此基础上，扩展了变点问题相关的统计推断。Aly(1998)将删失数据与未删失数据分开，结合分位数理论，构造检验统计量，并给出相关理论证明。Gombay & Liu(2000)基于 Wilcoxon 秩检验，提出一种非参数方法检测删失数据序列变点模型，并将其运用于斯坦福心脏转移与肿瘤治疗实际数据分析，上述对删失数据变点问题研究大部分都假定删失变量满足独立同分布条件。Hušková & Neuhaus(2004)在两样本秩检验的基础上，运用秩检验判断删失数据序列是否存在变点，其中对删失变量无同分布假定，并在大样本下对变点模型进行统计推断等。

回归分析一直是统计学的一个重要分支，当经典的线性回归模型不足以应对现实生活中的复杂数据时，非线性回归模型是最好的选择。删失线性回归模型是普通线性回归模型在删失数据情形下的应用，最为常见的是生存分析中的加速失效时间模型，其考虑响应变量为生存时间的对数。由于数据存在删失，对于存在变点的删失线性回归模型的检验及估计往往比完整数据情形下的变点检验及估计问题要复杂和棘手很多。

本课题基于调整的经验似然方法研究删失线性回归模型的变点问题，首先，通过 Buckly & James(1979)方法对原始删失数据进行合成改造得到伪完整数据。其次，对伪完整数据使用经验似然方法得到经验似然比检验统计量。由于根据伪完整数据所得到的估计方程变量存在相关性，从而无法得到检验统计量更为一般的渐近分布。因此，通过对经验似然比检验统计量构造一个调整因子，进而可得到调整的检验统计量的渐近分布。最后，通过数值模拟及实例分析检验方法的可行性。

(一)模型构建

假设 y_i 为响应变量，x_i 为 d 维协变量，c_i 为相对应 x_i 的删失变量，且 c_i

与 x_i 和 y_i 相互独立，令 $\hat{y}_i = \min(y_i, c_i)$，示性变量 $\delta_i = I(y_i \leqslant c_i)$，由于删失数据 c_i 的存在，所得到的观测数据为 $(x_i, \tilde{y}_i, \delta_i), i = 1, 2, \cdots, n$。

不妨令删失线性回归变点模型为：

$$y_i = \beta'_1 x_i I(i \leqslant k) + \beta'_2 x_i I(i > k) + \varepsilon_i, i = 1, 2, \cdots, n \quad (3.1.1)$$

其中 β_1 和 β_2 为 d 维未知参数，ε_i 为相互独立误差项，$E \mid \varepsilon_i \mid < \infty$ 且其分布为 F（F 未知），假设 ε_i 与 (x_i, c_i) 相互独立，若存在一个 k，满足 $1 \leqslant k \leqslant n$ 且使得 β_1 与 β_2 不相等，则称 k 为变点时刻。

因此，检验模型 3.1.1 是否存在变点等价于下列假设检验问题：

$$H_0: \beta_1 = \beta_2 \quad vs \quad H_1: \beta_1 \neq \beta_2。$$

(二)变点估计

在非删失线性回归模型中，常用最小二乘准则估计模型未知参数，由于删失数据的存在，普通最小二乘准则无法得到精确的参数估计值，常使用 $E(y_i \mid \hat{y}_i, \delta_i, x_i)$ 代替 y_i，记：

$$\hat{y}_i(\beta) = \delta_i \hat{y}_i + (1 - \delta_i) \left\{ \frac{\int_{e_i(\beta)}^{\infty} u d\hat{F}_n(u)}{1 - \hat{F}_n(e_i(\beta))} + x'_i \beta_1 I(i \leqslant k) + x'_2 \beta_2 I(i > k) \right\}$$

$$(3.2.1)$$

其中 $e_i(\beta) = \hat{y} - x'_i \beta_1 I(i \leqslant k) - x'_1 \beta_2 I(i > k)$，$\hat{F}_n$ 为基于 $\{(e_i(\beta), \delta_i), i = 1, 2, \cdots, n\}$ 的误差分布 F 的 Kaplan－Meier 估计，即：

$$\hat{F}_n(t) = 1 - \prod_{i:e_i(\beta) < t} \left[1 - \frac{\delta_i}{\sum_{j=1}^{n} I\{e_j(\beta) \geqslant e_i(\beta)\}} \right]$$

由式 3.2.1 可知 $E(\hat{y} \mid x_i) = E(y_i \mid x_i)$。令 $\bar{y} = n^{-1} \sum_{i=1}^{n} \hat{y}_i$ 则：

$$V(\beta) = \sum_{i=1}^{n} (x_i - \bar{x}) \{\hat{y}_1 - \bar{y} - (x_i - \bar{x})' \beta_1 I(i \leqslant k) - (x_i - \bar{x})' \beta_2 I(i > k)\}$$

$$(3.2.2)$$

由于考虑对象为删失数据，模型参数 β_1, β_2 的估计不像传统最小二乘法估计存在具体的表达形式。因此根据 Jin et. al（2006）的计算方法，即给定一个 β_1, β_2 的初始相合估计值，通过 $V(\beta) = 0$ 得到 β_1, β_2 的迭代表达式，并在满足一定精度条件下通过有限次迭代可得到模型未知参数 β_1, β_2 的最小二乘估计,记为 $\hat{\beta}_{1k}$,$\hat{\beta}_{2k}$。令：

$$Z_i(k) = \begin{cases} (x_i - \overline{x})(\hat{y}_i - \overline{y} - (x_i - \overline{x})'\hat{\beta}_{2k}), & i = 1, 2, \cdots, k \\ (x_i - \overline{x})(\hat{y}_i - \overline{y} - (x_i - \overline{x})'\hat{\beta}_{1k}), & i = k+1, \cdots, n \end{cases}$$

$$(3.2.3)$$

显然在 H_0 下,$\hat{\beta}_{1k}$ 与 $\hat{\beta}_{2k}$ 近似相等,则有 $E(Z_i(k)) = 0$。因此根据 Owen(2001),对模型 3.1.1 构造经验似然为：

$$L(k) = \sup\left\{\prod_{i=1}^{n} p_i : \sum_{i=1}^{n} p_i Z_i(k) = 0, p_i \geqslant 0, \sum_{i=1}^{n} p_i = 1\right\}$$

则可得到经验似然比函数为：

$$R(k) = \sup\left\{\prod_{i=1}^{n} n p_i : \sum_{i=1}^{n} p_i Z_i(k) = 0, p_i \geqslant 0, \sum_{i=1}^{n} p_i = 1\right\}$$

$$(3.2.4)$$

因而检验统计量为：

$$M_n = \max_{k_1 \leqslant k \leqslant k_2} \{-2\log R(k)\}$$

通过模拟可知检验统计量 M_n 对于太小或太大(接近 n)的 k 比较敏感,不利于计算。因此,令 $k_1 = [\log^2 n]$,表示 k_1 取小于或等于 $\log^2 n$ 的最大整数,$k_2 = n - k_1$。根据 Liu & Qian(2009),在完整数据下可得检验统计量 M_n 的渐近分布。由于存在删失数据,类似 Li & Wang(2003) 构造调整因子,并得到调整的检验统计量的渐近分布。

接下来构造调整因子,令：

$$S(k) = \left\{\sum_{i=1}^{n} Z_i(k)\right\}\left\{\sum_{i=1}^{n} Z_i(k)\right\}'$$

$$T_n(k) = \frac{1}{n}\sum_{i=1}^{n} Z_i(k)Z'_i(k)$$

$$\sum = \frac{1}{n}\sum_{i=1}^{n}\int_0^\infty \left(u - \frac{f_u^\infty v d\hat{F}_n(v)}{1 - \hat{F}_n(u)}\right)^2 U_n(u) dN_i(u) \qquad (3.2.5)$$

$$U_n(u) = \frac{\sum_{i=1}^{n}(x_i - \overline{x})(\sum_{i=1}^{n}(x_i - \overline{x}))'D_i(u)}{\sum_{j=1}^{n} D_j(u)}$$

$$\overline{x}(u) = \frac{\sum_{i=1}^{n} x_i D_i(u)}{\sum_{j=1}^{n} D_j(u)}$$

则令调整因子 a_n 为：

$$a_n = \frac{\operatorname{tr}(\sum^{-1} S(k))}{\operatorname{tr}(T_n^{-1}(k)S(k))}$$

其中 $N_i(u) = I(e_i \leqslant u, \delta_i = 1), D_i(u) = I(e_i \geqslant u)$。则在原假设 H_0 下，可得调整的经验似然比检验统计量为：

$$\widetilde{M}_n = a_n M_n$$

定理 3.2.1 假设在 H_0 下，且足以下条件，

D.1 对任意 $k, E[Z_i(k)Z'_i(k)]$ 为正定矩阵。

D.2 存在 $K \geqslant 0$，使 $|x_i - \bar{x}| \leqslant K$ 且 $E|x_i|^2 < \infty, E|e_i(\beta)|^2 < \infty$。

则，对任意 t 有：

$$\lim_{n \to \infty} P(A(\log n)\sqrt{\widetilde{M}_n} \leqslant t + D(\log n)) = \exp(-2e^{-t})$$

其中 $A(x) = (2\log x)^{\frac{1}{2}}, D(x) = 2\log + (\frac{d}{2})\log\log x - \log\Gamma(\frac{d}{2}), \Gamma(x)$ 为伽玛函数，d 为协变量维数。

在给定检验水平下，由定理 3.2.1 可知若 $\widetilde{M}_n$ 大于某个临界值时，则拒绝 H_0，此时可得变点估计 $\hat{k}$ 为：

$$\hat{k} = \min_{k_i \leqslant k \leqslant k_2} \{k : k = \arg\max_{k_i \leqslant k \leqslant k_2}\{-2a_n\log R(k)\}\}$$

(三)模拟分析

在这一节中，将通过模拟来研究含有单变点的删失线性回归模型，如式 3.1.1 所示，该模型仅有一个未知变点，令模型参数 $\beta_1 = 0.5, \beta_2 = 2.5$。一方面，为检验不同误差项分布对结果是否存在影响，考虑误差项 ε_i 分别服从 $N(0,1), U(-1,1), \frac{1}{\sqrt{6}}(\chi^2(3)-3)$，对应为正态分布、均匀分布及卡方分布情形。另一方面，为比较不同删失变量 c_i 的分布情况，考虑 c_i 为随机抽样删失以及服从指数分布 $\exp(\zeta)$，其中 ζ 控制删失率 CR，考虑删失率 CR 约为 $10\%, 30\%, 50\%$ 三种情形。令协变量观测值 x_i 来自均匀分布 $U(0,10)$，考虑变点发生时刻为 100、200 及 300 处。样本容量 n 取 400，重复取样 1000 次。接

下来,采用 Buckly & James(1979) 方法对样本数据进行改造合成,根据 Jin et. al(2006) 的方法及式 3.2.3 得到估计方程变量,并根据所构造的调整经验似然比统计量得到变点估计值 $\hat{k}$。结果如表 2 至表 4 及图 5 所示。

表 2 $\hat{k}$ 的均值、标准差及中位数

取 $n = 400, k_0 = 100, CR = 10\%, 30\%, 50\%$

F_{ε_i}	CR	mean($\hat{k}$)	sd($\hat{k}$)	median($\hat{k}$)
	10%	99.389	2.565	100
$\varepsilon_i \sim N(0,1)$	30%	98.281	4.695	100
	50%	96.522	6.190	99
	10%	99.612	0.338	100
$\varepsilon_i \sim U(-1,1)$	30%	99.596	0.749	100
	50%	99.026	1.421	100
	10%	99.57	1.448	100
$\varepsilon_I \sim \frac{1}{\sqrt{6}}(\chi^2(3)-3)$	30%	98.40	3.821	100
	50%	95.79	6.714	99

表 3 $\hat{k}$ 的均值、标准差及中位数

取 $n = 400, k_0 = 200, CR = 10\%, 30\%, 50\%$

F_{ε_i}	CR	mean($\hat{k}$)	sd($\hat{k}$)	median$\hat{k}$
	10%	199.73	0.303	200
$\varepsilon_i \sim N(0,1)$	30%	199.64	0.613	200
	50%	199.34	1.219	200
	10%	199.85	0.221	200
$\varepsilon_i \sim U(-1,1)$	30%	199.79	0.536	200
	50%	199.49	0.994	200
	10%	199.73	0.295	200
$\varepsilon_i \sim \frac{1}{\sqrt{6}}(\chi^2(3)-3)$	30%	199.61	0.696	200
	50%	199.28	1.264	200

表 3 $\hat{k}$ 的均值、标准差及中位数

取 $n = 400, k_0 = 300, CR = 10\%, 30\%, 50\%$

F_{ε_i}	CR	mean($\hat{k}$)	sd($\hat{k}$)	median$\hat{k}$
	10%	300.45	1.972	300
$\varepsilon_i \sim N(0,1)$	30%	300.23	2.499	300
	50%	299.58	3.026	300
	10%	300.36	1.503	300
$\varepsilon_i \sim U(-1,1)$	30%	299.89	1.926	300
	50%	299.37	2.603	300
	10%	300.34	1.564	300
$\varepsilon_i \sim \frac{1}{\sqrt{6}}(\chi^2(3)-3)$	30%	299.83	2.733	300
	50%	299.05	7.489	300

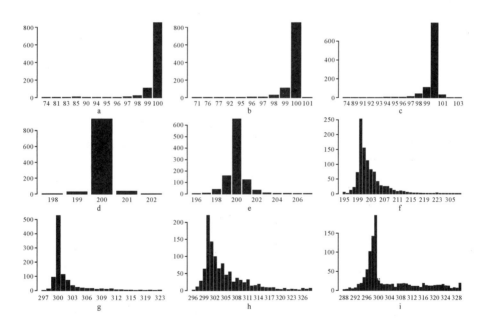

图 5 删失分布为指数分布时变点估计直方图

表 2、表 3 及表 4 分别列出样本容量为 400，考虑变点位置为 100、200 和 300，随机抽样删失率 CR 达到 10%、30% 及 50% 以及误差分布服从正态分布、均匀分布及卡方分布时 1000 次模拟结果，主要计算变点估计 $\hat{k}$ 的均

值、标准差以及中位数来检验方法的可行性。从表2、表3及表4可知,一方面对于不同误差分布,不同变点位置以及不同删失率,所估计的变点 $\hat{k}$ 接近于真实值 k_0。另一方面随着删失率的增加,从表2、表3及表4可看到变点估计 $\hat{k}$ 的均值逐渐偏离真实值 k_0,中位数接近真实值 k_0,而标准差逐渐变大,说明随着删失率的增加,变点估计值偏离均值的大小逐渐变大。图3-3-1主要考虑删失分布为指数分布,误差分布为正态分布时1000次模拟结果直方图,其中a、b、c为真实值 $k_0 = 100$ 对应删失率10%、30%、50%的变点估计直方图,d、e、f为 $k_0 = 200$ 时变点估计直方图,g、h、i为 $k_0 = 300$ 时变点估计直方图。从图5可知,大部分估计值落在变点真实值附近。表2、表3及表4及图5结果表明了检验方法的可行性。

(四)实例分析

在这一部分中,我们将前文方法及模型应用于血浆渗透压数据,此数据主要由血浆渗透压浓度及精氨酸加压素(arginine vasopressin,简称为AVP)在血浆中浓度数据组成。我们主要研究AVP在血浆中的浓度与血浆渗透压浓度是否存在关系,当血浆渗透压浓度达到一定程度时,AVP浓度是否发生明显变化,即是否存在变点。假设令 x 为血浆渗透压浓度,y 为AVP在血浆中的浓度,Liu & Qian(2009)利用线性模型对其进行研究,得到变点发生在 $x=302$ 处。由于数据本身为完整数据,为了应用前文方法,我们需要对其进行处理,从原始数据中随机抽取一定量数据作为删失数据,考虑删失率为10%,并进行50次随机删失实验,假设 x 与 y 的关系为:

$$y(x) = \begin{cases} a_1 + \beta_1 x_i, & i = 1,2,\cdots,k \\ a_2 + \beta_2 x_i, & i = k+1,\cdots,n \end{cases}$$

得到结果如下所示。

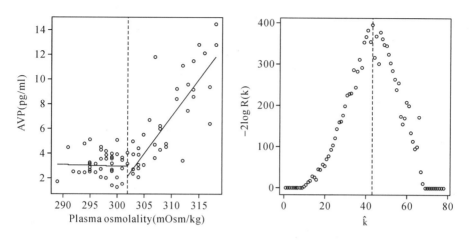

图6　左为 AVP 与血浆渗透压浓度关系图,右为检验统计量变化图

图 6 为删失率控制在 10% 左右所得到的结果,其中右图为随机一次所得检验统计量关于变点估计时刻 $\hat{k}$ 的变化图。从图中可知,检验统计量值偏大,通过定理 3.2.1 可得 p 值偏小。因此,可认为存在一个变点,在 50 次随机删失实验中,得到变点估计值的最小值为 41,均值为 43.12,最大值为 49,分别对应血浆渗透压浓度 x 为 301,302,304。左图为 AVP 与血浆参透压浓度的散点图,竖直虚线为所估计变点位置对应的血浆渗透压浓度值,两条粗直线为所拟合直线,对应线性回归模型为:

$$y(x) = \begin{cases} 5.23 - 0.008x_i, & i = 1, 2, \cdots, 43 \\ -172.62 + 0.579x_i, & i = 44, \cdots, 78 \end{cases}$$

其中参数估计值可从 50 次随机实验中求均值可得。

从上可知,删失情形下所得估计结果接近于完整数据所得估计结果,说明本课题所建模型及方法的可行性。

四、研究结论

变点问题是统计推断的热点问题之一,鉴于经验似然方法的优越性,本课题基于经验似然方法分别对自然连接下的广义线性模型及删失线性回归

模型进行变点问题研究,主要结论有:

(1)在自然连接情形下,建立广义线性变点模型。基于经验似然方法对变点模型进行检验及估计,并得到检验统计量的渐近分布及变点估计的相合性。并以广义线性模型中最常见的 Logistic 回归模型为实验对象及一个真实案例验证了所建模型及方法的可行性。

(2)建立了删失线性回归变点模型。首先,由于考虑对象为删失数据,通过 Buckly & James(1979)方法对原始数据进行合成改造得到伪完整数据。其次,基于伪完整数据所得到估计方程变量存在相关性,无法得到检验统计量的简要渐近分布。因此,通过对经验似然比检验统计量构造一个调整因子,进而得到调整的检验统计量的渐近分布。最后,通过数值模拟及实例分析验证了所建模型的合理性。

课题负责人:李云霞

课题组成员:刘伟棠 沈 冰

杨文青

[**参考文献**]

[1] 陈希孺.点统计分析简介[J].数理统计与管理,1991,(1):55-88.

[2] 廖远甦,朱平芳.均值和方差双重变点的贝叶斯侦测[J].统计研究,2011,(11):91-97.

[3] 秦瑞兵,田铮,陈占寿.独立随机序列均值多变点的非参数检测[J].应用概率统计,2013,(5):449-457.

[4] 赵文芝,夏志明,贺兴时.随机设计下非参数回归模型方差变点 Ratio 检验[J].数学的实践与认识,2012,(16):224-229.

[5] Fong Y,Di C,Permar S. Change point testing in logistic regression models with interaction term[J]. Statistics in medicine,2015,34(9):1483-1494.

[6] Gurevich G,Vexler A. Change point problems in the model of logistic

regression[J]. Journal of Statistical Planning and Inference, 2005, 131
(2):313-331.

[7] Liu Z, Qian L. Changepoint estimation in a segmented linear regression
via empirical likelihood[J]. Communications in Statistics－Simulation
and Computation, 2009, 39(1):85-100.

[8] Shen G. On empirical likelihood inference of a change－point[J].
Statistics & Probability Letters, 2013, 83(7):1662-1668.

[9] Yang Y P, Li G R, Tong T J. Corrected empirical likelihood for a class
of generalized linear measurement error models[J]. Science China
Mathematics, 2015, 58(7):1523-1536.

FDI 环境效应研究——以浙江省为例

一、引　言

改革开放以来,浙江经济实现了跨越式发展,1978—2016 年年均经济增长率达到 11.74%,2016 年地区生产总值达到 40173.03 亿元,占 GDP 的 6.3%,已经逐渐从一个资源小省发展跻身为经济大省、强省。与此同时,浙江外资利用金额也逐年上升,1987 年至 2016 年间,实际吸收 FDI 年均增长 27.49%,2016 年实际利用 FDI 金额达到 1579725 万美元,位居全国第 4。然而,在外资引入与经济增长不断攀升的同时,浙江环境状况却不容乐观。据《2016 年度浙江省环境状况公报》显示,2016 年浙江省废水排放总量达 41.83 亿吨,比上年减少 0.20%,其中工业废水 14.94 亿吨,占到废水总量的 35.72%。工业固体废弃物生产量达 4699.6 万吨,比上年增长 6.7%。平均酸雨率达到 84.1%,比上年上升了 1.3%。雾霾天气频发,杭嘉湖地区、温州地区霾日数达到 100 天以上。经济增长和 FDI 引入量的高速增长是否会影响环境质量? 作用力度如何? FDI 影响环境质量的作用机制如何?

课题组以"FDI 与环境"的相互关系为切入点,在深入探究 FDI 与环境的双向作用机制的基础之上,对 FDI 的环境效应进行总量测度与渠道分解,进而以浙江省为例进行实证研究,为浙江省实现可持续绿色外资利用目标提供政策建议。

二、文献综述

目前,国内外学者对 FDI 与环境的关系研究主要有三种观点:

第一种观点认为 FDI 的引入会恶化环境。相对于环境规制较严格的地区,污染密集型企业趋向于选择在环境标准相对较低的发展中国家进行投资,将环境污染严重的企业转移出去,同时发展中国家为了引进更多的外资,促进当地经济发展,也会相应降低本国的环境标准,这些环境标准较低的发展中国家就成了污染企业的聚集地。其中形成的比较有代表性的理论有"污染避难所"假说及"向底线赛跑"假说。Walter 和 Ugelow(1979),Birdsall 和 Wheeler(1993),Copeland 和 Taylor(1994),Jorgenson(2007),Acharkyya(2009),夏有富(1999),牛海霞、胡佳雨(2011),杨博琼等(2013)的研究都属于此类。

第二种观点认为 FDI 有利于改善环境。FDI 的引入不仅促进了东道国的经济发展,也为当地企业带来了先进的技术与设备以及管理经验。技术和设备的引入能够促进东道国企业的技术进步,先进的环境管理体系也会促进当地企业在生产过程中采用更高的环境标准,有利于提高东道国的环境质量。其中形成的比较有代表性的理论有"波特假说"及"污染晕轮效应"。Haddad(1993),Porter 和 Linde(1996),Eskeland 和 Harrsion(2002),Jeffrey Frankel 和 Andrew Rose(2003),郭红燕和韩立岩(2008),邓柏盛和宋德勇(2008),许和连和邓玉萍(2012)等的研究都属于此类。

第三种观点认为 FDI 与东道国环境之间存在一种复杂关系。FDI 对环境的影响存在不确定性,是动态变化的,FDI 与环境之间的作用关系机制不是一种简单的单向效应,而有可能是多种效应共同作用的结果。Zarsky,L(1999),Grossman 和 Krueger(1991),Jie He(2006),郭亚军(2009),代迪尔、李子豪(2011)都持有此观点。

综观现有文献,不难发现这三种观点都存在一些问题:首先,在模型设定方面,集中于考察经济对环境或者 FDI 对环境的影响,而未有考虑到经济增长、FDI、环境污染三者之间是相互影响、动态发展、彼此共生的。其次，在指标选取上，较多地采用单一或几个替代指标来表征环境质量现状，忽略了环境污染的综合性、整体性和动态性特征；采用流量指标表征 FDI，忽略了前期 FDI 残值对环境污染的影响。最后，就实证检验范围而言，主要侧重于国家层面，对地区层面、行业层面的分析和检验相对较少。

三、FDI 环境效应的作用机制探究

FDI 主要通过规模效应、结构效应和技术效应三种途径影响东道国或地区环境。此外，考虑到东道国或地区环境规制水平的加强，会对 FDI 的质量和数量产生影响，因此环境规制效应可以用来反映环境规制对 FDI 的反馈作用。

(一)规模效应

规模效应是指 FDI 的引入会促进东道国经济总量的增长、生产规模的扩大以及收入水平的提高，从而对当地的环境污染造成影响，而且这些影响是综合性的，包括正面的和负面的。一方面，外资的引入会促进东道国生产规模的扩大，经济规模的扩大意味着需要投入更多的自然资源，加速自然资源的开发和消耗，从而产生更多的污染废弃物，加重环境污染的程度，从而表现为 FDI 对环境污染的规模负效应；另一方面，外资的引入会促进东道国经济的发展，居民的人均收入水平也会随之提高，在满足基本生活条件的前提下，人们对环境的质量要求也会越来越高，环境保护意识也会更加强烈，促使东道国政府制定较为严格的环境标准，外资企业也会引进先进的生产技术与生产设备以及环保技术，加大对环境保护的投资，从而改善当地的环境，表现为 FDI 对环境污染的规模正效应。

(二)结构效应

结构效应是指 FDI 的流入，会使投资所在地的产业结构发生变化，从而对当地的环境造成影响。产业结构效应也有正负可能，如果当地的经济发展处于工业化初级阶段,由于经济水平较落后,环境规制水平较宽松,许多外资企业出于追求利益最大化的目的,会将污染密集型产业转移到劳动力成本和环保成本都较低的地区,从而导致该地区污染密集型企业所占比重会较大,清洁型产业所占比重较小,无疑会加剧当地的环境污染程度。此时,FDI 对环境污染的影响是消极的。如果当地的经济发展处于后工业化和信息化阶段,出于对环境的保护,当地政府会提高外资企业进入的门槛,调整产业结构,清洁型产业、高新技术产业等将成为 FDI 的主要流向,这对当地环境质量的提高是有很大帮助的。如第三产业中的服务业,相对于第二产业中的制造业,对环境的污染程度是要轻许多的,对环境不会造成太大的压力。此时,FDI 对环境污染的影响是积极的。

(三)技术效应

技术效应是指 FDI 给投资所在地带来了生产技术和环保技术,技术的发展与扩散会对环境污染造成影响。当东道国引入大量的 FDI 时,同时也会引入新的技术,这些技术会对当地的环境污染产生正或负的技术效应。FDI 的引入会给东道国带来先进的生产设备、生产技术及管理技术,有利于当地的技术进步,提高资源的使用率,减少污染物的排放,而这些先进的技术也会在当地得到扩散。此时,对东道国来说,技术效应对环境污染的影响是积极的。如果东道国部分地区的环保法律法规不健全,缺乏环境保护的意识,为了追求更低廉的生产成本和技术成本,外资企业可能会将一些落后的、有害的技术和设备转移到这些地区,加重当地的环境污染程度。

(四)环境规制效应

如果东道国采取严格的环境规制,FDI 的质量和数量会受到显著的影响,污染密集型企业所占比重会降低,外资的产业结构发生改变;同时,环保意识的增强和当地的产业发展需要,使得当地政府不再盲目地引进外资,而是开始注重引进外资的质量,此时对环境造成的压力相对较小;如果该地区采取较为宽松的环境规制,FDI 会流向污染密集型企业,高新技术产业和清洁型产业所占比重会降低。此时,环境规制效应会加重东道国的环境污染。

四、浙江省 *FDI* 环境效应的实证研究

基于前述 *FDI* 影响环境质量的双向作用机制分析,课题组对浙江省 *FDI* 环境效应进行了实证检验。实证分析中,首先采用熵权法构建环境污染综合指数,基于浙江省工业废水排放量、工业废气排放量等六大污染指标计算环境污染综合指数序列;然后,基于永续盘存法计算存量 *FDI* 指数序列;最后,构建结构方程模型,对浙江省 *FDI* 环境效应进行实际测度和规模效应、结构效应、技术效应以及环境规制效应的渠道分解。

(一)环境污染综合指数的构建与计算

采用单个或者多个独立环境指标很难从整体上反映环境污染的整体状况。课题组采用熵值法构建环境污染综合指数。

1.将原始数据进行标准化处理

设 x_{ij} 表示样本 i 的第 j 个指标的数值($i = 1, 2, \cdots, m; j = 1, 2, \cdots, n$),其中 m 和 n 分别是指样本个数和指标个数。

$$p_{ij} = \frac{x_{ij} - x_{\min(j)}}{x_{\max(j)} - x_{\min(j)}} \tag{1}$$

式中 i 表示年份,表示环境污染指标,x_{ij} 为环境污染指标的原始值,p_{ij} 为标准化后的赋值,$x_{\min(j)}$,$x_{\max(j)}$ 分别表示第 j 项环境污染指标的最大值和最小值。

2.对标准化数据进行坐标平移

$$p'_{ij} = 1 + p_{ij} \tag{2}$$

3.计算 i 年份的第 i 个环境污染指标的比重 p''_{ij}

$$p''_{ij} = \frac{p'_{ij}}{\sum_{i=1}^{m} p'_{ij}} \tag{3}$$

4. 计算第 j 个环境污染指标的熵值 a_j 和差异性系数 b_j

$$a_j = \left(-\frac{1}{\ln m}\right) \sum_{i=1}^{m} p''_{ij} \ln p''_{ij} \qquad (4)$$

$$b_j = 1 - a_j \qquad (5)$$

5. 计算第 j 个环境污染指标的权重 c_j

$$c_j = \frac{b_j}{\sum_{j=1}^{n} b_j} \qquad (6)$$

6. 计算环境污染综合指数 e_j

$$e_j = \sum_{j=1}^{n} c_j p''_{ij} \qquad (7)$$

(7) 式中 j 表示环境污染指标，c_j 表示第 j 个环境污染指标的权重。

考虑到数据的可获取性和一致性，以 1987—2016 年为样本期，所有的数据均源于各年的《浙江统计年鉴》。选取工业废水排放量、工业废气排放量、二氧化硫排放量、烟尘排放量、粉尘排放量、工业固体废弃物排放量六大污染排放指标，合成一个环境污染综合指数来全面反映浙江省环境现状。显然，环境污染综合指数数值越大，表示环境污染越严重。计算结果如下表 1。

表 1   各环境污染指标的权重

污染物种类	权重
工业废水	0.10144
工业废气	0.20339
工业二氧化硫	0.16766
烟尘	0.19847
粉尘	0.12000
工业固体废弃物	0.20904

(二)存量 FDI 的计算

如前所述，存量 FDI 更能真实反映外资作用，故在对实际利用外资金额进行人民币换算和价格缩减后,运用张军等(2004)提出的永续盘存法计算历年的存量 FDI ($SFDI$)。具体步骤为:首先,利用 $SFDI_0 = FDI_0/(g+\delta)$ 估算基年的存量 FDI ,其中 $SFDI_0$, FDI_0 分别表示基年存量和流量 FDI , g 为样本期内真实流量 FDI 的年均增长率, δ 为 FDI 存量的折旧率,取为 9.6% 。然后,利用递推式 $SFDI_t = FDI_t + (1-\delta)SFDI_{t-1}$,计算历年的存量 FDI 。存量 FDI 序列详见表2。

表2　1987—2016 年浙江省环境污染综合指数、人均地区生产总值、FDI 存量(1986 年为基期)

年份	环境污染综合指数	人均地区生产总值(元)	存量 FDI(亿元)	年份	环境污染综合指数	人均地区生产总值(元)	存量 FDI(亿元)
1987	0.0335	1478	0.8699	2001	0.0418	3269	35.6266
1988	0.0322	1686	0.9895	2002	0.0411	3367.	45.1913
1989	0.0321	1871	1.7643	2003	0.0422	3560	67.9454
1990	0.0319	19173	2.0158	2004	0.0438	3732	72.7679
1991	0.0375	1959	3.6010	2005	0.0446	3812	73.8234
1992	0.0395	2078	10.0576	2006	0.0451	3922	72.6173
1993	0.0366	2384	30.2531	2007	0.0448	4081	70.4403
1994	0.0357	2775	41.8046	2008	0.0440	4244	56.8086
1995	0.0355	3144	38.1176	2009	0.0442	4173	50.6099
1996	0.0347	3285	40.7054	2010	0.0448	4495	49.5937
1997	0.0450	3307	36.1250	2011	0.0456	4549	50.9939
1998	0.0447	3237	28.7099	2012	0.0458	4847	53.7859
1999	0.0432	3169	30.3368	2013	0.0459	4968	58.5698
2000	0.0416	3220	28.7486	2014	0.0448	5001	59.9789

(三)基于结构方程模型的实证检验与分析

1.模型的构建

课题组建立包含规模效应、结构效应、技术效应、环境规制效应的联立方程模型,来分析 FDI 对浙江省环境污染的影响:

$$\begin{cases} E_t = e(Y_t, S_t, T_t, REG_t) \\ Y_t = y(K_t, L_t, FDI_t, E_t) \\ S_t = s(KL_t, REG_t, FDI_t) \\ T_t = t(RD_{t-1}, FDI_t) \\ REG_t = r(E_{t-1}, Y_t) \end{cases} \quad (8)$$

方程组(8)中,t 表示年份,E 表示环境污染水平,Y 表示经济规模,S 表示产业结构,T 表示技术水平,REG 表示环境规制水平,K 表示资本存量,L 表示劳动力投入,FDI 表示 FDI 额,KL 表示资本劳动比,RD 表示科研经费投入。

第一个方程表示的是多个变量对环境污染的综合影响。Y 表示的是 FDI 影响环境污染的规模效应,一般认为,随着经济规模的扩大,污染物排放量也会增加,从而造成环境的恶化;然而随着经济规模扩大,居民收入水平得到提高,此时对环境的质量要求也会提高,使得政府和社会通过实施相关政策改善环境质量。S 表示 FDI 影响环境污染水平的结构效应,在经济规模、技术水平和环境规制水平相同的情况下,污染型企业所占比重越大,对环境造成的污染越严重,反之越小。T 表示的是 FDI 影响环境污染的技术效应,其他条件相同的情况下,如果外资企业进入带来的是先进的技术,会对当地企业带来竞争压力,刺激当地企业改进生产技术,提高效率,减少污染物的排放和资源的消耗,对环境产生积极效应;如果引入的是污染型企业,则会加剧当地的环境污染。REG 表示环境规制效应,一般来说,环境规制水平越高,对环境造成的污染越小。

第二个方程表示的是 FDI 通过对经济规模的直接作用,对环境污染起到间接影响,最终得出 FDI 对环境污染的影响。在传统的柯布—道格拉斯生产函数基础上,除了资本和劳动,还加入了环境污染水平来研究 FDI 对环境污染的影响。根据环境库兹涅茨曲线的原理,当经济发展水平较低时,环境污染的程度较低,随着人均收入的增加,环境污染程度则会加剧;随着人均收入的进一步增加,人们对环境的质量要求也会提高,从而需要投入更多的资金去改善环境,进而会影响到整个社会的经济规模。

第三个方程反映的是 FDI 通过影响当地的产业结构,从而对环境质量产生影响。相对宽松的环境规制水平会吸引大量污染密集型企业的进入，从而加剧环境的污染，因此引入环境规制水平 REG；廉价的劳动力也会吸引 FDI 流向劳动密集型企业，劳动密集型企业一般被认为是污染较小的企业，如服务企业、食品企业、日用百货等轻工企业及服务型企业等，对环境不会造成太大的压力。污染型企业大多数来自第二产业，资本投入相对较大，当经济发展到一定阶段时，第二产业会向第三产业发生转移，资本劳动比会下降，因此我们引入资本劳动比 KL 作为变量。FDI 的进入也会刺激当地企业进行自我调整，从而影响当地的产业结构。

第四个方程表示的是 FDI 的引入对当地环境污染的技术效应。一方面，外资的进入给本地企业带来了一定的竞争压力，迫使它们提高生产及管理技术，减少工业废气、工业废水等污染物的排放，减轻环境污染的程度。同时随着人均收入水平的提高，人们开始追求高质量的环境，因此需要提高环境保护及环境治理技术。技术的提高需要投入科研经费，因此引入科研经费 RD 作为变量。因为本地企业的技术研发可能需要一段时间才能取得技术上的进步，故在模型中我们引入滞后一期的 RD。另一方面，基于Antweiler(2001)年的研究，将 FDI 作为影响技术水平的因素。因为 FDI 的引入会带来先进的技术，通过技术扩散、技术溢出，带动当地的生产、管理技术，从而提高环境质量。

第五个方程反映的是环境规制水平对 FDI 的反馈效应。如果当地的环境污染程度较严重，已威胁到人们正常的生产生活，当地政府会采取严格的环境规制措施，提高 FDI 进入的门槛，此时 FDI 的流向也会发生改变，从污染密集型企业转移到清洁型企业，FDI 的产业结构发生改变。如果当地的环境污染水平在可接受的范围之内，当地政府为了保持现有经济的增长，追求更高的经济利益，可能最多只会去维持现有的环境规制水平，因此我们引入上期的环境污染水平作为影响环境规制水平的因素。如果当地的经济发展水平较高，经济规模较大，人们会渴望更高质量的环境，此时政府和社会投入更多的资金去改善当地的环境。因此，经济规模 Y 也是影响环境规制水平的因素之一。

为了消除数据中可能存在的异方差，同时为了更容易得到平稳序列，我

们对所有方程两边的变量进行对数变换,对数变换并不会改变数据的特征。通过取对数,得到如下联立方程组:

$$\begin{cases} \ln E_t = \alpha_1 + \alpha_2 \ln Y_t + \alpha_3 \ln S_t + \alpha_4 \ln T_t + \alpha_5 \ln REG_t + \varepsilon_{1t} & (9.1) \\ \ln Y_t = \alpha_6 + \alpha_7 \ln K_t + \alpha_8 \ln L_t + \alpha_9 \ln SFDI_t + \alpha_{10} \ln E_t + \varepsilon_{2t} & (9.2) \\ \ln S_t = \alpha_{11} + \alpha_{12} \ln KL_t + \alpha_{13} \ln REG_t + \alpha_{14} \ln SFDI_t + \varepsilon_{3t} & (9.3) \\ \ln T_t = \alpha_{15} + \alpha_{16} \ln RD_{t-1} + \alpha_{17} \ln SFDI_t + \varepsilon_{4t} & (9.4) \\ \ln REG_t = \alpha_{18} + \alpha_{19} \ln E_{t-1} + \alpha_{20} \ln Y_t + \varepsilon_{5t} & (9.5) \end{cases}$$

2. 数据的来源与变量选取

课题组的原始数据来源于 1988—2015 年《浙江省统计年鉴》《浙江环境统计年鉴》及《浙江科技统计年鉴》。下面对模型中出现的变量所选取的数据进行简单说明。

E 表示环境污染水平。为了从整体上反映 FDI 与环境污染的关系,用六个污染指标构建了环境污染综合指数,用历年环境污染综合指数来表示环境污染水平。

在规模效应方程(9.2)中,Y 表示浙江省历年的经济规模。选取历年的GDP 表示,将其用 GDP 平减指数换算成以 1986 年为基期的价格,以消除价格因素的影响。经济规模越大,经济活动越活跃,会带来更多的环境污染,对环境越不利;但是随着经济水平的发展,居民人均收入的提高,人们对环境质量的要求也会越来越高,迫使当地政府采取严格的环境规制水平。K 表示资本存量,用固定资产投资表示,将固定资产投资价格指数换算成以1986 年为基期的价格,单位为亿元。L 表示劳动投入,用全社会从业人员数表示,单位为万人。$SFDI$ 系前文处理后的存量 FDI 序列。

结构效应方程(9.3)中,S 反映产业结构变化。由于大部分的污染物排放主要来自工业,因此将用工业增加值与 GDP 的比重来表示产业结构,先将工业增加值用对应年份的工业生产者出厂价格指数进行平减,换成以1986 年为基期的价格的实际工业增加值,将其与平减后的 GDP 相比得到产业结构。KL 表示资本劳动比,基于采用李永军(2003)的研究,用固定资产投资总额与对应年份的全社会从业人员总数的比值表示资本劳动比,固定资产投资用平减后的固定资产投资表示。

技术效应方程(9.4)中，T 表示技术水平。课题组参考 Grossman 和 Krueger(1991) 的研究，用人均产出水平来表示技术水平，将历年人均 GDP 用人均 GDP 指数进行平减以消除价格因素的影响，单位为元。RD 表示科研经费投入，用研究与发展(R&D)经费支出表示，用 GDP 平减指数进行价格缩减，单位为亿元。

环境规制效应方程(9.5)中，REG 表示环境规制水平，目前国内并没有明确统一的指标，学者们多采用环境污染治理投资额、构建环境污染综合指标等方式。故我们选用工业污染治理完成投资额之和表示环境规制水平，用 GDP 平减指数将其换成以 1986 年为基期的环境污染治理投资额，单位为万元。

3. 实证结果与分析

(1)FDI 环境效应的计算。为了进一步考察 FDI 对浙江省环境污染水平的影响，需要构造各个指标对 FDI 的影响系数，对联立方程组中的五个方程(9.1)—(9.5)两边分别对 SFDI 求导。结果如下所示：

$$\frac{\partial \ln E_t}{\partial \ln SFDI_t} = \alpha_2 \times \frac{\partial \ln Y_t}{\partial \ln SFDI_t} + \alpha_3 \times \frac{\partial \ln S_t}{\partial \ln SFDI_t} + \alpha_4 \times \frac{\partial \ln T_t}{\partial \ln SFDI_t} + \alpha_5 \times \frac{\partial \ln REG_t}{\partial \ln SFDI_t} \quad (10.1)$$

$$\frac{\partial \ln Y_t}{\partial \ln SFDI_t} = \alpha_9 + \alpha_{10} \times \frac{\ln E_t}{\partial \ln SFDI_t} \quad (10.2)$$

$$\frac{\partial \ln S_t}{\partial \ln SFDI_t} = \alpha_{13} \times \frac{\partial \ln REG_t}{\partial \ln SFDI_t} + \alpha_{14} \quad (10.3)$$

$$\frac{\partial \ln T_t}{\partial \ln SFDI_t} = \alpha_{17} \quad (10.4)$$

$$\frac{\partial \ln REG_t}{\partial \ln SFDI_t} = \alpha_{20} \times \frac{\partial \ln Y_t}{\partial \ln SFDI_t} \quad (10.5)$$

通过整理计算可得：

FDI 对经济规模的影响系数为：

$$\frac{\partial \ln Y_t}{\partial \ln SFDI_t} = \frac{\alpha_9 + \alpha_{10}(\alpha_3 \times \alpha_{14} + \alpha_4 \times \alpha_{17})}{1 - \alpha_{10} \times (\alpha_2 + \alpha_3 \times \alpha_{13} \times \alpha_{20} + \alpha_5 \times \alpha_{20})}$$

FDI 对经济结构的影响系数为：

$$\frac{\partial \ln S_t}{\partial \ln SFDI_t} = \alpha_{14} + \alpha_{13} \times \alpha_{20} \times \frac{\alpha_9 + \alpha_{10} \times (\alpha_3 \times \alpha_{14} + \alpha_4 \times \alpha_{17})}{1 - \alpha_{10} \times (\alpha_2 + \alpha_3 \times \alpha_{13} \times \alpha_{20} + \alpha_5 \times \alpha_{20})}$$

FDI 对技术水平的影响系数为：

$$\frac{\partial \ln T_t}{\partial \ln SFDI_t} = \alpha_{17}$$

FDI 对环境规制水平的影响系数为：

$$\frac{\partial \ln REG_t}{\partial \ln SFDI_t} = \alpha_{20} \times \frac{\alpha_9 + \alpha_{10}(\alpha_3 \times \alpha_{14} + \alpha_4 \times \alpha_{17})}{1 - \alpha_{10} \times (\alpha_2 + \alpha_3 \times \alpha_{13} \times \alpha_{20} + \alpha_5 \times \alpha_{20})}$$

进而可得：

FDI 对环境污染的规模效应为：

$$\alpha_2 \times \frac{\partial \ln Y_t}{\partial \ln SFDI_t} = \alpha_2 \times \frac{\alpha_9 + \alpha_{10} \times (\alpha_3 \times \alpha_{14} + \alpha_4 \times \alpha_{17})}{1 - \alpha_{10} \times (\alpha_2 + \alpha_3 \times \alpha_{13} \times \alpha_{20} + \alpha_5 \times \alpha_{20})}$$

FDI 对环境污染的结构效应为：

$$\alpha_3 \times \frac{\partial \ln S_t}{\partial \ln SFDI_t} = \alpha_3 \times \left[\alpha_{14} + \alpha_{13} \times \alpha_{20} \times \frac{\alpha_9 + \alpha_{10} \times (\alpha_3 \times \alpha_{14} + \alpha_4 \times \alpha_{17})}{1 - \alpha_{10} \times (\alpha_2 + \alpha_3 \times \alpha_{13} \times \alpha_{20} + \alpha_5 \times \alpha_{20})} \right]$$

FDI 对环境污染的技术效应为：

$$\alpha_4 \times \frac{\partial \ln T_t}{\partial \ln SFDI_t} = \alpha_4 \times \alpha_{17}$$

FDI 对环境规制的环境规制效应为：

$$\alpha_5 \times \frac{\partial \ln REG_t}{\partial \ln SFDI_t} = \alpha_5 \times \alpha_{20} \times \frac{\alpha_9 + \alpha_{10} \times (\alpha_3 \times \alpha_{14} + \alpha_4 \times \alpha_{17})}{1 - \alpha_{10} \times (\alpha_2 + \alpha_3 \times \alpha_{13} \times \alpha_{20} + \alpha_5 \times \alpha_{20})}$$

FDI 对环境污染影响的总效应由规模效应、结构效应、技术效应、环境规制效应加总所得。

(2)联立方程模型的估计方法。联立方程模型是由多个方程组成的,各个方程所包含的变量之间可能会存在互为因果的关系,因此需要对各个方程之间的关系进行严格的定义,否则参数可能就无法估计。所以在对联立方程模型进行估计之前,要先判断它是否可以估计,即必须对模型参数进行识别。哈维(Harvey)提出,阶条件通常已经足以保证方程的可识别性,虽然秩条件是重要的,但是不去验证它,一般不会造成什么危害。故,课题组选择阶条件来识别联立方程组。

若模型中的一个方程所不包含的先决变量的个数大于等于它所包含的

内生变量的个数减 1，则该方程是可识别的。设模型中先决变量的个数为 g，待识别的第 i 个方程中先决变量和内生变量分别用 g_i 和 k_i 表示，则方程可识别的条件为：

$$g - g_i \geqslant k_i - 1 \tag{11}$$

若 $g - g_i < k_i - 1$，则第 i 个方程不可识别；若 $g - g_i = k_i - 1$，则第 i 个方程恰好识别；若 $g - g_i > k_i - 1$，则第 i 个方程过度识别。对方程（10.1）—（10.5）用阶条件进行识别，结果如下所示。

表 3　联立方程模型阶条件的识别结果

	g	g_i	k_i	阶条件	结论
方程（10.1）	6	0	5	$g - g_i > k_i - 1$	过度识别
方程（10.2）	6	3	2	$g - g_i > k_i - 1$	过度识别
方程（10.3）	6	2	2	$g - g_i > k_i - 1$	过度识别
方程（10.4）	6	2	1	$g - g_i > k_i - 1$	过度识别
方程（10.5）	6	1	2	$g - g_i > k_i - 1$	过度识别

使用阶条件识别的结果表明，每个单方程都是过度识别，所以联立方程模型是可识别的。

对于可识别的联立方程组，可以对参数进行估计。考虑到方程右边变量与扰动项相关，且扰动项存在异方差和同期相关时，三阶段最小二乘法（3SLS）是一种有效的方法，因此采用三阶段最小二乘法（3SLS）对联立方程组模型进行估计，且将先决变量 K、L、$SFDI$、KL、$RD(-1)$、$E(-1)$ 设为工具变量。

（3）模型估计结果及结论分析。运用 Eviews6.0 软件对联立方程模型进行估计，得到如下结果。

表 4　联立方程模型估计结果

变量	方程(10.1) lnEt	方程(10.2) lnYt	方程(10.3) lnSt	方程(10.4) lnTt	方程(10.5) lnREGt
常数项	−23.1414＊＊ (−3.2145)	−6.5018 (−0.8431)	−5.2143＊＊＊ (−5.1653)	10.1245＊＊＊ (15.5789)	34.2978＊＊＊ (5.0232)
lnYt	−0.5412＊ (−2.6789)				0.1078 (0.5978)
lnSt	0.2387 (0.2101)				
lnTt	1.1715＊＊ (2.9897)				
lnREGt	0.1327＊＊ (2.8594)		0.0148 (0.7897)		
lnKt		0.5789＊＊＊ (9.4896)			
lnLt		1.5478＊＊ (2.0789)			
lnSFDIt		−0.0267＊ (−0.3801)	0.1428＊＊ (3.2991)	0.0189 (0.3402)	
lnEt		0.4185＊＊ (3.0069)			
lnKLt			0.0378＊ (1.6283)		
ln RDt-1				0.1744＊＊＊ (7.5486)	
ln Et-1					3.7648＊＊＊ (4.1978)
R2	0.6679	0.9947	0.9579	0.9579	0.7570
Adj-R2	0.5145	0.9913	0.9439	0.9325	0.7028
工具变量	K、L、FDI、KL、RD(−1)、E(−1)				

注：＊代表在10％的水平上显著，＊＊代表在5％的水平上显著，＊＊＊代表在1％的水平上显著，括号内的数值表示各系数的 t 值。

由表 4 所示，该联立方程模型组的估计结果较好，R^2 都在 66％以上，其中有三个方程的 R^2 在 90％以上，说明各个方程的拟合优度都较好。且模型中大部分参数的估计值都在 10％的水平上且显著，表明联立方程模型的构建和变量的选取都较为合适。从总体上来说，方程(10.1)中经济规模 Y、

技术水平 T 以及环境规制水平 REG 对环境污染水平 E 有较为显著的影响,影响系数分别为 -0.5412、1.1715、0.1327,经济结构 S 对环境污染水平 E 的影响系数为 0.2387,但不显著。估计结果表明,技术水平及环境规制水平对环境污染水平的影响是负面影响,而经济规模的扩大对提高浙江省的环境水平来说具有积极的作用。经济结构对浙江省环境污染水平的影响尚不显著。

结合上文中所列出的各影响系数及各效应公式,结合表4中估计所得的结果,整理得到浙江省 FDI 对环境污染的分解效应及总效应,结果如下所示。

表5　浙江省 FDI 环境效应的分解

影响渠道	影响系数	分解效应	影响效应
FDI 对经济规模	0.0451	规模效应	-0.0018
FDI 对经济结构	0.1433	结构效应	0.0442
FDI 对技术水平	0.0161	技术效应	0.0550
FDI 对环境规制水平	0.0036	环境规制效应	0.0025

从总效应看,FDI 对环境污染水平的弹性系数为 0.1,FDI 的进入整体上加剧了环境污染,FDI 每增加 1%,环境污染水平就上升 0.1%,其中技术效应的影响最大,结构效应的影响次之。

在规模效应方程中,FDI 通过影响经济规模从而对环境产生间接影响。调整后的判定系数 $\mathrm{Adj-R^2}=0.9913$,说明规模效应方程拟合优度非常好。由图1可知,FDI 对浙江省经济规模的影响系数为 0.0451,表示 FDI 每增长 1%,经济规模就扩大 0.0451%,说明 FDI 的引入促进了经济的发展。同时我们可以看到 FDI 对环境污染的规模效应表现为积极效应,FDI 每增长 1% 会导致环境污染水平下降 0.0018%。说明通过经济规模途径的 FDI 增加,会降低当地的环境污染水平,提高环境质量。原因可能是 FDI 的引入促进了当地经济规模的扩大,带动了经济的发展,人们的生活水平开始提高,同时开始追求高质量的生活环境,迫使当地政府和外资企业投入更多的环保资金,从而使环境质量得到提高。

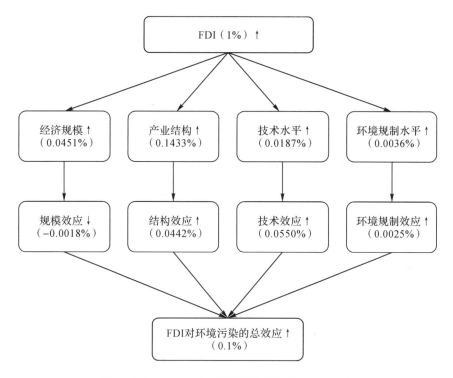

图 1　浙江省 FDI 对环境污染的分解效应和总效应

在结构效应方程中,调整后的判定系数 Adj－R2＝0.9436,说明结构效应方程拟合优度较好。工业污染是导致一个地区环境污染的主要来源,因此工业增加值占 GDP 的比重与当地的环境污染水平密切相关。由图 1 可知,*FDI* 对经济结构变化的影响系数为 0.1433,表明 *FDI* 每增加 1％,工业增加值占 GDP 的比重增加 0.1433％,同时 *FDI* 通过经济结构变化途径对环境污染水平产生了负面影响,*FDI* 每增加 1％,环境污染水平增加 0.0422％。目前 *FDI* 在浙江的产业分布还是以第二产业为主,第二产业中污染密集型企业较多,*FDI* 增加,排放的污染物也会随之增加,对环境的污染程度无疑是加重的。近年来,第二产业所占比重逐渐减少,2013 年第三产业的 *FDI* 额开始逼近第二产业。随着 *FDI* 投资方向的转变,污染密集型企业会逐步减少,对环境污染会起到一定的缓解作用。

从技术效应方程中,调整后的判定系数 Adj－R^2＝0.9325,说明该方程拟合优度非常好。*FDI* 每增加 1％,技术水平就提升 0.0187％,然而并没有提高当地的环境质量,反而对环境产生了消极的影响,FDI 每增加 1%,当地环境污染水平就会上升 0.0550%。原因可能是因为外资引入带来的新技术并不利于改善环境,目前有很多新技术虽然改善了人们的生产和生活,但它对环境的影响程度还是不确定的,外资企业如果引入这些技术,可能会对环境造成污染。

在环境规制效应方程中,环境规制水平并没有对 FDI 的结构和质量起到积极的作用,环境规制效应的影响系数为 0.0036,表示 FDI 的引入增加了环境污染水平。说明环境规制水平对 FDI 的反馈效应也为消极效应。原因可能是因为虽然加大了环境规制力度,但由于环境规制执行力度不一致或者在政策制定上不够完善,地方政府甚至为了吸引更多的外资进入,可能会故意降低环境准入门槛,导致工业污染发生区域转移。

五、结论与建议

(一)研究结论

本项目研究 FDI 环境效应,可以得到以下主要结论:

第一,FDI 对东道国(地区)环境的影响系正反双向作用机制的结果。一方面,FDI 通过规模效应、结构效应和技术效应影响生态环境;另一方面,东道国环境规制影响 FDI 进而对环境有影响,即环境规制效应,它可以反映环境规制对于 FDI 的反馈作用。

第二,从环境污染综合指数的计算结果来看,可知浙江省环境质量从总体趋势来看,呈不断恶化的趋势。环境污染综合指数由 1987 年的 0.0335 增加到 2016 年的 0.0448。

第三,从 FDI 环境效应的测度和渠道分解结果来看,FDI 对浙江省环境污染水平的弹性系数为 0.1,表明 FDI 的进入整体上加剧了浙江的环境污染,FDI 每增加 1%,环境污染水平就上升 0.1%。其中 FDI 对环境污染的规模效应表现为积极效应,FDI 每增长 1%,环境污染水平下降

0.0018%；FDI 通过经济结构变化途径对环境污染水平产生了负面影响，FDI 每增加 1%，环境污染水平增加 0.0422%；FDI 对环境污染的技术为负向的，FDI 每增加 1%，技术水平就提升 0.0187%，然而并没有提高当地的环境质量，反而对环境产生了消极的影响，FDI 每增加 1%，当地环境污染水平就会上升 0.0550%；环境规制水平并没有对 FDI 的结构和质量起到积极的影响，环境规制效应的影响系数为 0.0036，表示 FDI 的引入增加了环境污染水平。

(二)政策建议

项目组对于浙江省 FDI 环境效应的总体测度和渠道分解研究，不仅填补了已有研究的不足，还可以为浙江经济、外资与环境政策的制订提供若干启示。

首先，应积极推进产业结构优化升级，加快发展先进制造业、高新技术产业和服务业；加大民营企业的环保投入，提升企业自身治污能力，推行清洁生产。

其次，要按照国家利用外资的总体规划，结合浙江发展实际，制定更加规范灵活的引资政策，动态地调整"外商投资产业目录"，加大高技术、低污染行业的引资力度；积极有效地吸收和利用外资的技术溢出，促进长期 FDI 正向环境效应的发挥与扩张。

最后，还可以通过制订专门性的环境政策来加强对民营企业和外资企业的环境监管，以实现浙江经济、引资与环境的协调发展。

课题负责人：曾　慧
课题组成员：范姣姣　肖　晗
王敏佳　曹　瑜

经济转型升级的评价体系构建及综合评价方法分析

一、研究背景

当前中国经济发展已经进入新常态,新产业加快孕育,新需求新动力酝酿突破,国民经济正发生深刻的变化,经济转型升级成为历史的呼唤。经济转型升级的提出不仅为我国经济发展提供了重要的方针政策,也为中国社会实现全面、协调、可持续发展指明了正确的方向。实现经济全面转型升级,是促使经济向积极方向发展变化的关键。

转变经济发展方式是伴随着国家发展战略转型而形成的一种新的理念,已有研究主要集中于转变经济发展方式的本质与含义、转变经济发展方式与转变经济增长方式的区别、转变经济发展方式的制度分析与政策解读等理论层面上,具有一定的理论指导意义。

在经济新常态下,客观评价经济转型升级能力,及时发现存在的问题,采取有针对性的措施,对于推进经济转型升级、推动经济健康平稳发展具有重要意义。

二、经济转型升级的内涵及评价体系构建

(一)转型升级的内涵

经济转型升级是指经济发展由过去主要依赖物质资源投入调整到主要依靠科技进步，提高劳动者素质的轨道上来，由主要依靠投资拉动经济增长调整为以内需为主，投资、消费、出口协调拉动的情况，由粗放型经济转化为资源节约型、环境友好型的现代经济、集约经济和绿色经济。将高能耗、高污染的产业转向低排放、低污染的产业发展，同时在第一、二、三产业之间进行调整，使得产业结构更加优化、分工更加协调、布局更加合理，促进工业化、信息化、城镇化、农业现代化同步发展，促进产业结构、城乡结构、区域结构全面优化升级。

(二)经济转型升级评价体系的构建

以转型升级的内涵为根本依据，结合目前我国经济发展的现状，本项目从经济发展动力优化、经济结构调整、经济发展成果三个方面，共选取了 18 个指标来构建区域经济转型升级评价指标体系，具体指标见表 1。

表 1　经济转型升级评价指标体系

一级指标	二级指标	三级指标	计算公式
经济发展动力优化	创新驱动	R&D 经费支出占 GDP 的比重 X_1 规模以上工业企业新产品销售收入占比 X_2 居民平均受教育年限 X_3 万名从业人员发明专利申请量 X_4 每万个就业人员中 R&D 人数 X_5	R&D 经费/GDP 新产品销售收入/营业收入 (6 岁以上人群中每个人的受教育年限之和/6 岁以上人群总数)×100%

一级指标	二级指标	三级指标	计算公式
经济发展动力优化	市场驱动	非国有企业从业人员比重 X_6 金融相关率 X_7	非国有企业从业人员/全部从业人员 金融资产总量(金融资产总量等于金融机构的存款和贷款总和)/国内生产总值
经济结构调整	产业结构	第三产业占 GDP 比重 X_8 高技术产业增加值占比 X_9 劳动生产率 X_{10}	第三产业增加值/GDP 高技术产业增加值/工业增加值 规上工业企业增加值/规上工业企业就业人数
	需求结构	最终消费率 X_{11}	最终消费支出/地区生产总值
	收入分配结构	城乡居民人均收入比 X_{12}	城镇居民人均可支配收入/农村居民人均纯收入
经济发展成果	生态文明建设	万元地区生产总值能耗 X_{13} 每万元工业生产总值释放二氧化硫量(吨/万元) X_{14} 每万元工业生产总值排放烟尘量(吨/万元) X_{15}	地区总能耗/地区生产总值
	民生改善	每千人口卫生技术人员 X_{16} 人均教育文化娱乐支出 X_{17} 人均 GDP X_{18}	

三、经济转型升级评价体系的实证分析

(一)各指标样本的选取

本项目的数据主要来源于《中国统计年鉴 2015》、国研网和中经网的宏观统计数据库,获取的各指标数据均为 2016 年的数据。由于本项目在建立指标体系时选取了两个逆指标,因此在做因子分析前对逆指标采取取倒数的方法进行处理。

(二)因子分析

1. 因子分析结果

运用 SAS9.4,在经过多次旋转比对后最终选用的旋转方法为 R＝Equamax,N＝4,表 2 为旋转后的因子载荷矩阵及因子命名结果。

表 2　旋转后因子载荷矩阵及因子命名

	Factor1	Factor2	Factor3	Factor4	公共因子命名
非国有企业从业人员比重 X_6	0.8172	0.1565	0.4318	−0.0265	发展成果因子
高技术产业增加值占比 X_9	0.7939	0.1469	0.3739	0.1908	
每万元工业生产总值排放烟尘量(吨/万元) X_{15}	0.7903	0.3677	0.3907	0.1623	
每万元工业生产总值释放二氧化硫量(吨/万元) X_{14}	0.7347	0.4438	0.4416	0.0579	
万元地区生产总值能耗 X_{13}	0.7204	0.3011	0.4311	0.0467	
规模以上工业企业新产品销售收入占比 X_2	0.6906	0.2496	0.5064	0.0882	
居民平均受教育年限 X_3	0.2989	0.8183	0.3294	0.1222	民生改善因子
劳动生产率 X_{10}	0.1627	0.7879	0.2567	−0.2193	
每千人口卫生技术人员 X_{16}	−0.0004	0.7601	0.2711	0.4032	
人均 GDP X_{18}	0.4300	0.7205	0.4140	−0.0566	
人均教育文化娱乐支出 X_{17}	0.4616	0.7024	0.2827	0.3175	
万名从业人员发明专利申请 X_4	0.2132	0.1616	0.9329	0.1457	发展潜力因子
每万个就业人员中 R&D 人数 X_5	0.4946	0.3622	0.7372	−0.1434	
R&D 经费支出占 GDP 的比重 X_1	0.4069	0.5447	0.6231	0.3160	

	Factor1	Factor2	Factor3	Factor4	公共因子命名
最终消费率 X_{11}	−0.0504	−0.1195	−0.0397	0.8825	
金融相关率 X_7	0.2667	0.3448	0.2416	0.7595	市场发展因子
第三产业占 GDP 比重 X_8	0.4006	0.5735	0.2242	0.6098	
城乡居民人均收入比 X_{12}	0.4177	0.3888	0.2529	−0.5607	

根据表 2 计算得到四个公共因子的方差贡献率分别为 26.87%、24.88%、19.95% 和 14.39%,综合评价函数可以表示为:

$$F = 0.2687F_1 + 0.2488F_2 + 0.1995F_3 + 0.1439F_4$$

最终可以按 F 值的大小,对各省份(市)进行排序比较及分类,结果见表 3。

表 3　各公共因子得分及排名统计表

地区	发展成果	排名	民生改善	排名	发展潜力	排名	市场发展	排名	综合得分	排名
北京	5.5084	1	4.9460	1	5.1909	1	4.2102	1	4.3521	1
上海	4.3324	2	2.8228	2	3.2905	3	4.0622	2	3.1074	2
广东	3.1958	3	1.6128	5	3.4400	2	1.0886	4	2.1029	3
天津	2.6838	5	2.4034	3	2.4019	5	0.0149	12	1.8004	4
江苏	2.7637	4	1.3313	6	3.0466	4	0.6456	7	1.7745	5
浙江	1.7627	6	1.9186	4	2.1014	6	1.3890	3	1.5701	6
福建	1.2318	7	0.4178	13	−0.1236	14	−0.5369	16	0.3330	7
重庆	0.2036	8	−0.3346	14	1.1405	8	0.6560	6	0.2934	8
山东	−0.0820	12	0.4860	7	0.8371	9	−0.6659	18	0.1701	9
湖北	−0.0628	11	−0.0754	18	0.2393	11	−0.7112	21	−0.0902	10
湖南	0.1090	9	−0.6329	12	0.3001	10	−0.9075	25	−0.1989	11
陕西	−0.3883	15	0.0481	11	0.1464	12	−1.0483	26	−0.2140	12
辽宁	−0.1034	13	0.1211	27	−0.6593	15	−0.7144	22	−0.2320	13
四川	−0.4867	16	−0.3330	10	0.0289	13	−0.2312	15	−0.2411	14
安徽	−0.5205	18	−1.3700	8	1.6284	7	−0.6929	20	−0.2556	15
海南	−0.2316	14	−0.3792	28	−1.6218	26	0.2416	10	−0.4454	16

地区	发展成果	排名	民生改善	排名	发展潜力	排名	市场发展	排名	综合得分	排名
吉林	−0.0586	10	−0.3986	20	−1.0337	18	−1.8300	29	−0.5845	17
河南	−0.8059	20	−0.7540	17	−0.8586	17	−0.7485	23	−0.6832	18
广西	−0.8628	21	−0.8585	16	−0.7265	16	−0.8319	24	−0.7101	19
内蒙古	−0.7308	19	0.3383	30	−2.0639	28	−1.8496	30	−0.7901	20
黑龙江	−1.0987	22	−0.9314	22	−1.1700	19	−0.2228	14	−0.7924	21
江西	−0.5163	17	−1.3385	23	−1.4277	21	−0.6921	19	−0.8561	22
山西	−1.8261	24	−1.0202	19	−1.4790	24	0.6597	5	−0.9446	23
宁夏	−2.1103	28	−0.6781	26	−1.4543	22	0.1989	11	−0.9973	24
河北	−1.5337	23	−1.2632	9	−1.2613	20	−1.4201	28	−1.1824	25
贵州	−1.8769	26	−1.5696	25	−1.5822	25	−0.1200	13	−1.2278	26
甘肃	−2.2985	29	−1.6103	24	−1.4582	23	0.3932	6	−1.2526	27
云南	−1.8747	25	−1.6831	29	−2.0368	27	0.4033	8	−1.2708	28
青海	−1.9906	27	−0.8397	21	−2.3912	29	−0.6318	17	−1.3117	29
新疆	−2.3318	30	−0.3758	15	−2.4439	30	−1.4081	27	−1.4102	30

由表3可知,在发展成果因子Factor1上得分最高的前三个省市依次是北京、上海、广东,其次是天津、江苏、浙江、福建,这七个省市在经济转型升级中注重节能减排,发展成果显著;浙江与排名第五的天津差距较大。就民生改善因子Factor2而言,北京、上海、天津位于前三,浙江、广东、江苏其次,这六个省市民生改善建设在全国领先。北京、广东、上海、江苏等省市在Factor3上的得分较高,这些省份重视创新,R&D投入高,对科技创新支持力度大;浙江排名第六,位于天津之后。北京、上海在Factor4上排名最高,这两个城市金融市场的发展、产业结构比其他省份好,天津、江苏等地在市场结构方面则需要改善;浙江虽排名第三,但与上海相差甚远,略领先于广东。根据综合得分可以综合评价各省市的经济转型升级能力,排名前三的分别为北京、上海、广东,天津、江苏、浙江次之,这六个省市的得分远远高于其他省份,而经济相对落后区域如甘肃、云南、青海、新疆等地区经济转型升级能力弱。

2.浙江省经济转型升级能力分析

(1)发展成果方面。浙江省 2015 年规模以上工业新产品产值为 21555 亿元,比上年增长 13.8%。制造业中,高新技术产业增加值为 4910 亿元,增长 6.9%,占规模以上工业的比重为 37.2%,对规模以上工业增长贡献率为 55.7%。健康产品制造、节能环保产业增加值分别增长 6.2%、5.9%;新一代信息技术和物联网、新能源、新能源汽车、新材料、生物、海洋新兴产业增加值分别增长 15.1%、17.1%、10.9%、8.1%、6.6%和 6.1%。全年规模以上工业企业单位工业增加值能耗比上年下降 2.2%,其中,千吨以上和重点监测用能企业单位工业增加值能耗分别下降 2.8%和 3.3%。浙江省注重经济转型升级中经济增长的质量和效益共同发展,经济发展成果显著。

(2)民生改善方面。2015 年浙江省财政性教育经费支出 1018.57 亿元,全国排名第四,占公共财政支出的 19.74%,而居民受教育年限低于天津、上海、北京等城市。GDP 总量在全国排名第四,仅次于广东、山东和江苏;人均 GDP 为 77644 元,全国排名第六。而在每千人口卫生技术人员及人均教育文化娱乐支出上,浙江省分别位列第二与第四,全年共支出医疗救助资金 10.1 亿元,比上年增加 0.3 亿元,中央和省财政投入补助资金 3.1 亿元,新增各类养老机构床位数 3.6 万张,新建成社区居家养老服务照料中心 6120 个,说明浙江省在医疗与教育建设上处于全国领先水平。

(3)发展潜力方面。浙江在科技创新方面投入了大量的资金和人力资源,科技创新能力有较大提升。2015 年 R&D 经费支出 1000 亿元,占 GDP 的 2.33%,R&D 经费投入居全国第五,R&D 经费投入强度排名全国第六,企业的研发主体地位进一步增强。但浙江在"万名从业人员发明专利申请量"这一指标上排名全国第九,落后于江苏、山东、陕西,说明浙江要更加重视知识产权保护,引导企业重视专利申请。浙江省 R&D 投入力度不及江苏省,从研发经费投入以及研发人员投入两个方面比较,无论是在经费和人员的绝对投入额还是投入强度,浙江省都低于江苏省。江苏省大力发展互联网经济,把创新放在经济社会发展全局的核心地位,使创新成为发展的主要驱动力。

浙江民营经济发达,政府十分重视搭建创业创新平台,发展潜力仅次于广东、上海、江苏。浙江要进一步加大研发经费投入,把人才作为创新的第一资源,坚持全面创新,强化科技同经济对接、创新成果同产业对接、创新项目同现实生产力对接、研发人员的创新劳动同其利益收入对接,增强科技进步对经济发展的贡献度,营造大众创业、万众创新的政策环境和制度环境,进一步增强其发展潜力。

(4)市场发展方面。浙江省金融市场发展迅速,仍需进一步加强。浙江省2015年年末全部金融机构本外币各项存款余额为90302亿元,比上年末增长10.2%,全部金融机构本外币各项贷款余额为76466亿元,比上年末增长7.1%,但与北京、上海等城市相比仍需加强。浙江省2015年第三产业占GDP比重为49.8%,上海、江苏的分别为67.8%、48.6%,在产业结构调整上,近年来浙江省加快发展第三产业,占比逐渐增加。而江苏、浙江的最终消费率与北上广一线城市相比,仍居后位,由于上海已经初步形成以智慧商圈、社区精准营销、服务消费为转型动力的消费新格局,消费拉动作用更加显现。因此浙江省需要进一步扩大省内市场,推动经济增长从主要依靠投资、出口拉动向依靠消费、投资、出口协调拉动转变。努力扩大消费需求,增强居民的实际消费能力和消费水平,逐步推动消费驱动型经济的形成。

(5)经济转型升级整体情况分析。浙江的经济转型升级的综合能力排名全国第六,虽然第三产业投资比重在提升,二、三产业投资结构在优化,但是三产投资主要集中于房地产业,每百元固定资产投资产出的GDP虽然在全国排位靠前,但已表现出下降的趋势。规模以上工业企业总资产贡献率则长期低于全国平均水平,在全国排位一直靠后,浙江城镇化率已达到较高水平,但城镇化质量系数却较低,城镇化规模与城镇化质量不匹配。在整体经济实力强劲的同时,更要注意避免贫富差距悬殊,优化收入分配结构,在经济转型升级过程中,更加注重协调人口、资源、环境的关系,注重切实保障和改善民生。

3.浙江与江苏、上海、广东、福建等兄弟省市的比较分析

为了进一步对经济转型升级能力较强的经济发达省市进行比较分析,

选择浙江、江苏、广东、上海、山东五个兄弟省市,通过四个公共因子及综合得分绘制雷达图(见图1),更直观地对这五个省市的发展成果、民生改善、发展潜力、市场发展各方面进行比较,显示浙江省与各兄弟省市的差异。

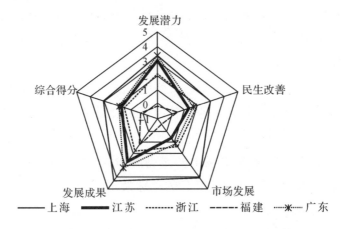

图1 浙江与兄弟省市经济转型升级能力比较的雷达图

由图1可以看出,经济转型升级综合能力上海最强,浙江略低于广东和江苏,福建较为落后,说明上海在优化产业结构、提高创新能力、提高市场活力、改善人民生活质量的综合能力上优于相邻省市。在发展成果方面,上海领先,其次是广东和江苏,明显高于浙江和福建,浙江与江苏仍有较大的差距。民生改善方面,上海领先,浙江、广东和江苏水平比较接近,浙江略优于广东和江苏,说明浙江与上海更加注重以人为本,经济转型升级的同时提高人民生活质量和改善生活环境,但浙江与上海仍有较大的差距。上海、广东与江苏在发展潜力因子上得分接近,高于浙江;今后浙江仍需加强 R&D 经费投入、R&D 人员投入,重视发明专利等知识产权保护活动。市场发展方面,上海远远高于其他省市,说明上海市场化发展与产业结构更合理;浙江、广东、江苏较为接近,浙江领先于广东和江苏,今后浙江仍需要进一步促进市场发展,充分利用电商换市,推动经济增长从主要依靠投资、出口拉动向依靠消费、投资、出口协调拉动转变。

(三)主成分分析

通过因子分析对选择的 18 个指标进行降维后,将得到的四个公共因子对各省的经济转型升级能力进行综合评价,得到的综合得分排名反映了各省经济转型能力水平。但通过因子分析,无法对初始变量有效地归类成三个二级指标,为更清楚地了解各省市经济转型升级各个方面的发展状况,本项目再利用主成分分析方法,对各省市在经济发展动力优化、经济结构调整、经济发展成果三个方面分别进行综合分析,根据主成分分析得到的评价结果见表4。

表4　各省市经济转型升级主成分得分

地　区	经济发展动力优化	排名	经济结构调整	排名	经济发展成果	排名	综合得分	排名
北　京	6.56319	1	3.95922	1	6.76086	1	10.3491	1
上　海	4.41044	2	2.97803	2	4.46557	2	7.0486	2
天　津	3.50565	3	2.82414	3	2.79565	4	5.1291	3
江　苏	2.78851	4	1.52096	5	2.34747	6	3.9082	5
浙　江	2.75223	5	0.97454	6	2.62245	5	3.7851	6
广　东	1.86244	6	1.90870	4	2.86553	3	3.9144	4
安　徽	1.347	7	−0.63240	21	−0.97162	19	−0.0840	11
重　庆	0.82847	8	0.22172	10	−0.55625	16	0.3457	9
山　东	0.8038	9	0.56297	8	0.14835	8	0.7541	7
湖　北	0.21061	10	0.04934	11	0.05811	9	0.1431	10
福　建	0.0852	11	−0.49316	18	1.15287	7	0.5583	8
陕　西	−0.05908	12	−1.09521	24	−0.28803	14	−0.6944	15
湖　南	−0.09823	13	−0.46910	17	−0.08088	11	−0.2994	13
辽　宁	−0.16514	14	−0.12098	14	−0.04335	10	−0.2223	12
四　川	−0.65025	15	−0.54585	20	−0.71414	17	−1.0750	17
山　西	−0.7612	16	−1.08517	23	−1.84233	26	−2.0757	23
河　南	−0.76942	17	−0.51522	19	−0.93745	18	−1.3216	18
广　西	−1.17103	18	−0.89181	22	−0.98212	20	−1.7613	21
吉　林	−1.18978	19	0.92719	7	−0.21905	13	−0.6608	14
宁　夏	−1.21802	20	−1.48809	27	−1.80063	25	−2.5478	25

续　表

地　区	经济发展动力优化	排名	经济结构调整	排名	经济发展成果	排名	综合得分	排名
河　北	−1.27167	21	−0.36613	16	−1.72543	23	−2.1480	24
黑龙江	−1.43935	22	0.02883	12	−1.20675	22	−1.6793	20
江　西	−1.45208	23	−0.00996	13	−1.04606	21	−1.6285	19
甘　肃	−1.52167	24	−1.38636	26	−2.33717	30	−2.9901	26
海　南	−1.54605	25	0.37846	9	−0.17739	12	−0.9159	16
贵　州	−2.18574	26	−1.93402	29	−2.19716	29	−3.5136	29
内蒙古	−2.20183	27	−0.26146	15	−0.41065	15	−1.8835	22
云　南	−2.25376	28	−1.85407	28	−2.0633	28	−3.4411	28
青　海	−2.50534	29	−1.99841	30	−1.84781	27	−3.6291	30
新　疆	−2.69789	30	−1.18671	25	−1.76928	24	−3.3640	27

1.经济发展动力优化分析

由表4可知,浙江经济发展动力优化的综合得分排名全国第五,略低于江苏,与上海差距较大,高于广东、山东和福建。2016年浙江在科技研发方面投入了大量的资金和人力资源,科技创新能力有较大提升。R&D经费投入居全国第五,R&D经费投入强度排名全国第六,万名从业人员发明专利申请数为23.98件,排名全国第九;市场驱动方面,非国有人员占比前四名分别为上海、江苏、浙江、广东,浙江非国有制企业的发展活力较大;金融总体发展规模上,浙江省的金融相关率排名第四,金融发展水平处于较高水平。

2016年浙江省在创新发展中企业开展创新活动较为活跃,创新活动形式趋于多元化;创新方式优化,由主要依靠引进向自主创新转变;且创新产出成效明显,知识产权保护意识增强。与浙江省相比,江苏省大力发展互联网经济,把创新放在经济社会发展全局的核心地位,使创新成为发展的主要驱动力。虽然在金融市场上稍显弱势,但在发明专利申请、非国有人员占比、R&D人员占比上排名均高于浙江省。浙江省应加大高科技人才的引进力度,加强与兄弟省市企业技术创新情况的对比分析,明确浙江在全国的定位,进一步提升浙江企业技术创新的整体水平,率先建成创新型省份和科技强省。

2. 经济结构调整分析

由表4可知,浙江经济结构调整的综合得分排名全国第六,低于兄弟省市江苏、上海、广东,高于山东。在产业结构方面,第三产业占 GDP 比重为47.85%,在全国排名第六;浙江省 2016 年规模以上工业新产品产值为19415 亿元,比上年增长 21.6%,制造业中,高技术产业增加值为 4283 亿元,增长 8.5%,与上海、江苏、广东相比仍有差距,应该进一步发展高技术产业。浙江省在利用消费拉动经济增长方面有待提高,其最终消费率为48.21%。在收入分配结构方面,浙江省收入分配结构合理,城乡居民人均收入比在全国排名第二,高于江苏、上海、广东、山东等地。

根据浙江省经济结构现状,浙江省收入分配结构的发展位居全国前列,与兄弟省市相比,第三产业发展势头良好,自 2000 年以来,第三产业增加值持续攀升,第三产业增加值占 GDP 的比重也稳步提升,至 2016 年已超过第二产业所占比重。高技术产业增加值呈增长趋势,但是高技术产业增加值占比仍然落后于相邻兄弟城市,应该积极培育主导产业,大力发展高新技术产业,推动技术进步同传统产业改造相结合,形成适应经济发展要求的新型产业结构;同时,需要进一步提高劳动生产率和最终消费率,增强消费对经济增长的拉动作用,努力扩大消费需求,增强居民的实际消费能力,提高消费水平,逐步推动消费驱动型经济的形成。

3. 经济发展成果分析

由表4可知,浙江经济发展成果的综合得分排名全国第五,高于江苏。浙江省在科技研发方面投入大量的资金和人力资源,在生态文明建设方面成果显著,浙江省能源消耗强度为 0.4686 吨/万元,在全国排名第四。浙江省每万元工业生产总值释放二氧化硫量在全国排名第七,每万元工业生产总值排放烟尘量在全国排名第五。

浙江在民生改善方面取得的成果在全国排名前列,每千人口卫生技术人员在全国排名第二,超过了上海和广东,人均教育文化娱乐支出在全国位列第四,人均 GDP 位列第五。总体来讲,浙江由转型升级带来的发展成果在全国排名靠前。

4. 主成分分析综合评价

由表 4,经济转型升级综合能力排名前三的分别为北京、上海、天津,广东、江苏、浙江次之,这六个省市的得分远远高于其他省份。经济转型综合水平在全国处于平均水平之上的,还有山东、福建、重庆、湖北,除重庆、湖北外,均是东部经济发达的省份。而经济相对落后区域如广西、山西、宁夏、甘肃、新疆、云南、贵州、青海等省份经济转型升级能力弱,需要花大力气加以改善。评价结果与因子分析法评价结果相似。

为了进一步对经济转型升级能力较强的经济发达省市进行比较分析,选择浙江、江苏、广东、上海、山东、福建六个兄弟省市,通过三个方面主成分得分及综合得分绘制雷达图(见图 2),更直观地对这六个省市的经济发展动力优化、经济结构调整、经济发展成果、转型升级综合得分各方面进行比较,显示浙江省与各兄弟省市的差异。

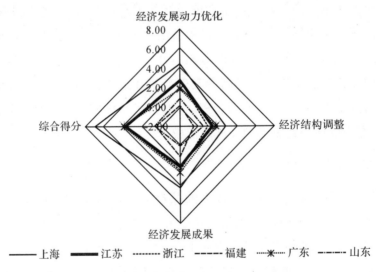

图 2　经济转型升级能力 6 省市比较雷达图

由图 2 可以看出,在经济发展动力优化方面,上海领先,浙江与江苏非常接近,高于广东,山东和福建较为落后。浙江在科技创新方面投入了大量的资金和人力资源,科技创新能力有较大提升。

在经济结构调整方面,上海领先,其次是广东和江苏,浙江与江苏还存在较大的差距,略高于山东。这说明浙江省需要进一步重视经济结构优化,改变现有的经济结构状况,使之合理化、完善化,进一步适应生产力发展。

在经济发展成果方面,上海领先,广东、浙江、江苏非常接近,浙江略低于广东,略高于江苏,高于福建和山东。浙江省经济转型升级带来的发展成果在全国排名靠前,综合实力排名第六。

经济转型升级综合能力上海最强,广东、江苏、浙江大致相同,福建和山东较为落后,说明上海在优化产业结构、提高创新能力、提高市场活力、改善人民生活质量的综合能力上明显优于相邻省市。与江苏、广东相比,浙江省在经济发展动力方面和经济发展成果方面都具有一定的优势,但是在结构调整优化方面仍有不足。山东省无论是在经济发展动力优化、经济结构调整优化,还是经济发展成果方面都远远落后于其他四个省市,需要进一步增强转型升级能力。

四、分析结论

1. 东部省市经济转型升级能力比较强,对全国经济转型升级具有引领作用

2016 年区域经济转型升级综合能力排前八位的省市是北京、上海、天津、广东、江苏、浙江、山东、福建。评价结果表明,东部地区经济转型升级能力优势比较明显。

2. 东部省市人民生活水平更高,政府更为关注民生发展

浙江省城乡居民收入差距均小于相邻省市,且广东省城乡收入差距较大。同时,东部省市中,浙江省社会保障水平更高,浙江省在关乎民生发展的教育、医疗卫生等方面的财政投入比重更大,上海、江苏、广东在污染治理上财政投入比重更大。东部区域省政府对民生发展的重视程度更高,投入

力度更大,东部省市人民整体生活水平以及社会保障水平更高。

3. 江浙沪省市未来经济发展的潜力更大

分析发现,现阶段江浙沪省市在教育经费以及研发支出对经济增长的贡献率均高于其他省市,同时浙江省教育投入水平和投入强度更高。教育旨在提高人力资本水平以及劳动者素质,研发活动则促进了区域创新活动的发展,虽然两者促进经济发展的效果不会立竿见影,但是却可以促进区域科技水平的不断提高,促进经济在未来保持快速平稳增长。教育和研发投入的持续增加,为江浙沪省市经济在未来的腾飞提供了坚实基础。

4. 浙江省经济转型升级能力综合排名位于全国第六

浙江省经济转型升级能力综合排名全国第六。浙江省经济发展迅速,注重经济增长的质量和效益共同发展,经济发展成果显著,发展成果公共因子得分位于全国第六。

浙江重视民生福祉的改善,民生改善排全国第四。浙江省财政性教育经费支出占公共财政支出的 19.74%,总支出为 1018.57 亿元,在全国排名第四;但居民平均受教育年限仅 9.06,位于全国第十四,低于天津、广东、陕西、湖北、新疆、辽宁等。在每千人口卫生技术人员及人均教育文化娱乐支出上,浙江分别位于全国第二与第四,说明浙江省在医疗与教育建设上处于全国领先水平。

发展潜力公共因子得分位于全国第六。浙江在科技创新上投入力度大,科技创新能力有较大提升,但落后于江苏。浙江 R&D 经费投入居全国第五,R&D 经费投入强度排名全国第六,企业的研发主体地位进一步增强。但浙江 R&D 投入力度不及江苏,从研发经费投入以及研发人员投入两个方面,投入额和投入强度均低于江苏。今后,浙江仍要加强 R&D 经费投入,把创新放在经济社会发展全局的核心地位,使创新成为发展的主要驱动力。

浙江省金融市场发展迅速,市场发展排全国第三,但与北京、上海等城市相比仍需进一步加强。在产业结构调整上,近年来浙江省加快发展第三产业,占比逐渐增加,2015 年第三产业占 GDP 比重为 49.8%,与北京、上海仍有很大差距。浙江最终消费率较低,需要努力扩大消费需求,充分利用互联网经济,增强居民的实际消费能力,提高消费水平,推动经济增长从主要依靠投资、出口拉动向依靠消费、投资、出口协调拉动转变。

与国内一线省市北上广相比,浙江仍需进一步加强经济转型升级能力,在稳步发展效率、提高创新能力的同时,优化产业结构,提高市场活力,不断改善人民生活质量。

课题负责人:陈钰芬
课题组成员:滕婉莹　孙　萍

中国碳排放绩效的经验测算
及空间计量分析

一、引　言

随着工业化和城镇化进程的快速推进,中国的二氧化碳排放总量在过去三十多年里迅速攀升,从而使中国所面临的碳减排压力与日俱增。转变增长模式的内在诉求和控制碳排放的大势所趋促使中国政府于 2009 年底正式提出控制温室气体排放行动目标,进而在《中美气候变化联合声明》中明确提出 2030 年左右碳排放绩效达到峰值并且将努力早日达峰。碳减排目标的提出,既为中国未来的经济发展提出了挑战,同时也成为中国各地区经济"绿色"转型、实现节能减排与经济增长"双赢"的重要杠杆。由于碳排放绩效的提升意味碳排放与经济增长之间实现更高程度上的协调,所以对碳排放绩效进行准确的经验测算,并在考虑其固有的空间溢出效应特征的条件下,对各相关因素对其影响方向和影响程度进行严谨的实证考察,从而对其动态演变特征和主要驱动力量予以识别和掌握,就相当于抓住了碳排放问题的主要矛盾,可以为优化实施我国的节能减排政策、提高减排工作的科学性、有效性及可操作性提供科学思路和决策依据。

从学术探索角度来看,环境约束下的可持续增长问题是环境经济学领域的一项重要研究内容,而如何通过经济增长方式转型、产业结构优化调整、要素配置效率改善等途径,来实现节能减排与经济发展的双赢,已经成为国内外学界持续关注的热点问题。对相关问题的探索也进一步推动经济学理论内容的深入与研究方法的创新。现有研究在采用各类数据包络分析（DEA）方法对考虑非期望产出，即环境约束下的生产效率进行经验测算方面，已经取得了比较丰富的研究成果，但在技术运用上仍然普遍存在一定的有偏测度及不可行解的问题（陈诗一，2010；刘瑞翔和安同良，2012；王兵等，2013），从而在很大程度上削弱了现有研究结果的准确性和可信度。另外，相关研究大多关注于对我国碳排放绩效的经验测算，但对于哪些因素在多大程度上对其产生何种影响尚缺乏系统的识别性考察，尤其缺乏在空间计量经济视角下所开展的更加稳健的经验研究。上述现有研究的不足为本研究提供了新的学术探索空间。

本研究针对相关研究的缺陷和不足，对现有的DEA模型进行改进，在更加合理的非径向、非角度设定条件下，构建出能够纠正以往模型有偏测度及不可行解问题的新的DEA模型，从而实现对全要素碳排放效率增长率，即全要素碳排放绩效（total factor carbon emission performance，TFCEP）的准确测算，以此反映各省份碳排放绩效的水平，并进一步构建空间面板杜宾模型，系统、全面地考察包括产业结构、要素结构、能源结构、所有制结构、人口结构在内的五个方面的结构调整，研发投入、技术进步和效率改善在内的三个维度的绿色技术创新情况，以及对外开放程度对碳排放绩效的影响方向及影响程度，以期在对现有研究方法进行改进的同时，也能够对环境经济学相关理论的现实解释力进行验证和补充。因此，本研究既可为节能减排政策的合理制定和有效实施、实践生态文明建设提供必要的理论支持，亦是对经济学相关内容的丰富和完善，具有较强的学术探索价值。

二、中国碳排放绩效经验测算及结果讨论

（一）测算方法

参考Zhou等（2012），定义如下考虑非期望产出的非角度、非径向方向性距离函数（DDF）：

$$\vec{D}(x,y,b;g) = sup\{w^T\beta : (y,b,x) + g \times diag(\beta) \in P(x)\} \qquad (1)$$

式(1)中，$w = (w_m^y, w_i^b, w_n^x)^T$ 为与产出、投入要素数量相关的权重向量；g 为方向向量，本文设定 $g = (g_y, -g_b, -g_x,)$，表明效率改进的期望方向为期望产出扩张、非期望产出和投入减少；$\beta = (\beta_{my}, \beta_{ib}, \beta_{nx})^T \geqslant 0$ 为比例因子，其值是期望产出扩张、非期望产出和投入减少的最大可能比例。基于当期技术前沿的 t 期 DDF $\vec{D}^t(x^t, y^t, b^t; g^t)$ 可由如下线性规划求解得到：

$$\vec{D}^t(x^t, y^t, b^t; g^t) = max w_m^y\beta_{my}^t + w_i^b\beta_{ib}^t + w_n^x\beta_{nx}^t$$

$$s.t. \sum_{k=1}^K z_k^t y_{kn}^t \leqslant y_m + \beta_{my}g_{my}^t, \forall m; \sum_{k=1}^K z_k^t b_{ki}^t = b_i^t - \beta_{ib}g_{ib}^t, \forall i;$$

$$\sum_{k=1}^K z_k^t x_{kn}^t \geqslant x_n^t - \beta_{nx}g_{nx}^t, \forall n \qquad (2)$$

模型(2)采用投入产出观察值同期的技术前沿测定效率水平，求解 DDF 并不会出现无解的现象，而在求解跨期混合 DDF 时，由于技术水平与观察值不属于同一时期，技术的变动会造成潜在的线性规划无解问题，文献通常采用多期技术前沿的凸包作为效率测量的技术前沿以避免无解问题带来的测量偏差。为解决这一问题，本文参考 Afsharian 和 Ahn(2015)提出的总体技术的概念对技术前沿的设定进行修正。我们定义资源与环境约束下的总体 PPS 为 $P^O = P^1 \bigcup P^2 \cdots \bigcup P^T$，$DEA$ 模型化为：

$$P^O(x^t) = \bigcup_{t=1}^T P^t$$

$$= \left\{ \begin{array}{l} (y^t, b^t) : (\sum_{k=1}^K z_k^t y_{kn}^t \geqslant y_{kn}^1, \sum_{k=1}^K z_k^t b_{ki}^t = b_{ki}^1, \sum_{k=1}^K z_k^t x_{kn}^t \leqslant x_{kn}^1) or \cdots or \\ (\sum_{k=1}^K z_k^t y_{kn}^t \geqslant y_{kn}^T, \sum_{k=1}^K z_k^t b_{ki}^t = b_{ki}^T, \sum_{k=1}^K z_k^t x_{kn}^t \leqslant x_{kn}^T); \\ z_k \geqslant 0, \forall m, \forall i, \forall n, \forall k \end{array} \right\} \qquad (3)$$

基于总体技术前沿的 t 期方向性距离函数 $\vec{D}^O(x^t, y^t, b^t; g^t)$ 可求解如下线性规划而得：

$$\vec{D}^O(x^t,y^t,b^t;g^t) = \max \left\{ \begin{array}{l} \max w_m^y \beta_{my}^{O,t} + w_i^h \beta_{ib}^{O,t} + w_n^x \beta_{nx}^{O,t} \\[2mm] s.t. \sum_{k=1}^{K} z_k^t y_{kn}^t \leqslant y_m^t + \beta_{my}^{O,t} g_{my}^t, \forall m; \\[2mm] \sum_{k=1}^{K} z_k^t b_{ki}^t = b_i^t - \beta_{ib}^{O,t} g_{ib}^t, \forall i; \\[2mm] \sum_{k=1}^{K} z_k^t x_{kn}^t \geqslant x_n^t - \beta_{nx}^{O,t} g_{nx}^t, \forall n; z_k^t \geqslant 0 \end{array} \right\}, t=1,\dots,T \quad (4)$$

本文测算的碳排放绩效选择 GDP(Y)和碳排放(C)分别为期望产出和非期望产出，以资本存量(K)、劳动力投入(L)和能源消费量(E)为投入要素。为了明确各类能源使用对碳排放绩效变动的实际效果，且考虑到煤类（CS）、油类（PS）、天然气（NS）这三类化石能源的消耗是碳排放最主要的来源，我们进一步将能源要素细分为煤类、油类和天然气三种投入。参考 Zhou 等(2012)和 Zhang 等(2013)，设定方向向量 $g=(Y,-C,-K,-L,-CS,-PS,-NS)$，并对期望产出、非期望产出和投入要素首先赋予 1/3 的权重，进而依照期望产出、非期望产出和投入要素各自的个数平均分配权重。由于本文考虑了一种期望产出(Y)、一种非期望产出(C)和三种要素投入(K、L、E)，且投入要素 E 又进一步分为 CS、PS 和 NS，按照 Zhou 等(2012)和 Zhang 等(2013)的做法，设定权重向量为(1/3,1/3,1/9,1/9,1/27,1/27,1/27)。根据 Luenberger 生产率指标形式，我们定义基于总体技术的 OL 生产率指标，即 t 期和 $t+1$ 期之间的碳排放绩效($TFCEP$)为：

$$TFCEP = \vec{D}^O(x^t,y^t,b^t;g^t) - \vec{D}^O(x^{t+1},y^{t+1},b^{t+1};g^{t+1}) \quad (5)$$

$TFCEP>0$，即碳排放绩效为正值表示碳排放全要素生产率得到改善。分解 $TFCEP$ 可得到技术变化指标(TC)和效率变动指标(EC)两个部分：

$$TC = [\vec{D}^O(x^t,y^t,b^t;g^t) - \vec{D}^t(x^t,y^t,b^t;g^t)]$$
$$- [\vec{D}^O(x^{t+1},y^{t+1},b^{t+1};g^{t+1}) - \vec{D}^{t+1}(x^{t+1},y^{t+1},b^{t+1};g^{t+1})] \quad (6)$$

$$EC = \vec{D}^t(x^t,y^t,b^t;g^t) - \vec{D}^{t+1}(x^{t+1},y^{t+1},b^{t+1};g^{t+1}) \quad (7)$$

$TC>0$ 和 $EC>0$ 分别意味着技术进步和效率提高。

（二）投入产出数据

由于我国分类能源消费的明细数据最早可查的年份为 1995 年，因此，我们的样本包含 1995—2012 年除数据不全的西藏之外的 30 个大陆省、自治区和直辖市的数据。期望产出 GDP 平减为 2000 年不变价格的可比序列,非期望产出碳排放参考 IPCC(2006)的方法估算而得。投入要素包含资本、劳动和煤类、油类、天然气三类能源。本文选取资本存量和年均劳动就业人数作为资本和劳动的替代变量,其中,资本存量根据永续盘存法估算,初始资本存量及固定资产折旧率均参考单豪杰(2008)的处理方式予以计算和设定,当年投资额采用 2000 年不变价格的固定资产投资总额衡量。对于煤类、油类和天然气三类能源的消费量,则由地区能源平衡表中提供的各类能源实物消费量乘以相应能源折标准煤系数计算而得。以上数据来源于《中国统计年鉴》和《中国能源统计年鉴》。

(三)碳排放绩效测算结果及讨论

我们首先对当期技术前沿下的 DDF($\vec{D}^I$)和总体前沿下的 DDF($\vec{D}^O$)进行求解,作为比较,同时计算了基于全域技术前沿的 DDF($\vec{D}^G$),所有 DDF 均采用非径向和非角度的设定。从各 DMU 历年的估算值及年均值(表 1)来看,基于总体技术前沿的效率测量值 $\vec{D}^O$ 均介于 $\vec{D}^I$ 和 $\vec{D}^G$ 之间。$\vec{D}^O \geqslant \vec{D}^I$ 归因于总体 PPS 是各期 PPS 的并集,基于总体 PPS 的总体技术前沿至少优于各当期技术前沿;$\vec{D}^O \leqslant \vec{D}^G$ 则由于全域 PPS 可能包含了生产实为不可行部分,使得基于全域技术前沿测量得到的 DDF 存在高估要素非效率的情况;当期技术前沿或全域技术前沿同总体技术前沿重合时,会得到 $\vec{D}^O = \vec{D}^I$ 或者 $\vec{D}^O = \vec{D}^G$ 的结果。由此可见,按照总体技术的概念对 PPS 和技术前沿的修订纠正了传统 DEA 效率测算模型的有偏测度,使得基于该方法的 TFP 的估算更为精确。

表1　当期、总体、全域 DEA 模型效率测算结果比较

年份	$\vec{D}^I$	$\vec{D}^O$	$\vec{D}^G$	年份	$\vec{D}^I$	$\vec{D}^O$	$\vec{D}^G$
1995	0.2406	0.3047	0.3305	2004	0.1827	0.2785	0.3078
1996	0.2158	0.3083	0.3352	2005	0.1673	0.3075	0.3463
1997	0.2155	0.2782	0.3101	2006	0.1872	0.2997	0.3415
1998	0.2187	0.3096	0.3299	2007	0.1909	0.3121	0.3269
1999	0.1565	0.2987	0.3234	2008	0.2094	0.3079	0.3275
2000	0.1816	0.2853	0.3261	2009	0.1870	0.2967	0.3124
2001	0.2258	0.2806	0.3074	2010	0.2160	0.2787	0.2917
2002	0.1953	0.2678	0.3009	2011	0.2420	0.2774	0.2896
2003	0.2082	0.2708	0.2958	2012	0.2450	0.2684	0.2773

　　进一步地，我们得到由 OL 生产率指标表征的碳排放绩效及其分解指标。1995－2012 年碳排放绩效的年均值为 0.21％，表明中国全要素碳排放生产率平均每年增长 0.21％。技术变化和效率变动指标均值分别为 0.24％和－0.03％，总体而言，技术进步是推动我国碳排放绩效提升的主要动力，效率退化则一定程度上抵消了技术进步对碳排放绩效增加的贡献。图1给出了 TFCEP、TC、EC 的年均值变动趋势。从三者变动的情况来看，技术变化和效率变动指标围绕 0 值上下波动，而碳排放绩效表现出较明显的阶段性特征。"九五"（1996—2000）期间我国首次对技术落后、高耗能、高污染的 15 种小型工业企业实行了取缔、关停处理，从而使得大部分工业行业的碳排放明显降低（陈诗一，2010）。工业行业碳排放的减少降低了碳排放总体水平，北京、吉林、湖南、陕西等 13 个省（市）的碳排放均有不同幅度的减少。在经济仍保持快速增长势头的情况下，碳排放增速放缓甚至负增长提升了我国碳排放绩效的整体水平，除了 1998 年金融危机的影响使得碳排放绩效有明显回落之外，我国"九五"期间的碳排放绩效基本处在大于 0 的区间，表明全要素碳排放生产率在这一时期保持增长的状态。而金融危机对经济产生负面冲击的同时，也加快了企业的优胜劣汰，优化了资源配置，为效率提升和技术进步带来契机，使得效率快速改善和技术加快进步在金融危机之后相继成为推动碳排放绩效的重要驱动力量。然而，在 2000 年

之后,我国碳排放绩效出现了明显的下降趋势,这与刘瑞翔和安同良(2012)、王兵和刘光天(2015)的研究结果大致相同,陈诗一(2010)以我国工业行业为样本的研究也发现21世纪以来工业绿色TFP呈现下降的态势。

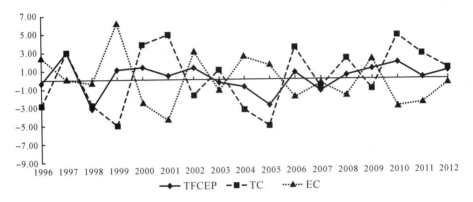

图1 碳排放绩效、技术变化指标及效率变动指标的动态演变

环境政策执行力度的下降、工业化和城镇化的提速对化石能源的消费需求或许是碳排放绩效下降的关键因素。2001—2005年期间,经济增速较"九五"期间进一步加快,许多省份油类、煤类和天然气三大化石能源消费量也呈现两位数的快速增长,山东、福建、湖南、内蒙古、云南等省份的增长率甚至高达20%以上。化石能源的大量消费加速了碳排放的迅速扩张,碳排放增长绩效在这段时间出现了幅度不小的下降。2006年,我国"十一五"规划首次提出了"节能减排"的战略目标,对五年内能耗和污染物排放制定了约束性指标,各级地方政府和各部门也纷纷出台了一系列相关的政策措施以控制碳排放量。2009年,我国政府进一步正式提出了控制温室气体排放行动目标,并将碳减排目标作为约束性指标纳入国民经济和社会发展中长期规划。生态环境保护意识的加强和环保政策的完善使得我国碳排放绩效在2005年之后呈现出波动中小幅提升的趋势。

鉴于我国碳排放绩效表现出的明显阶段性特征,我们进一步将碳排放绩效及其分解指标分时期的年均值绘制于图2。从分时期的情况来看,碳排放绩效及其分解指标的趋势更加明晰:碳排放绩效在1996—2000年的"整顿期"处于较高水平,而在2001—2005年我国工业化和城市化的加速期,出现了较大幅度的下滑,随着节能减排政策的推出和落实,2006年之后碳排放绩效开始回升;技术变化指标呈现上升趋势,技术进步加快,对碳排放绩效改善起到关键作用;与之截然相反,效率变动指标则逐阶段下降,出现效率明显倒退的现象。技术变化与效率变动指标的反向变动特征不难理解,在生产前沿以较快速度向更优的方向推移时,实际生产效率倒退、保持原有水平甚至改善缓慢,都有可能引发实际生产越发远离生产前沿,出现效率变动指标快速下降的情况。这也表明,总体而言,我国生产技术正朝着经济产出增长、碳排放减少和要素节约的方向突破,但是现有技术并未被生产广泛而充分地采用,导致实际生产效率没有持续跟进。

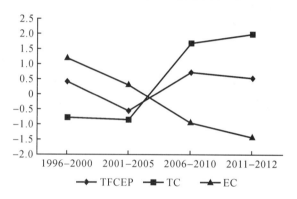

图2　碳排放绩效、技术变化指标及效率变动指标的分时期特征

三、中国碳排放绩效的影响因素

(一)计量模型设定

我们在考察碳排放绩效的影响因素时,对其可能存在的空间关联性特征予以考虑。首先考虑一般化的空间计量模型,即空间杜宾模型:

$$TFCEP_{kt} = \eta_0 + \rho \sum_j w_{kj} TFCEP_{jt} + \eta_1 X_{kt} + \eta_2 \sum_j w_{kj} X_{jt} + \varphi_{kt} \quad (8)$$

其中,k对应于各省域截面单位,t代表年份;w_{kj}为空间面板模型分块空间权

重矩阵 W 中对角线上每个相同子块的元素；X 为控制变量矩阵；η_0、ρ、η_1、η_2 均为待估参数；φ 为随机扰动项。ρ 为碳排放绩效的空间滞后回归系数，反映了各省碳排放绩效固有的空间依赖性，即具有地理或经济上关联关系的区域，其碳排放绩效对本区域碳排放绩效的影响方向和影响程度。η_2 为控制变量的空间滞后项回归系数矩阵，反映各解释变量样本观测值之间的空间依赖性。

无疑，对于一般的计量回归模型，自变量对因变量的影响可由因变量对自变量求偏导得到，对于（8）式而言，若不存在空间滞后项，第 r 个被解释变量对因变量 $TFCEP$ 的影响为系数 $\eta_{1,r}$ 的值，即 $\partial\,dTFCEP_k/\partial st_r = \eta_{1,r}$。然而，由于存在空间滞后项，除了因变量的空间项，（4－1）式的回归系数并不能够反映自变量对因变量的实际影响，且回归系数的显著性情况也不能反映自变量对因变量的影响是否真实存在（LeSage 和 Pace，2010；Elhorst，2014）。可将（8）式变形为以下形式：

$$(I_K - \rho W)TFCEP = l_K\eta_0 + X\eta_1 + WX\eta_2 + \varphi \tag{9}$$

进一步可得：

$$TFCEP = \sum{}_r S_r(W)x_r + V(W)\eta_0 + V(W)\varphi \tag{10}$$

其中，$S_r(W) = V(W)(I_K\eta_{1,r} + W\eta_{2,r})$，$V(W) = (I_K - \rho W)^{-1} = I_K + \rho W + \rho^2 W^2 + \cdots$。用 $S_*(W)_{kj}$ 表示 $S_*(W)$ 中的第 k，j 个元素，单因变量观察值下，方程（4－3）可写为：

$$TFCEP_k = \sum{}_r\left[S_r(W)_{k1}x_{1r} + S_r(W)_{k2}x_{2r} +, \ldots, + S_r(W)_{kK}x_{Kr}\right]$$
$$+ V(W)_k\eta_0 + V(W)_k\varphi \tag{11}$$

显而易见，与一般计量回归模型不同，各自变量对因变量（碳排放绩效）的影响不再直接等同于参数估计得到的系数值；同时，k 地区的碳排放绩效相对于 j 地区的某一自变量的偏导数，即 $\partial\,TFCEP_k/\partial x_{jr}$，也可能是非零的，这意味着某一地区碳排放绩效变化不仅同该地区的自变量有关，也与其他地区的自变量、模型定义的空间关联关系（即空间矩阵类型）直接相关。

参考 LeSage 和 Pace（2010）、Elhorst（2014），平均直接效应由计算矩阵 $S_*(W)$ 中对角元素 $S_*(W)_{kk}$ 的平均值得到，表示 k 地区某一自变量的变化对该地区碳排放绩效的影响；平均间接效应，即溢出效应，通过计算 $S_*(W)$ 中非对角元素的平均值得到，表示 k 地区某一自变量的变化对其他地区碳排放绩效的平均影响。

(二)空间权重和变量选取

1. 空间权重

要对如(4)式的空间计量模型进行参数估计，首先需要设定恰当的空间权重矩阵。我们首先考虑邻接标准的 $0-1$ 空间矩阵 W_{ad}，矩阵对角线元素为 0，其他元素满足：若 p 与 q 有共同的边界，对应元素 $w_{pq}=1$，反之则为 0。

除邻接标准，地理距离和经济距离的距离标准也常被用来刻画地区的空间关联性。然而，以地理距离或经济距离的空间联系仅仅表明了地理相近或经济发展状况相似这两个特征的影响，但由于影响碳排放绩效的因素错综复杂，涉及经济增长及要素结构等多方面的问题，以任何一种距离标准来衡量区域间的空间关联难免有失偏颇。出于对以上问题的考虑，我们构造了同时考虑地理距离和经济距离的经济地理空间权重矩阵 W_{eg} 以反映各省份的空间相关性。其表达式为：$W_{eg}=W_d diag(\bar{Y}_1/\bar{Y},\bar{Y}_2/\bar{Y},\ldots,\bar{Y}_K/\bar{Y})$，其中，为 $\bar{Y}_K$ 省在观察期内的人均GDP均值，$\bar{Y}$ 则为所有单元在整个观察期内的人均GDP均值，越大表明 k 省对周边地区的影响也越大。W_d 为地理距离空间权重矩阵，本文采用省会城市间高速公路里程数和铁路公里数的倒数构造两类地理距离空间权重矩阵，将基于这两种地理空间权重矩阵构建的经济地理空间权重矩阵分别表示为 W_{eg}^H 及 W_{eg}^R。

2. 变量选取

结构调整和技术进步是驱动中国有效实现碳减排目标的"双引擎"。因此，本研究从经济结构调整和技术创新入手，选取碳排放绩效合适的解释变量。从近年来我国经济结构调整的发力方向，本文主要考虑以下六个经济结构变量。

(1)产业结构(IS)。我国自新中国成立以来实行的优先发展重工业的赶超战略造成了刚性的二元经济结构和严重的要素配置扭曲(张军等，

2009），由此也对生态环境构成威胁。由于第三产业的能耗相对较低，促进第三产业的发展不仅是我国促进经济持续发展的关键举措，也成为各地区实行节能减排、缓解环境恶化的重要手段。在深化改革开放的当今，大力调整产业结构仍是我国"调结构"的重点方向之一，明确产业结构调整对考虑碳排放因素的生产率增长的影响具有很强的现实指导意义。参照大部分文献的做法，我们用第二产业增加值占 GDP 比重对产业结构予以衡量，并将其作为结构性指标加入模型。

（2）要素结构（KL）。优化调整要素投入结构是我国经济结构调整的重要任务。无疑，要素结构的优化配置将会提升生产效率水平，为了有针对性地考察要素结构对碳排放绩效的影响，我们以人均固定资产投资作为要素结构的替代变量引入模型。一般来说，较高的人均固定资产投资通常由经济重型化发展所致，而我国重工业粗放型的特点通常表现出高耗能、高排放的特征。因此人均固定资产投资较高的地区在环境和经济协调发展上可能表现得较差；但由于技术进步往往同投资密不可分。因此，资本密集型企业的技术进步会抵消其对环境效率的负面影响，从而也可能导致资本深化与绿色 TFP 呈现正相关关系（王兵等，2010）。

（3）所有制结构（OS）。自 1992 年起，所有制改革成了我国经济体制改革的重要抓手，政府在促进国企改革、鼓励个体私营等非公有制经济发展上做出了不懈努力，使公有制为主体、多种所有制经济共同发展的基本经济制度得以完善。一般认为，不同所有制企业的生产效率具有较大差异，而庞大且无效率的国有经济会对经济增长产生明显的拖累效应（刘瑞明和石磊，2010）。所以，从计划到市场的转型过程中，"抓住抓好大的，放开放活小的"等所有制结构改革的举措对整体生产效率的提升产生了很大影响。因此，有必要将所有制因素考虑进来，以考察在能源与碳排放约束下，所有制结构调整对生产绩效的影响。本文以非国有经济固定资产投资占总固定资产投资的比例对经济的所有制结构予以衡量。

（4）能源消费结构（ES）。由于煤炭是一种高排放、高污染的能源，我国以煤炭为主的能源消费结构对生态环境的良性发展构成了严重威胁，降低煤炭在能源消费结构中的比例、提高水电、核能等其他非化石能源的消费比重是我国降低碳排放、实现低碳发展的关键。我们所关心的问题是,能源消费结构调整能否在保持经济良好运作的同时有效促进碳减排,即其是否对碳排放绩效产生了促进作用。囿于数据的可得性,我们以煤炭能源消费量占能源消费总量来表示能源消费结构。

(5)人口结构(UR)。改革开放以来,我国城市化在各级政府的推动下迅猛发展并取得显著成效。由于要素配置趋于优化,基础设施条件和生产、金融、信息、技术服务较为完善,企业和人口集中又可以在技术、知识等方面形成溢出效应,城市往往会产生较高的经济效益,因此人口向城市的集聚可能会对全要素生产率产生明显的影响。我们将代表人口结构的城市化水平引入方程以考察人口结构的变动对碳排放绩效的影响。

对于技术进步变量,我们将从以下三个角度选择四个技术进步的代理变量。

(1)研发投入(RD)。研发资金及人员投入是促进技术创新最基本的保障。我们以研发从业人员占该地区人口的比重作为衡量研发投入的替代变量,以此考察研发投入对碳排放绩效的影响。

(2)能源效率(EE)。研发投入尽管是地区技术创新的基础条件,但却无法直观体现创新活动对节能减排技术进步的实际贡献。我们用地区能源效率衡量与能源使用相关的技术水平。能源效率用单位能源 GDP 来衡量,相关的技术水平越高,相同的能源投入可以带来的产出水平更高,经济增长就会表现出能源效率较高的特征。

(3)技术变化指标(TC)及效率变动指标(EC)。技术变化和效率变动指标是碳排放绩效的两个分解指标,两者从不同的侧面反映了生产技术情况:技术变化反映了在能源与环境的约束下,技术的改变是否实现了 GDP 增长、碳排放减少、投入要素节约的目标;效率变动则反映了各决策单元是否采用了更佳的技术进行生产。

除了以上结构性变量和技术进步变量,我们还将对外开放程度作为其他控制变量引入方程。改革开放以来,对外开放对我国经济腾飞发挥了重要作用,外商直接投资(FDI)的大量流入通过技术扩散效应、示范模仿效应、竞争效应、产业关联效应和人力资源流动等途径推动了地区经济增长。

在能源与环境压力越发严峻的情形下,*FDI* 的环境效应也受到更多关注,有部分文献为"污染天堂"假说提供了有力的证据(张宇和蒋殿春,2014),但与之相反,"污染晕轮"假说所强调的跨国公司倾向于使用较为先进的生产技术,因而有利于改善引资地的环境状况或降低地区能源(资源)强度也得到现有研究的支持(Zhang 和 Zhou,2016)。由于碳排放绩效与经济增长、能源及环境问题紧密联系,本文也选取外商直接投资占 GDP 的比重表示对外开放程度,以考察外资对碳排放绩效的影响。

上述解释变量及构造空间权重矩阵所需数据来源于《中国统计年鉴》和《中国能源统计年鉴》。

(三)实证结果及讨论

由于模型存在空间滞后解释变量,应用最小二乘法对空间模型进行估计会造成回归参数、空间参数和标准误估计的不一致性。因此,本文根据 Elhorst(2003)提出的极大似然估计法(MLE)对模型进行估计。

1.直接效应

表 2 报告了各解释变量的直接和间接效应及其显著性。在三类权重矩阵下,各变量对地区碳排放绩效的影响方向均一致,表明各变量的直接效应结果较为稳健。就结构调整变量而言,以第二产业增加值占 GDP 比重表征的产业结构与碳排放绩效存在显著的负相关关系,这与我国的第二产业,尤其是其中的重工业具有高耗能、高排放特征息息相关。近年来,工业化的加速尽管拉动了各地经济的快速增长,但其带来的能源消费增加、碳排放量增长等问题却并不符合低碳经济和经济可持续发展的要求。因此,在考虑能源与碳排放约束的条件下,第二产业比重的增加对各省全要素生产率的影响是负面的。

表 2　结构调整及技术进步对碳排放绩效的影响

模　型		Model 1	Model 2	Model 3
空间矩阵类型		W_{ad}	W_{eg}^{H}	W_{eg}^{R}
直接效应	IS	$-0.1422^{a}(0.05009)$	$-0.1424^{a}(0.04854)$	$-0.1399^{a}(0.04911)$
	KL	$0.01191(0.01010)$	$0.01278^{d}(0.00880)$	$0.01273^{d}(0.00884)$
	OS	$0.02059^{d}(0.01287)$	$0.01704(0.01287)$	$0.01830(0.01285)$
	ES	$-0.02814(0.03050)$	$-0.01691(0.0244)$	$-0.01626(0.02513)$
	UR	$0.03164^{c}(0.01885)$	$0.01013(0.02076)$	$0.00629(0.01986)$
	RD	$0.00645^{a}(0.00164)$	$0.00574^{a}(0.00146)$	$0.00561^{a}(0.00152)$
	EE	$0.05411^{a}(0.01559)$	$0.04923^{a}(0.01600)$	$0.05006^{a}(0.01588)$
	TC	$0.8613^{a}(0.04808)$	$0.8704^{a}(0.04738)$	$0.8689^{a}(0.04734)$
	EC	$0.9612^{a}(0.03734)$	$0.9712^{a}(0.03756)$	$0.9667^{a}(0.03732)$
	FD	$-0.00532^{c}(0.00322)$	$-0.00516^{c}(0.00313)$	$-0.00545^{c}(0.00315)$
间接效应	IS	$0.00170(0.09316)$	$0.1682(0.1183)$	$0.1105(0.1222)$
	KL	$-0.01107(0.01327)$	$-0.02432(0.01913)$	$-0.01576(0.02138)$
	OS	$0.01542(0.01381)$	$0.01373(0.02193)$	$0.00193(0.02366)$
	ES	$-0.03482(0.06360)$	$0.08475(0.07660)$	$0.07272(0.07942)$
	UR	$0.03568(0.03020)$	$-0.04171(0.1058)$	$-0.02223(0.1012)$
	RD	$-0.01310^{b}(0.00648)$	$-0.01954^{a}(0.00476)$	$-0.01942^{a}(0.00490)$
	EE	$-0.01062(0.03488)$	$0.02438(0.03985)$	$-0.00354(0.03782)$
	TC	$-0.03724(0.04049)$	$-0.1339^{d}(0.08747)$	$-0.09298(0.08945)$
	EC	$-0.08435^{c}(0.04866)$	$-0.2965^{b}(0.1429)$	$-0.2451^{c}(0.1418)$
	FD	$-0.01151(0.00801)$	$0.00376(0.02266)$	$0.00345(0.02111)$

　　以资本劳动比表示的要素结构与碳排放绩效呈现正向关系。物质资本投资的过程是新技术引进和技术应用的渠道之一(宋冬林等,2011),新设备投资中往往蕴含着前沿技术进步(Greenwood 和 Yorukoglu,1997)。对于我国而言,技术进步完全可能融合于设备投资品内,内嵌于资本的技术进步是实现技术升级或生产率增长的重要原因(赵志耘等,2007)。从我们的发现来看,投资对生产率增长的促进作用也表现在推动全要素碳排放生产率

增长上。毋庸置疑,绿色技术进步是全要素碳排放生产率增长的引擎,由于绿色技术的引进和应用同样依赖于物质资本投资,这就决定了投资对全要素碳排放生产率增长具有至关重要的作用。王兵等(2010)针对我国的研究同样发现了资本劳动比的上升可以促进环境全要素生产率增长。但需注意的是,尽管劳均固定资产投资对碳排放绩效的作用在三类权重矩阵的设定下均是正面的,但其显著程度总体不高,这与我国部分资本深化行业耗能较大有关,较高的能耗以及由此带来的碳排放量增长一定程度上抵消了投资对生产率增长的积极影响。

以非国有经济发展程度表征的所有制结构推动了碳排放绩效增长,这意味着我国抓大放小的所有制结构改革产生了结构红利。在微观层面上,非国有企业对促进碳排放绩效增长的作用与其相对较高的生产效率密不可分。相比国有企业或集体企业,三资企业和股份制企业因为产权结构明晰而稳定,往往有较高的绩效水平(刘小玄,2000)。在宏观层面上,所有制结构很大程度上反映了市场化进程,是制度环境的体现。所有制改革带来非公有制经济的繁荣发展表明了市场化进程的加速,市场经济优胜劣汰的运作规则为生产要素优化配置提供了良好的制度环境,不仅促进了生产要素的节约,也有利于生产效率的提高。因此,非国有经济的发展可带动碳排放绩效整体水平的提升。但是我们同时也发现,所有制结构变量对碳排放绩效的显著促进作用并非十分稳健,这有可能与强制性减排政策背景下,国有企业一定程度上仍然为节能减排先锋有关。

以煤炭消费量占总能源消费量比重衡量的能源结构对碳排放绩效影响的符号为负,表明以煤炭为主的能源结构不利于碳排放绩效的增进,但是其作用在三类权重矩阵下均不显著。煤炭是公认的高污染、高排放能源种类,煤炭消费比重的提高不符合节能减排的要求,也将不利于碳排放绩效增进。能源结构调整对碳排放绩效增加不显著的作用则归咎于我国现阶段能源结构调整幅度尚小、清洁能源对煤类等化石能源的大幅替代仍未实现。在本文样本时间的期末 2012 年,煤炭消费占我国一次能源消费总量的 68.80%(以油当量计),仅比 2004 年的 71.51% 减少了 2.72 个百分点,即使到 2016 年,煤炭消费比重仍高达 66.03%。尽管清洁能源消费比重有所增长,但仍未实现对化石能源较大幅度的替代,与发达国家存在明显差距,且落后于世界平均水平。可见,我国以煤炭为主的能源消费结构并未出现明显改善,且具有高碳排放特征的化石能源仍是我国主要的能源消费种类,这导致现阶段能源结构的调整还不足以对碳排放绩效起到显著的改善作用。

以城市化率表示的人口结构对碳排放绩效变动的符号为正,表明我国农村人口向城市人口转化有利于碳排放绩效的提升。城市化本质上是人口和经济活动空间集聚的过程(肖周燕,2015),归功于集聚经济的三大外部效应,即专业劳动力的汇聚、中间产品的规模经济和地方性的技术外溢,城市通常表现出更高的生产率。从我们的结果来看,在考虑了能源与环境约束的条件下,城市化仍然有助于全要素生产率的提升。随着人民对物质需求的普遍上升,具有专业劳动力汇聚、中间产品规模经济和地方性技术外溢特征的城市在生产效率、绿色技术进步、转型发展上也存在一定优势。也就是说,推动城市化更有可能在不牺牲人民生活质量和宏观经济增长的前提下,实现节能减排和可持续发展。

对于三类技术进步变量而言,各变量整体显著性较高而且十分稳健。研发投入变量对碳排放绩效的影响为显著的正值。我们的结果表明,提高对科技创新的重视度、增加研发投入将有助于碳排放绩效的提升。能源效率可表示地区节能技术创新的效果,由研究结果可知,能源效率的提高显著地促进了碳排放绩效的增加。能源效率的提升意味着技术进步使得单位GDP所消耗的能源量有所下降,这正符合在不牺牲经济增长的情况下促进节能减排的发展思路,对碳排放绩效的提升有促进作用。碳排放绩效的分解指标,即技术变化指标和效率变动指标,两者对碳排放绩效的影响为显著的正向作用,这表明地区生产技术的变化方向越符合经济产出增长、碳排放和投入减少的要求,碳排放绩效显著更高。同时,生产对技术的运用越有效、越靠近前沿技术,也将显著地提升碳排放绩效。

除了结构调整及技术进步变量之外,本文同时控制了以外商直接投资占GDP比重表示的对外开放程度。结果显示,对外开放程度的提高会对我国碳排放绩效的增加产生显著的阻碍作用。这与王兵等(2008)得出开放度负面作用于以二氧化碳为非期望产出的全要素生产率增长的结论相一致。

FDI 是我国改革开放以来经济增长的重要推动力之一,然而,由于我国大部分 *FDI* 流向了碳排放密集行业,*FDI* 的增加反而加剧了碳排放强度(Ren 等,2014),这并不利于碳排放绩效的提升。这一结论与"污染晕轮"假说认为的 *FDI* 可以改善东道国环境质量的观点是相悖的,从文献中看,大部分支持 *FDI* 具有节能减排效应的研究均着重强调了跨国企业可以凭借其技术、工艺和标准的优势促进引资地节能技术的应用(张宇和蒋殿春,2013);但值得注意的是,细分来看,*FDI* 水平、前向及后向溢出效应对能源强度的影响均是不同的,*FDI* 的前向溢出效应甚至显著地增加了能源强度(王班班和齐绍洲,2014)。*FDI* 集中于碳排放密集行业,而对本省节能减排技术进步的影响具有不确定性,使得目前 *FDI* 总体上表现为阻碍我国碳排放绩效的提高。

2.间接效应

从表 2 的结果来看,在不同的空间矩阵下,产业结构的变化对具有空间相关性地区的影响方向是不同的。在邻接矩阵及经济地理矩阵的设定下,产业结构调整的间接效应为正值,而在碳强度矩阵下,产业结构调整却呈现出负向的间接效应。正如前文所述,邻接矩阵和经济地理矩阵偏重于对地理和经济关联的考虑,产业结构调整对邻接地区及经济地理相关地区表现出正向空间溢出效应,其原因可能在于空间相关的地区可以通过向第二产业集聚加强的地区进行产业转移,进而使自身的产业结构得以升级,实现碳排放绩效的提升;碳排放强度矩阵侧重于对产业结构、能源结构和技术水平相关性的综合考虑,由于空间相关性高的地区在产业结构、能源结构和技术水平上较为相近,这些地区的产业结构调整可能存在一定的同步性,因而地区第二产业比重的上升不利于空间相关地区碳排放绩效的改善。但是,不同于产业结构调整显著地作用于本地碳排放绩效的提升,产业结构调整带来的"结构红利"溢出效应的显著性较差。

要素结构调整对碳排放绩效的间接效应为负,但显著性并不稳健。由于投资具有直接且强劲的经济增长效应,地方政府间存在投资竞争的行为;同时,空间相邻省份之间会表现出空间负外部效应,即某省份投资增加会促进周边省份人力资本、优质物质生产要素投资的流入,这使得增加投资在促进本省区物质资本积累、技术进步、进而改善碳排放绩效的同时,对空间关联省份的碳排放绩效产生不利影响。所有制结构调整的间接效应为正,表明一省所有制结构的优化可以促进空间相关地区碳排放强度的提升。非公有制经济比重增大反映了地区市场化程度的提高,而我国的市场化进程具有制度溢出效应,市场化程度较高的省份会带动空间相关省份的市场化程度的提高(康继军等,2009),因而所有制结构调整有助于空间相关省份的碳排放绩效的提升,但其正向的溢出效应并不十分显著。能源消费结构的间接效应并不稳健且均不显著,这可能是由于能源结构调整对空间相关省份的碳排放绩效具有两方面相互抵消的影响所致:一方面,当一省煤炭消费比重向下调整时,煤炭导向和追求低成本的高能耗产业很可能通过产业转移至其他省份,这必然会恶化相关省份的碳排放绩效;另一方面,能源结构变动无疑与本地产业结构调整的步伐相互匹配,新兴产业、低耗能产业、新能源产业的发展和能源结构升级相辅相成,而产业结构的优化调整又将通过产业集聚及省份间产业的关联关系改善空间关联省份的碳排放绩效。与能源结构的间接效应相似,以城市化表示的人口结构,其间接效应同样不稳健,这归咎于城市发展对周边地区生产率变动的双重作用力。城市化的提高使得省内经济集聚程度得以加强,由经济集聚产生的空间溢出作用有利于空间相关省份的效率改善,进而促进其碳排放绩效的提升;与此同时,经济集聚对周边优质生产要素的吸纳作用却可能抵消集聚带来的正向空间溢出效应。

对于各技术进步变量而言,其间接效应各有不同。研发投入显现出较显著的负向间接效应,表明某省研发投入的提高反而可能不利于空间关联省份碳排放绩效的提升,其原因可能来源于三个方面:第一,研发人员作为稀缺人力资源,省份间对其的吸纳必然存在竞争性;第二,由于技术研究与开发存在成本和风险,这可能诱致"搭便车"行为;第三,相对于物质资本投资,研发投入的经济回报周期较长,加之存在"搭便车"的动机,就有可能引发底线竞争。因此,本省研发投入的增加,反而会削弱空间相关省份的研发力量,进而不利于这些省份碳排放绩效的提升。反映节能减排技术实际情况的能源效率,其间接效应并不显著且作用方向也不稳健。毋庸置疑,空间上具有相关性的省份会通过产业间的关联关系、人力资本流动等途径产生技术溢出效应,本省能源效率的提升有可能导致空间相关省份能源效率的同步提升。与此同时,由于能源回弹效应的客观存在,由技术溢出导致的能源效率的提升可能会进一步扩大经济增长对能源的额外需求量,最终部分甚至完全抵消了能效提高所节约的能源(邵帅等,2013),因而,能源效率的间接效应并不显著。碳排放绩效的分解指标,技术变化指标和效率变动指标,两者的间接效应均为负值。这并不难理解,首先,从两个指标的测算原理来看,技术变化指标和效率变动指标分别度量了与各省份相关的技术前沿的变动情况以及各省份实际投入产出组合离技术前沿距离的变化,由于各省的投入产出情况均将影响当期技术前沿、甚至总体技术前沿的形成,当本省的技术变化指标和效率变动指标提高时,其他省份在技术变化指标和效率变动指标测量时所参照的技术前沿就可能发生外移,测得的技术变化指标和效率变动指标因此便会下降;其次,尽管空间相关的省份存在技术外溢,但由于可能存在的能源回弹效应,能源效率的外溢效应并不一定产生节能效果(邵帅等,2013)。

对于 FDI 而言,除了模型 1,其他两个模型中 FDI 的间接效应均呈现正向作用,但仅在模型 4 中显著为正。正如前文所述,我国 FDI 多集中于碳排放密集行业,FDI 集聚和邻近转移很可能对周边地区的碳排放绩效产生不利影响,我们的结果显示,在邻接矩阵的设定下,FDI 的间接效应为负值。然而,尽管 FDI 对本省及相邻省份的节能减排技术溢出效应不足以抵消其在增加碳排放量上的负面影响,以至于对本省及相邻省份的碳排放绩效改善产生阻碍作用,但对于经济联系紧密的地区,FDI 的技术溢出作用却得以显现,而对碳排放增长的不利影响有所弱化。因此,在经济地理距离和碳排放强度空间权重矩阵的设定下,FDI 表现出正向的间接效应。

四、结论及政策路径设计

(一)主要结论

从碳排放绩效的测算结果来看,碳排放绩效在"九五"期间处于较高水平,而在我国工业化和城市化加速的"十五"期间出现了较大幅度的下滑,随着节能减排政策的推出和落实,2006 年之后碳排放绩效开始回升。碳排放绩效的两个分解指标,即技术变化和效率变动指标,在 1996—2012 年间表现出明显的反向变动特征,技术变化指标呈现上升趋势,技术进步加快,与之截然相反,效率变动指标则逐阶段下降,出现效率明显倒退的现象。总体来讲,技术进步是推动我国碳排放绩效提升的主要动力,效率退化则一定程度上抵消了技术进步对碳排放绩效增加的贡献。

碳排放绩效存在显著的正向空间溢出效应。对于各经济结构调整变量的直接效应而言,尽管降低煤类能源消耗的比重有助于提高碳排放绩效,但由于我国能源结构调整幅度尚小,能源结构调整对碳排放绩效的积极作用并不显著;除了能源结构调整变量,本省产业结构、要素结构、所有制结构及人口结构各方面的经济结构调整对自身碳排放绩效的提升产生了"结构红利"。技术进步对碳排放绩效的优化作用则更为显著和稳定:有越高研发投入的地区,其碳排放绩效越高;表示地区节能技术创新效果的能源效率指标、技术变化指标和效率变动指标对碳排放绩效也表现出显著的正向作用。此外,由 FDI 表示的各省对外开放程度对其碳排放绩效的增加具有显著的负面影响。

由于本省经济结构调整可能对空间相关省份产生多方面的影响,正面作用被其负面影响所抵消。因此,相比直接效应,各经济结构调整变量对碳排放绩效的间接效应(溢出效应)较为不稳健。技术进步变量存在一定的负向空间溢出效应。FDI 占 GDP 比重提高带来的环境负外溢效应与技术外溢并存的现象使得对外开放程度的间接效应也存在不稳定性。

(二)碳排放绩效提升的政策路径设计

1.加强政府的战略引导作用

提升碳排放绩效就是要转变经济发展方式、实现资源环境约束下的经济可持续发展,其具有战略性、长期性和方向性等特点。因此,政府在节能减排、提升碳排放绩效上发挥着不可替代的作用。我国碳排放绩效的变化趋势表明,政府管制和引导将有效地促进减排,有利于经济增长同节约能源、保护环境的协调共赢;而欧美发达国家的经验也表明政府可以通过明确减排规划、完善法律法规、创新体制机制等方面的公共政策导向,综合运用税收、补贴、碳交易等政策工具,有效推动经济低碳绿色发展。

有鉴于此,我国政府要从经济转型发展的全局出发,有重点、分阶段、有区别、系统地制订长期发展低碳经济的战略部署,制定科学合理的低碳转型发展的政策规划,并建立和完善目标管理机制。首先,低碳转型的战略部署应该涉及促进全民低碳意识的培养、经济生产的低碳化、寻求绿色技术创新突破等方面,多维度地为经济绿色转型、提升碳排放绩效提供全面的保证。其次,构建和完善目标管理机制,有层次地设定年度指标、季度指标,同时,有必要对绿色发展规划和政策的执行情况予以跟进,适时调整减排目标,逐步实现经济增长与节能减排的双赢。

2.加大经济结构优化调整力度

碳排放绩效能否提升的关键之一来源于经济结构是否合理优化。当前,我国进入新常态,宏观经济结构的战略性调整和产业结构的转型升级是经济进一步发展的必然要求。新常态的思想已经释放出了明确的改革信号,过去那种以牺牲资源环境为代价,密集使用资源和依赖简单技术跟随的经济增长方式已经不再适用,中国未来需要走依靠节能环保、科技创新为主要支撑的新型经济发展道路。为此,我国应该注重以下五个方面的结构优化调整,以争取经济结构优化调整为我国经济增长带来"结构红利"。

第一,促进产业结构升级,推进各行业低碳化发展。我国工业具有高污染和高排放的特征是不争的事实。正如前文的分析结果,经济重型化发展是 21 世纪初碳排放绩效下降的主要原因,而第三产业比重的提高则有助于碳排放绩效的显著提升。因此,积极促进产业结构的升级是今后减排政策的关键着力点。值得注意的是,工业作为事关国计民生的重要行业,仅仅通过降低工业占社会经济的比重来提高碳排放绩效并非符合可持续发展的内在要求。为此,工业内部产业结构的优化调整也应当成为重点关注的方向。

第二,支持能源结构优化,推动可再生能源发展。从碳排放的估算结果来看,煤炭能源是我国碳排放总量的主要贡献者;同时,我国以煤为主的消费结构很大程度上也成为碳排放绩效提升的绊脚石。长期来看,减少煤类能源的使用、优化能源消费结构对于碳减排,特别是绝对数量上的减排具有重要意义。因此,我国应该积极鼓励发展构建多样、安全、清洁、高效的能源供应和消费体系,通过大力推进风能、太阳能、生物质能、水电等绿色能源的应用和普及,鼓励新能源和可再生能源的开发利用,以有效降低煤炭在能源消费中的比重,实现各部门的减排目标。

第三,优化物质资本投资结构,促进投资带动技术进步。技术进步通常依赖于资本投资,从本文的分析来看,提高资本劳动比对于碳排放绩效具有一定的促增作用。然而,我国长时期低水平重复建设的事实使得物质资本投资对技术进步的作用并没有显著的体现。因此,有必要优化物质资本投资结构,避免具有高耗能、高排放特点的行业在资本深化过程中的低水平或重复性建设,促进资本流向绿色技术密集产业以发挥资本对技术进步的推动作用,特别是绿色技术的创新突破应该是要素结构调整的着力方向。

第四,深化所有制结构调整,加快市场化进程。拥有更高生产效率的非国有企业的比重提升对于促进碳排放绩效的增长起到重要作用。为此,加快所有制结构的调整步伐和市场化进程不失为实现绿色转型的抓手之一。与此同时,相比国有企业,非国有企业在低碳理念的强化、减排指标的执行上更具难度。强化企业社会责任、促进环境成本内部化、加强政策引导和完善监督机制是实现生产低碳化必不可少的工作。

第五,推动城市化进程,发挥集聚经济优势。由于集聚效应的存在,城市往往具有更高的生产效率,而技术优势和经济活动的相对集中也加大了实施节能减排目标的可行性,推进城市化因而可以带动碳排放绩效的提升。

但不能否认,城市具有更高的能源消费水平,同时城市化过程中可能出现的能源浪费、环境污染等问题也给经济增长、节约能源和环境保护和谐共赢带来巨大挑战。推动城市化进程、发挥集聚优势的同时,应该着力从能源供给侧面提高城市能源使用的清洁度,促进生活生产方式的低碳化。

3. 构建绿色技术的创新激励机制

技术创新是碳排放绩效提升稳健而有效的动力源。技术进步,特别是绿色、低碳技术的创新与突破可以有效实现碳排放绩效的提升、促进经济可持续发展。由于环境保护具有显著的正外部性,政府有必要加大力度引导生产技术朝着实现经济增长和节能减排双赢的方向提升。

第一,增加科研创新投入。科研投入是技术创新的基础,绿色技术创新并不例外。除了在研发资金上有充足的保证之外,还应推进全社会尊重人才、尊重科创人员的社会风尚,注重技术创新人才的培养,在资金和人员上为绿色技术创新,进而提升碳排放绩效提供基础条件。

第二,促进科研成果转化为绿色生产力。生产技术符合经济增长和节能减排双赢要求,则会显著地促进碳排放绩效的提升。因而,实现科研成果的运用转化是科技研发发挥实际作用的关键步骤,这就需要推进产学研相互结合的低碳技术创新与成果转化应用体系。此外,正如本文所实证的,我国的生产技术正朝着经济产出增长、碳排放减少和要素节约的方向突破,但是技术效率却有退化趋势,这意味着对现有先进技术广泛而充分地采用可以进一步挖掘技术进步对提高碳排放绩效的潜在积极作用。因此,有必要综合税收、补贴等多种手段鼓励生产者将先进技术运用于生产的各个环节;同时,着力促进产品技术标准的逐步更新与升级,从增加内在动力和外在压力两方面入手以促使先进技术的使用及扩散。

第三,扶正企业在绿色技术创新上的主体地位。技术创新主体对技术创新效果具有关键作用。企业作为当代社会重大技术创新的主体,也应当扮演绿色技术进步的主力军,但由于环境保护的正外部性,相对于其他生产技术,企业对于绿色技术创新的动力略显不足。这需要政府加大鼓励、引导力度,促进企业积极投入可再生能源等低碳技术的开发运用之中,促进构建企业、高等院校和研究机构三位一体的联手创新合作机制,加快低碳科技成果向新产品和服务的转化。

4.建立低碳经济的金融创新机制

绿色金融体系作为促进低碳经济发展的重要杠杆,已为国际金融界的实践所印证。有效的金融体系可通过促进企业低碳资本形成,帮助企业防范和化解风险以及向市场各类主体传递信号进而引导其经济行为等方式实现经济的低碳发展。新常态下,提高碳排放绩效实现经济低碳转型是一项涉及各个方面的复杂系统工程,作为现代经济的核心和资源配置枢纽,建立健全低碳经济的金融创新机制无疑将发挥不可替代的作用。我国政府可以从以下几个步骤着手建立和完善碳金融创新机制:首先,积极制订碳金融发展的战略规划,并健全碳金融监管和法律框架;其次,培育碳金融创新机制,完善碳金融的中介服务;再次,促进创新和发展多样化的碳金融工具,建立统一的碳金融市场;最后,积极推动碳交易人民币计价的国际化进程(王雅莉和王妍,2015)。

5.提升区域间的合作与协调水平

由于省份间存在普遍的经济和地理关联,经济结构调整的过程中,加强省份间的合作可以更好地避免落后产能转移带来的"以邻为壑"的问题,也可以促进区域经济结构整体优化升级。此外,省份间技术交流与合作开发可以加快技术进步和技术扩散,为提高各省碳排放绩效创造良好条件,有利于实现区域经济绿色、可持续发展。

课题负责人:邵　帅

课题组成员:杨莉莉　李程宇

范美婷

[参考文献]

[1] 陈诗一. 中国的绿色工业革命:基于环境全要素生产率视角的解释

(1980—2008)[J].经济研究,2010(11).

[2] 康继军,王卫,傅蕴英.中国各地区市场化进程区位分布的空间效应研究[J].统计研究,2009(5).

[3] 刘瑞明,石磊.国有企业的双重效率损失与经济增长[J].经济研究,2010(1).

[4] 刘瑞翔,安同良.资源环境约束下中国经济增长绩效变化趋势与机理——基于一种新型生产率指数分解方法的研究[J].经济研究,2012(11).

[5] 刘小玄.中国工业企业的所有制结构对效率差异的影响——1995年全国工业企业普查数据的实证分析[J].经济研究,2000(2).

[6] 单豪杰.中国资本存量K的再估算:1952—2006年[J].数量经济技术经济研究,2008(10).

[7] 邵帅,杨莉莉,黄涛.能源回弹效应的理论模型与中国经验[J].经济研究,2013(2).

[8] 宋冬林,王林辉,董直庆.资本体现式技术进步及其对经济增长的贡献率(1981—2007)[J].中国社会科学,2011(2).

[9] 王班班,齐绍洲.有偏技术进步,要素替代与中国工业能源强度[J].经济研究,2014(2).

[10] 王兵,刘光天.节能减排与中国绿色经济增长[J].中国工业经济,2015(5).

[11] 王兵,吴延瑞,颜鹏飞.环境管制与全要素生产率增长[J].经济研究,2008(5).

[12] 王兵,吴延瑞,颜鹏飞.中国区域环境效率与环境全要素生产率增长[J].经济研究,2010(5).

[13] 王兵,於露瑾,杨雨石.碳排放约束下中国工业行业能源效率的测度与分解[J].金融研究,2013(10).

[14] 王雅莉,王妍.新常态的中国低碳经济发展机制及其路径构建[J].求索,2015(4).

[15] 肖周燕.中国人口空间聚集对生产和生活污染的影响差异[J].中国人

口,资源与环境,2015(3).

[16] 张军,陈诗一,Jefferson G. H. 结构改革与中国工业增长[J]. 经济研究,2009(7).

[17] 张宇,蒋殿春. FDI,环境监管与能源消耗:基于能耗强度分解的经验检验[J]. 世界经济,2013(3).

[18] 张宇,蒋殿春. FDI,政府监管与中国水污染——基于产业结构与技术进步分解指标的实证检验[J]. 经济学(季刊),2014(2).

[19] 赵志耘,吕冰洋,郭庆旺,贾俊雪. 资本积累与技术进步的动态融合:中国经济增长的一个典型事实[J]. 经济研究,2007(11).

[20] Afsharian, M., Ahn, H. "The Overall Malmquist Index: A New Approach for Measuring Productivity Changes over Time" [J]. Annals of Operations Research, 2015,226(1): 1-27.

[21] Elhorst, J. P., 2003, "Specification and Estimation of Spatial Data Models" [J]. International Regional Science Review, 2015,26(3): 224-268.

[22] Elhorst, J. P. "Spatial Econometrics: From Cross—sectional Data to Spatial Panels" [M]. Berlin: Springer, 2014.

[23] Greenwood, J., Hercowitz, Z., and Krusell, P. "Long—Run Implications of Investment—Specific Technological Change," [J]. The American Economic Review, 1997,87(3): 342-362.

[24] LeSage, J. P., Pace, R. K. "Introdction to Spatial Econometrics" [M]. Boca Raton: CRC Press, 2010.

[25] Ren, S., Yuan, B., Ma, X., Chen, X. "The Impact of International Trade on China's Industrial Carbon Emissions Since its Entry into WTO" [J]. Energy Policy, 2014(69): 624-634.

[26] Shao, S., Yang, L. L., Yu, M. B., Yu, M. L. "Estimation, Characteristics, and Determinants of Energy—related Industrial CO_2 Emissions in Shanghai (China), 1994—2009" [J]. Energy Policy, 2011,39(10): 6476-6494.

[27] Zhang, C. , Zhou, X. , "Does Foreign Direct Investment Lead to Lower CO_2 Emissions? Evidence from a Regional Analysis in China" [J]. Renewable and Sustainable Energy Reviews , 2016,58: 943-951.

[28] Zhang, N. , Zhou, P. , Choi, Y. "Energy Efficiency, CO_2 Emission Performance and Technology Gaps in Fossil Fuel Electricity Generation in Korea: A Meta—frontier Non—radial Directional Distance Function Analysis" [J]. Energy Policy, 2013(56): 653-662.

[29] Zhou, P. Ang, B. W. , Zhou, D. Q, "Measuring Economy—wide Energy Efficiency Performance: A Parametric Frontier Approach" [J]. Applied Energy ,2012,90(1): 196-200.

巩固扶贫开发成效　再谋提升发展空间
——促进浙江 26 县持续发展的分析与思考

2015 年初,浙江淳安等 26 个"欠发达县"实现集体"摘帽"。"摘帽"既是对这些地方过去成绩的肯定,又是迈向现代化征程的新起点,更是激发内生发展的推动力。多年来,浙江为 26 县的赶超式发展建立和实施了一系列扶贫政策和措施,推动浙江省走出一条工业化、城市化快速发展条件下城乡统筹、区域协调、共创共富的发展路子。特别是"十二五"以来,26 县爬坡过坎,发展提升,经济社会发展取得了明显成效。本文通过对这 26 县历史沿革、经济发展状况的分析,对其踏上绿色发展、生态富民新征程,如何实现科学跨越新发展提出粗浅建议。

一、浙江省 26 县扶贫开发历史回顾

浙江作为一个资源小省,人多山多地少,1978 年浙江省还有 1200 万农村贫困人口,农村贫困发生率达 36.1%,面临着艰巨的扶贫任务。为消除贫困,浙江在全省开展有组织、有计划的农村扶贫开发工作。

(一)浙江省扶贫开发七个阶段

一是农村贫困普遍减缓阶段(1978—1985 年),二是区域扶贫开发推进阶段(1986—1993 年),三是贫困县扶贫攻坚阶段(1994—1999 年),四是贫困乡镇扶贫攻坚阶段(2000—2002 年),五是欠发达乡镇奔小康阶段

(2003—2007年),六是低收入农户奔小康阶段(2008—2012年),七是低收入农户收入倍增阶段(2013—2017年)。1994年,浙江省以文成、泰顺、永嘉、云和、景宁、青田、磐安、武义8个贫困县为对象,实施"国家八七扶贫攻坚计划",到1997年,8个贫困县提前三年"摘帽",成为全国第一个没有贫困县的省区;2001年,首次明确欠发达地区包括衢州、丽水两市及所辖县(市),以及泰顺、文成、永嘉、苍南、磐安、武义、三门、仙居、天台、淳安等25个欠发达县;2005年,扶持对象增加了平阳县,即26个欠发达县。2008年,扶持对象扩大到26个欠发达县和台州市黄岩区、金华市婺城区、兰溪市的16个乡镇。2011年,以文成、泰顺、开化、松阳、庆元、景宁和磐安、衢江、常山、龙泉、遂昌、云和等12个欠发达县为扶持对象,实施"重点欠发达县特别扶持计划"。

(二)浙江推进欠发达地区快速发展历程

浙江一直以来把推进欠发达地区加快发展作为浙江省现代化建设的战略重点。2001年8月,浙江省委、省政府制定出台了《关于加快欠发达地区经济社会发展的若干意见》。2003年1月,浙江省十届人大一次会议的《政府工作报告》,首次提出把欠发达地区作为新的经济增长点加以培育。2005年12月,浙江省委、省政府制定出台了《关于推进欠发达地区加快发展的若干意见》,进一步加大统筹区域发展力度。2007年6月,浙江省第十二次党代会报告明确把加快欠发达地区发展作为"创业富民、创新强省"总战略的重要组成部分。2008年初,浙江省委、省政府提出实施包含"基本公共服务均等化行动计划"和"低收入群众增收行动计划"在内的"全面小康六大行动计划",着力在基本公共服务和低收入群众增收两个方面加快推进欠发达地区跨越式发展。2008年10月,浙江省委十二届四次全会上把加快欠发达地区发展同加快转变经济发展方式、推进经济转型升级结合起来,强调大力发展山区特色农业和山区休闲旅游等产业,建设"山上浙江"。2009年5月,浙江省委十二届五次全会审议通过《关于深化改革开放推动科学发展的决定》,强调依靠改革动力推进欠发达地区发展,形成区域间分工合理、要素互补、合作共赢的协调发展机制,努力缩小地区发展差距。2012年,以包括

26 个县在内的 52 个山区县为扶持对象,浙江出台加快山区经济发展政策。2013 年,浙江省委、省政府出台"低收入农户收入倍增计划"(201—2017年),着力加大扶贫开发力度,大力推进低收入农户加速增收。

(三)浙江扶贫取得重大胜利

浙江省先后实施了"欠发达乡镇奔小康工程""山海协作工程""低收入群众增收行动计划""重点欠发达县特别扶持政策""低收入农户收入倍增计划"等一系列帮扶举措,基本形成了涵盖转移支付、生态补偿、山海协作、异地搬迁、结对帮扶等扶持体系,扶持范围不断拓展、力度不断加大。2002年,浙江成为全国第一个没有贫困乡镇的省区;2007 年,欠发达乡镇农民人均收入达到 4500 元,80%以上的欠发达乡镇农民人均收入超过了全国平均水平;2016 年,26 县经济总量、财政收入、居民收入等主要经济指标均超过全国县级平均水平,居民养老保险、最低生活保障标准等主要社会发展指标也高于全国平均水平。2015 年 12 月,浙江省全面消除家庭人均年收入4600 元以下的贫困现象。

二、26 县迎来经济社会全面腾飞的"黄金期"

多年来,26 县的发展已积累一定的基础和能量,如同一只羽翼日渐丰满、展翅欲飞的巨鸟,正迎来大好发展机遇。

(一)国民经济快速发展

1. 经济较快增长,综合实力明显提升

从经济总量看,2016 年①,26 县生产总值 4055 亿元,与 2010 年的 2611亿元相比,名义增长 55.3%,年均增幅 11.6%,比浙江省同期年均增幅(名

---

① 2010—2016 年数据摘自历年《浙江统计年鉴》。

义增长 9.7%)高 1.9 个百分点。2016 年,26 县中,生产总值可比增幅高于全国平均水平(7.3%)的有 19 个县,高于浙江省平均水平(7.6%)的有 14 个。从产业结构看,2010—2016 年,26 县第一产业增加值由 253 亿元增加到 342 亿元,第二产业增加值由 1308 亿元增加到 1970 亿元,第三产业增加值由 1050 亿元增加到 1743 亿元,四年年均名义增长分别为 7.8%、10.8% 和 13.5%,分别高于浙江省三次产业年均增长 0.9 个、3.0 个和 1.5 个百分点,三次产业增加值结构由 2010 年的 9.7∶50.1∶40.2 变化为 2016 年的 8.4∶48.6∶43.0。2016 年,有 23 个县一产增加值可比增幅高于浙江省平均水平(1.4%);有 17 个县二产增加值可比增幅在 7.4% 以上,高于浙江省(7.2%)和全国(7.4%)平均水平;半数地区三产增加值可比增幅超过 8.7%,高于浙江省(8.6%)平均水平。从财政收入看,26 县财政总收入、地方公共财政预算收入分别由 2010 年的 277 亿元、164 亿元增加至 2016 年的 475 亿元、288 亿元,年均增长 14.5% 和 15.1%,高于浙江省平均水平(11.3%、12.1%)3.2 个和 3 个百分点。2016 年,财政总收入超过 8 亿元、地方公共财政预算收入超过 5 亿元的县分别有 23 个和 22 个,其中,财政总收入增幅高于浙江省平均水平(8.9%)的有 15 个县,地方公共财政预算收入增幅高于浙江省平均水平(8.6%)的有 19 个县。

2. 三大需求共同驱动经济增长

一是投资增长加快。2010—2016 年,26 县固定资产投资额由 1359 亿元增加至 3066 亿元,年均增长 22.6%,年均增幅高于浙江省平均水平(19.8%)2.8 个百分点。2016 年,有 16 个县固定资产投资增幅高于浙江省平均水平(16.6%)。二是消费增长稳定。2016 年,26 县社会消费品零售总额为 1933 亿元,比 2010 年的 1119 亿元增长 72.8%,年均增长 14.7%,年均增幅高于浙江省平均水平(14.5%)0.2 个百分点。2016 年,有 25 个县的社会消费品零售总额增幅高于浙江省(11.7%)和全国(12.0%)平均水平。三是对外贸易不断扩大。2016 年,26 县进出口总额为 129 亿美元,比 2010 年(78 亿美元)增长 64.5%,年均增长 13.3%,比浙江省年均增长(8.8%)高 4.5 个百分点。其中,出口 119 亿美元,比 2010 年增长 73.9%,年均增长

14.8%。2016 年,有 22 个县的出口总额增幅高于全国平均水平(4.9%),有 17 个县高于浙江省平均水平(9.9%)。

(二)民生保障和公共服务水平稳步提高

1.城乡居民收入提高较快

2016 年,26 县城镇居民人均可支配收入①为 30520 元,比 2010 年增长 46.9%,年均增长 10.1%,有 16 个县的城镇居民可支配收入增幅高于浙江省(8.9%)和全国(9.0%)平均水平。2016 年,26 县农村居民人均纯收入为 12932 元,比 2010 年增长 62.6%,年均增长 12.9%,超过浙江省平均水平(12.1%)0.8 个百分点;有 23 个和 19 个县的农村居民人均纯收入增幅高于浙江省(10.7%)和全国(11.2%)平均水平。2015 年,26 县低收入农户人均纯收入为 8668 元,比上年增长 21.2%,分县低收入农户人均纯收入增幅均高于当地农村常住居民收入增幅。同期储蓄存款余额也有了较快增长,2016 年,26 县城乡居民人民币储蓄存款年末余额合计为 3528 亿元,比 2010 年增加 1531 亿元,增长 76.6%,年均增幅为 15.3%,比浙江省年均增长(10.4%)高 4.9 个百分点。

2.民生保障扎实推进

2016 年,26 县基本养老保险参保人数合计 322 万人,比 2010 年增长 116.1%,年均增长 21.3%;基本医疗保险参保人数合计 838 万人,比 2010 年增长 6.9 倍,年均增长 67.9%;失业保险人数合计 89.7 万人,比 2010 年增长 45.3%,年均增长 9.8%。其中,基本养老保险参保人数、基本医疗保险参保人数和失业保险人数的三年年均增幅分别高于浙江省 7.8 个、34.2 个和 1.6 个百分点。从文化卫生事业看,2016 年,26 县体育场馆数、剧场和影剧院、公共图书馆藏书量、医院卫生院床位数、医生数分别达到 109 个、42 个、7310 千册件、35780 张和 23256 人,比 2010 年分别增长 75.8%、13.5%、114.2%、44.7% 和 17.5%;按户籍人口计算,平均每万人拥有 0.09 个体育

---

① 人均指标根据各县指标值 * 各县户籍人口/26 县户籍总人口计算,下同。

场馆数、0.01 个剧场和影剧院、6.3 千册件公共图书馆藏书量、30.7 张医院卫生院床位数和 19.9 人医院卫生医生数。

(三)资源和环境不断优化

2016 年末,26 县的森林覆盖率为 74.5%,生态公益林 2434 万亩,农村生活污水处理建制村覆盖率达 40% 及以上。粮食功能区面积为 259 万亩,现代农业园区有 358 个,家庭农场有 0.75 万家,农民合作社有 1.95 万家,农业龙头企业有 0.2 万家。生态旅游总收入为 1038 亿元,农家乐旅游村有 324 个,农家乐旅游点有 693 个,经营收入为 36.8 亿元。2002—2016 年,累计实现山海协作产业合作项目 8980 个,到位资金 3033.8 亿元。

三、找准发展新路径,精准发力再腾飞

26 县历经多年扶持发展有了良好的基础,面对绿色发展、科学发展、跨越发展的新目标,要找差距,精准发力,实现再次腾飞。

(一)起步低、制约多,发展之路仍不平坦

26 县大多地处浙江山区、边区、老区(其中有 19 个山区县,17 个老区县,10 个地处浙闽赣皖边界地区),地理位置相对偏僻,交通通讯不便,生活和生产条件相对落后,制约了当地教育、医疗和城市化进程的发展,滞缓了 26 县经济腾飞的脚步。

1.人均指标与浙江省平均相比仍有差距

(1)人均主要经济指标与浙江省平均水平仍有差距。2016 年,26 县人均生产总值、人均财政总收入、人均公共财政预算收入、人均固定资产投资额、人均社会消费品零售总额分别为 37635 元、4078 元、2472 元、26300 元和 16579 元,与浙江省平均水平比较,分别低了 48.4%、70.1%、67.0%、38.5% 和 46.0%。

(2)居民人均收入为浙江省平均水平的七成。2016 年,26 县城镇居民人均可支配收入为 30520 元,为浙江省平均(40393 元)的 75.6%;农村常住居民人均可支配收入为 14637 元,为浙江省平均(19373 元)的 75.6%。

2. 地区之间发展不够均衡

(1)从经济指标看。2016 年 26 县中,生产总值最高的地区近 400 亿元,最低的地区低于 50 亿元;增幅最高的地区高于 10%,最低的地区低于 4%。财政总收入和地方公共财政预算收入绝对值最高的地区超过 50 亿元和 30 亿元,最低地区低于 5 亿元和 3.5 亿元;增幅最高的地区高于 18% 和 19%;最低的地区低于 2.5% 和 1%。规模以上工业总产值最高的地区近 500 亿元,最低的地区低于 20 亿元;增幅最高的地区高于 13%,最低的地区低于 -10%。从三大需求看,投资、消费和出口最高的地区分别超过 350 亿元、200 亿元和 25 亿美元,最低的地区低于 40 亿元、25 亿元和 0.5 亿美元;增幅最高的地区分别高于 20%、18% 和 100%,最低的地区低于 8.5%、9% 和 0.5%。

(2)从居民收入看。2016 年 26 县中,城镇居民可支配收入最高的地区超过 33000 元,最低地区低于 25000 元;增幅最高的地区高于 10%,最低的地区为 8%。农村居民人均纯收入最高的地区超过 15000 元,最低地区近 10000 元;增幅最高的地区 12.5%,最低的地区仅为 10.2%。低收入农户虽然经过各种帮扶措施,人均纯收入有大幅提高,增幅高于当地农村居民,但 26 县低收入农户占农村居民的比重较高,最高的地区占比为 29.8%,最低地区为 10.7%,与浙江省 6.5% 的占比相比分别高 23.3 个和 4.2 个百分点。

(二)精准发力,实现跨越式发展

迈入"十三五"时期,浙江省委、省政府将推动 26 县全面走上绿色发展、生态富民、科学跨越的路子,加快生态经济、生态保护、民生保障和居民增收方面的建设,推进转型升级和区域协调发展。在此期间,如何缩小区域之间、人群之间、城乡之间的发展差距,保持稳步、可持续的发展态势是需要重点研究的问题。

1. 依托自身力量,积极寻求因地制宜的发展模式

要因地制宜,走有特色的发展道路。26县大部分是农业县,应围绕特色农产品,把发展农产品加工业作为发展第二、三产业的重要途径。要跳出"一产"求发展,"接二连三"优结构。一是提升发展农产品深加工业。充分发挥自然环境优势,利用丰富的自然资源和良好的生态品牌,招引保健食品、生物医药、农特产品深加工等大企业、大集团,着力提升农产品附加值。二是提升发展农村旅游服务业。旅游业是促进农村产业循环可持续发展的主方向,进一步明确产业规划和扶持政策,全力推进农村旅游产业的转型升级。如包装一批现代设施农业、智慧农业、特色农庄项目,发展农业观光旅游;利用农家庭院、民俗风情、农家生活、田园风光、绿色食品,发展民宿经济;发挥天然温泉、森林氧吧、优质水源、舒适气候、绿色有机食品等特色资源,融入现代医疗技术、传统养生理念,发展康体养生旅游。三是大力发展农产品电子商务。加快推进现代物流、信息技术等涉农服务业的资源配置,把农产品电子商务培育成为农村产业发展的"新蓝海"。

2. 坚持以城带乡,不断推进城镇化进程的脚步

抓住城镇化这一重点,拓宽城市就业门路,促进投资环境改善,增强区域经济竞争力。一方面,要注重"同心圆"理论,加快浙西、浙南的区域性中心城市培育。26县主要分布在台州、温州、金华、衢州、丽水一带,要促进这些地区的经济发展,必须加速以上城市的区域中心城市培育,使其产生综合服务功能和创新能力较强的主导产业群,这种以城市为中心的优越的市场空间结构将对产业配置结构产生巨大的辐射力,将带动其周边地区的经济发展和人们生活水平的提高。另一方面,要加快小城镇的建设,在承接发达地区产业转移的同时,开发自身整体功能较强的小城镇这样的"增长极",集中投入资金、引入技术,培育主导产业,积极发挥优势,促进区域整体发展。

3. 以推进工业化为重点,加快产业调整步伐

工业化是一个地区从传统经济过渡到现代经济的必由之路。因此从根

本上说,欠发达地区的发展过程就是工业化的过程,加快推进工业化,也是欠发达地区跨越式发展的重要支撑。目前,26县大部分地区尚处在工业化初期。因此要从资源特点和自身优势出发,大力推进工业化,要充分发挥欠发达地区自然资源相对丰富、劳动力成本相对较低的优势,发展资源加工工业和劳动密集型工业,调整优化产业和产品结构,大力发展有市场前景的特色经济和优势产业。

4.促进农村居民收入持续普遍较快增长

保持城乡居民收入持续普遍较快增长是26县经济社会全面腾飞后最终的落脚点。一要确保工资性收入稳步增长。要加大对农村居民培训和农村基础教育的转移支付力度;提高农村劳动力基本技能培训力度;改善就业环境,加快城乡产业分工协作。二要拓宽农村居民经营收入渠道。强化农业基础设施建设,提高防灾抗灾能力;积极推进农村土地流转、提高农户规模经营效益;优化营销环境,广泛开拓农产品销售市场。三要增加农村居民转移性收入。逐年适当提高农村居民社保标准;通过宣传和动员,提高农村居民参加社会保险的意识,不断提高社保覆盖率。四要拓宽农村居民理财渠道。引导金融机构网点向农村延伸,创新农村金融服务渠道。五要提高低收入农户的收入水平。不断提高最低生活保障标准;精准扶贫,针对不同情况的低收入农户开展不同形式的帮扶措施;深入扶贫的相关政策,使每一项政策都能切实落到实处;动员社会力量参与到扶贫济困中,增加救济的广度和宽度。

5.发挥"绿水青山"优势,实施生态发展

一是珍惜和呵护好生态环境。一方面,在保护与开发上,要完善生态功能分区规划,划定生态保护红线,健全环境巡查、问责和群众参与机制,创新以生态为指向的绩效考核体系,完善以生态为先的制度架构;另一方面,在建设与管理上,以基础设施建设为重点,大力完善城乡污水、垃圾收集处理的设施网络,增强生态环境的保护能力、容纳能力。二是大力发展绿色产业。把重点放在发展生态农业、生态工业和生态旅游上,坚决杜绝高耗能、高污染项目。要发展高效生态农业,推动生态农业区域化布局、专业化生

产、产业化经营,大力发展观光农业、休闲农业、生态精品农业、创意农业,加快农业电子商务发展;要发展特色生态工业。依托当地优势,提升发展农林产品精深加工和来料加工产业的发展速度,加快清理工业低效项目,着力招引一批优质企业,推动园区在成型中转型;要发展生态旅游业,充分发挥山水生态的独特优势,注重旅游与生态的有机结合,引领养生乡村、农居民宿、创意农业、观光农业等业态发展。

课题负责人:沈　强

课题组成员:张晟立　胡永芳　张荣飞

戴联英　夏　菁　董　琳

李佳乐

执　笔　人:夏　菁

[参考文献]

[1] 习近平.习近平谈治理国政 [M].北京:外文出版社,2014.

[2] 张军.山呼海应谱新曲——浙江加快欠发达地区发展综述[J].今日浙江,2010(15):10-13.

[3] 2011－2015 年《浙江统计年鉴》.

转型发展阶段宁波经济增长动力研究

改革开放以来,宁波依托得天独厚的港口优势,基本确立了作为我国东南沿海重要港口城市、长三角南翼经济中心的城市地位,1978 年以来宁波 GDP 年均增速达到 13.6%,2016 年人均 GDP 已超过 16000 美元。进入"十二五"以来,国内外环境和发展动力机制发生了重大变化,长期以来支撑宁波发展的体制机制优势和开放型经济优势逐步弱化,2011—2016 年宁波 GDP 年均增速降至 8.4%,明显低于改革开放以来的年均增速。同全国一样,当前及今后一个时期宁波经济处在经济增速换挡期、结构调整阵痛期、前期刺激政策消化期,转型发展加速推进,增长动力开始转换,经济运行呈现出显著的阶段性特征和规律。如何把握"十三五"时期宁波经济运行的规律和特点,找准支撑经济增长的新动力,已成为摆在我们面前亟须研究解决的重大现实问题。

一、改革开放以来宁波经济发展的阶段划分

30 余年的改革开放,令宁波市经济社会实现了跨越式发展,经济增长方式也有了很大转变。分析宁波 30 多年来走过的发展历程,我们通过产业结构的变动轨迹将宁波经济社会发展大致分为以下四个阶段。

(一)从 1978 年到 1992 年,经济处于粗放型发展阶段,经济增长的速度和总量得到快速扩张

由于改革开放政策的推行,打破了传统计划经济体制束缚,给经济社会

发展增添了巨大的动力和活力。同时宁波作为国务院 14 个首批沿海开放城市,有着优越的地理位置,获得了各种资金和技术,实现经济快速发展,尤其是第二产业发展势头迅猛。在这期间,经济增速年均达到 14.5%,经济总量从 20 亿元上升到 200 亿元,一、二、三产业比重也由 32：48：20 转变成 17：60：23。第一产业比重下降到只有原来的一半,第二产业比重有了大幅度提升,达到 60%。这一阶段属于工业化前期阶段,农业经济比重下降,第二产业比重上升很快,逐步占据主体地位。

(二)从 1993 年到 2005 年,经济处于加快发展阶段

自 1992 年"南方谈话"以后,经济潜能得到进一步释放,港口的开发建设,科技园区外资的高强度吸纳,进一步带动了宁波经济发展。在这阶段,经济增速年均达到了 15%,经济总量从 200 亿元上升到 2400 亿元,一、二、三产业比重也由 17：60：23 转变成 5：55：40。第一产业比重继续下降,第二产业比重也略有下降,而第三产业比重大幅提升。这一阶段属于工业化中后期阶段,第二产业继续发展,但其比重开始缓慢下降,第三产业比重不断上升。

(三)从 2006 年至 2010 年,经济处于向集约化增长方式过渡阶段

企业加大自主创新投入,经济增长从"数量"的增加往"质量"的提高方向转变。党的十七大提出了要"转变经济发展方式",经济增长由主要依靠增加物质资源消耗向主要依靠科技进步、劳动者素质提高、管理创新转变。在这阶段,经济增长年均也达到了 12%,经济总量从 2400 亿元上升到 5000 亿元,一、二、三产业比重也相对稳定。第一产业占比继续下降,从 2000 年的 8.2% 降到 2006 年的 4.8%;这一阶段也属于工业化中后期阶段,并努力向工业化高级阶段转变的时期,第二产业比重由 2000 年的 55.6% 缓慢下降到 2006 年的 55%;第三产业比重稳步上升,由 2000 年的 36.2% 提高到 2006 年的 40.2%。

(四)2011年以来,宁波经济处于转型发展期

进入"十二五"以来,国内外环境发生深刻变化,面临日益增多的风险和挑战,外需拉动乏力,工业增速回落,资源环境约束明显增强,经济发展速度放缓,2011—2016年年均仅增长8.4%,明显低于改革开放以来的平均增速。对比2006年和2016年宁波与副省级城市经济总量、财政收入、投资、外贸等主要总量指标排名变化情况,总体呈下降态势:地区生产总值在2006年达到最高的第5位之后逐年回落,2016年落至第9位;地方公共财政预算收入由2006年的第4位落至2016年的第8位;固定资产投资由2006年的第5位滑落至2016年的第11位;进出口总额排名深圳、广州之后,列第3位,依然保持了外贸大市的地位。与其他副省级城市相比,宁波除了外贸仍保有优势之外,经济总量、财政收入、投资等已无优势可言,以出口为主导的粗放式的区域经济增长模式难以为继,经济发展的主要动力转换异常迫切,宁波经济已进入新常态下的以"换挡提质"为主要特征的转型发展期。

二、转型发展阶段宁波经济增长的动力构建

(一)需求动力由外需驱动转向主要依靠内外需求共同驱动

宁波经济外向性特征明显,长期以来对外开放是支撑经济增长的重要动力,2008年国际金融危机爆发后,宁波对外贸易明显回落,1985年以来我市外贸进出口年均增长37.5%,而"十二五"以来年均仅增长6%;2012年以来按支出法测算的货物和服务净流出均为负增长,外需对宁波经济增长的驱动作用显著降低。但开放型经济依然是宁波发展的重要支撑,"十二五"初期外贸依存度仍然超过100%,近几年虽有所下降,但2016年仍高达84.5%,外贸自营进出口总额也于"十二五"期间突破千亿美元,2011—2016年累计实际利用外资111.2亿美元。宁波处于海上丝路和长江经济带交汇

处,国家实施"一带一路"战略,有利于宁波发挥港口和开放优势,在更广领域、更高层次上参与国际竞争与合作,"十二五"以来累计新批境外企业和机构 691 家,核准境外中方投资 49.3 亿美元,境外投资遍及五大洲 106 个国家和地区。同时,宁波经济的产业门类齐全、产品丰富,企业适应市场竞争的能力较强,当前国家已将"构建扩大内需长效机制,促进经济增长向依靠消费、投资、出口协调拉动转变"作为重大发展战略,尤其是把扩大消费需求作为扩大内需的战略重点,2011—2016 年社会消费品零售总额、固定资产投资年均增幅分别达到 15.1% 和 18.3%,消费增速与"十一五"期间基本接近,而投资增速与"十一五"期间年均 9.9% 的平均增速相比还高出 8.4 个百分点,从消费和投资对经济增长的贡献看,也呈稳中有升态势。经济增长由内外需求共同驱动的态势将在今后几年持续显现。

(二)产业增长动力由产业规模扩张转向结构调整

改革开放以来,宁波经济增长主要依靠产业规模的扩张,长期积累的一些结构性、素质性问题仍未得到根本解决。从产业结构看,工业大而不强,传统产业竞争优势逐渐弱化,新兴产业竞争优势仍未确立,2016 年全市高新技术产业、战略性新兴产业增加值增速均低于全部规模以上工业增速,在浙江省 11 个地市中排名靠后;全年规模以上工业电子信息制造业增加值为 243.9 亿元,占全部规模以上工业增加值的比重为 9.6%,同比增长 4.7%,低于浙江省平均水平 3.5 个百分点,与杭州 14.3% 的占比、16.2% 的增速更是相去甚远。服务业占 GDP 比重虽由 2010 年的 40.6% 提高到 2016 年的 44.1%,但仍低于全国、浙江省平均水平,同时宁波市服务业还是以批发零售业、交通运输业等传统行业为主,信息、科技、商务等现代新兴服务业比重不高。这些结构性矛盾制约了经济的持续增长,因此宁波以优化产业结构推动经济增长的空间依然很大。放眼全球看,第三次工业革命和工业4.0 等正悄然发生,新材料、新能源、生物医药等新兴产业蓬勃发展,大数据、互联网、信息化等催生了大批新产业、新经济、新业态、新模式。科技创新和产业变革向纵深推进,将为宁波集聚国内外创新资源和要素、发展战略性新兴产业、拓展转型升级发展新空间等带来重大战略机遇,有利于加速构建新经济增长结构。

(三)要素动力由物质投入转向科技文化创新

近年来,宁波转变经济发展方式取得积极进展,但主要依赖资源要素投入的以"三高一低"(高投入、高能耗、高排放、低效益)为特征的传统的粗放型增长模式还没有根本性改变,水质、大气、土壤等环节污染较为严重,生态环境问题日益突出。在要素约束趋紧、科技革命深入发展的背景下,创新已成为经济发展的第一驱动力,也成为国内外主要经济体的战略抉择,而支撑一个城市或地区发展的实力和影响力从根本上来说还是靠科技、环境和文化等软实力的培育和发展。推进经济发展逐步由主要依靠增加物质资源消耗向主要依靠科技进步、劳动者素质提高、管理创新转变。在这一转变过程中将更加凸显以文化为核心、以科技为基础、以生态为关键的"软实力"的培育提升和创新发展。为此,要牢固坚持实施创新驱动发展战略,集聚创新机构、创新人才、创新企业,促进创新成果向现实生产力转化,不断提高科技创新、产业创新、文化创新对经济发展的贡献率。2016 年全市研究与试验发展经费支出占 GDP 比重提高到 2.31%,高等教育毛入学率达到 57%,各类人才资源总量达到 167.8 万人,年末全市专利授权量达 43286 件,居副省级城市首位,经济发展的创新驱动模式已具雏形。

(四)城乡动力由传统城镇化转向以人为本的城乡一体化发展

近年来,宁波城镇化进程加快推进,2016 年以常住人口计算的城镇化率已达 70.3%,但城镇化进程仍然存在诸多问题,主要表现在大量在城镇居住的农业转移人口仅实现了地域转移和职业转换,户籍人口城镇化率仅37%,既没有完全实现在城镇落户,更没有实现地位的转变,社会保障制度不尽完善,基本公共服务均等化还有不少提升的空间,城乡区域间的公共服务水平差距较大。"十三五"时期国家将深入推进新型城市化,力促 3 个"一亿"人口落户城镇,并在农业转移人口市民化、投融资体制改革、社会保障体制创新等领域推出一系列重大举措。宁波作为国家新型城市化综合改革试点城市,国家实施新型城镇化战略不仅创造大量新的投资需求,而且也将极大地带动宁波消费需求,尤其是推动新消费升级,成为拉动经济增长的新引擎。要抓住国家户籍制度改革等契机,加速以人为本的新型城镇化建设,推进城乡二元结构向城乡一体发展的根本性转变。

(五)体制动力由政府主导转向市场决定

改革开放以来,我国逐步形成以政府为主导、以市场为基础、以资本积累与对外出口为主动力的增长方式,这一增长模式既支撑了经济的持续扩张,但也累积着诸多矛盾。我市体制改革总体上走在全国、浙江省前列,但一些重点领域和关键环节改革仍未到位,制约发展方式转变的深层次体制机制障碍仍然存在。宁波民营经济和县域经济相对发达,随着中央到地方一系列简政放权措施的实施,资源配置的主导权逐渐回归市场,2013年宁波民营经济增加值占全市GDP的比重为66.6%,与2008年相比,比重提高了4.2个百分点。"十三五"时期是我国全面深化改革的关键时期,国家将在行政体制、经济体制、社会体制、生态体制等领域,继续推出一系列事关长远发展的重大改革举措,改革创新将贯穿于经济社会发展全过程,这将有利于进一步激发宁波改革的动力,破除约束经济发展的体制弊端,再创经济体制新优势,增强经济发展动力活力。

三、"十三五"宁波经济增长动力的定量预测与分析

通过对新时期宁波经济增长动力转换的分析,"十三五"时期,内外需协调拉动、结构调整、科技创新、新型城镇化和深化改革将成为新的动力构成来源。我们选取能够反映"十三五"时期宁波经济增长动力的相关指标,通过自回归差分移动平均模型预测,对转型发展阶段宁波经济增长动力进行预测和分析。

(一)指标选取和数据收集

根据"十三五"时期宁波经济增长动力的转换分析,我们选取了反映内

外需求、结构调整、科技创新、区域协调发展、新型城镇化和深化改革的核心
指标，对新阶段宁波经济增长动力进行量化分析，指标选取如下：

表1　模型指标

层面	增长动力	核心指标	代码	单位
输入层	内外需求	社会消费品零售总额增长率	N1	％
		固定资产投资增长率	N2	％
		外贸依存度	N3	％
	结构调整	服务业占GDP比重	N4	％
		居民消费占GDP比重	N5	％
		高新技术产业占规上工业增加值比重	N6	％
	科技创新	R&D经费投入占GDP比重	N7	％
		发明专利授权量增速	N8	％
		全员劳动生产率	N9	万元/人
	新型城镇化	常住人口城镇化率	N10	％
		城镇化质量系数	N11	％
	改革创新	机关事业单位从业人员占城镇单位从业人员比重	N12	％
		民间投资占全部投资比重	N13	％
		民营经济占GDP比重	N14	％
输出层	经济增长	GDP增长率	GDP	％

根据模型变量选取结果，结合数据可获得性，我们搜集了15个反映宁
波经济增长以及增长动力的核心指标。考虑到经济增长受到近期因素影响
较大，以及宁波所处的经济周期阶段，时间序列的跨度设定为2005—2016
年，数据来源于《宁波统计年鉴》及相关统计调查制度，个别指标部分年份数
据因为口径调整造成数据空缺，适当进行了插补。

表 2　模型指标相关数据

序号	核心指标	2005	2006	2007	2008	2009	2010	2011	2012	2013	2014
1	社会消费品零售总额增长率(%)	14.3	16.5	17.7	19.9	14.5	18.8	18.4	15.4	13.2	13.5
2	固定资产投资增长率(%)	23.6	11.4	5.2	8.4	15.5	9.4	17.2	21.6	18.0	16.6
3	外贸依存度(%)	112.1	117.1	125.6	119.4	95.8	108.3	104.4	92.3	86.7	84.5
4	服务业占GDP比重(%)	39.8	40.2	40.2	40.3	41.4	40.6	41.2	43.3	44.8	44.1
5	居民消费占GDP比重(%)	30.9	31.1	31.3	31.4	31.6	32.2	32.3	33.0	31.3	31.8
6	高新技术产业占规上工业增加值比重(%)	22.3	23.6	24.8	26.2	27.78	29	30.2	31.3	33.4	35.2
7	R&D 经费投入占 GDP 比重(%)	0.88	1.19	1.23	1.33	1.47	1.66	1.89	2.04	2.20	2.31
8	发明专利授权量增速(%)	12.1	27.4	46.5	72.4	58.8	50.7	34.4	27.1	8.8	26.1
9	全员劳动生产率(万元/人)	6.0	6.8	7.9	9.0	9.8	11.3	12.5	13.3	14.3	15.0
10	常住人口城镇化率(%)	66.9	67.1	67.22	67.59	67.7	68.3	69	69.4	69.8	70.3
11	城镇化质量系数	0.490	0.503	0.512	0.517	0.523	0.523	0.523	0.527	0.529	0.531
12	机关事业单位从业人员占城镇单位从业人员比重(%)	23.0	20.3	19.2	18.0	16.2	16.1	14.0	14.3	15.1	15.0
13	民间投资占全部投资比重(%)	42.6	42.3	43.2	42.9	41.6	47.7	48.1	47.2	50.7	49.0
14	民营经济占GDP比重(%)	60.4	61.1	61.8	62.4	62.5	63.7	64.8	65.3	66.6	67.1
15	GDP 增长率(%)	12.3	13.6	14.7	10.3	8.7	13.0	10.3	7.5	8.1	7.6

(二)预测结果及分析

通过运算处理及结果判断,ARIMA 模型的参数选取为(1.1.1)。从模型统计变量看,模型回归的效果较好,R－squared 为 0.829,异常值的数量为 0。从预测结果看,"十三五"时期,宁波经济增长的长期趋势仍然将会较为平稳,增长区间下移到 10% 以内,2015 年增长 7.4% 左右;2016—2020 年增速区间可能位于 6.9%—7.3% 之间,呈现稳中略降的特点,但不会出现大起大落,总体仍将位于"合理区间"。

表 3 2015 年及"十三五"期间 GDP 预测

模型		2015	2016	2017	2018	2019	2020
GDP－模型_1	预测	7.40	7.31	7.28	7.19	7.06	6.87
	UCL	12.17	14.15	15.28	16.01	17.04	18.11
	LCL	2.63	0.48	−0.73	−1.63	−2.93	−4.36

注:UCL 和 LCL 分别表示预测区间的上限和下限。

采用上述方法对反映内外需求、结构调整、科技创新、新型城镇化和深化改革等经济发展动力的核心指标进行预测分析,对未来宁波经济增长动力演变进行分析(过程略),结果汇总如下。

表 4 2015 年及"十三五"期间相关指标预测

模型		2015	2016	2017	2018	2019	2020
N1－模型_1	预测	12.95	12.65	12.24	11.84	11.40	10.95
	UCL	19.06	20.05	21.05	21.77	22.37	22.85
	LCL	6.84	5.26	3.43	1.91	0.44	−0.95
N2－模型_1	预测	15.07	14.76	14.33	14.01	13.53	13.37
	UCL	38.72	51.38	60.68	68.50	74.92	81.25
	LCL	−8.57	−21.86	−32.02	−40.47	−47.86	−54.50
N3－模型_1	预测	0.85	0.83	0.79	0.78	0.76	0.75
	UCL	1.04	1.18	1.26	1.38	1.48	1.61
	LCL	0.65	0.49	0.33	0.18	0.03	−0.11

续　表

模型		2015	2016	2017	2018	2019	2020
N4－模型_1	预测	45.50	46.17	47.08	48.04	49.15	49.81
	UCL	49.04	50.53	52.20	53.78	55.56	56.37
	LCL	41.96	41.81	41.97	42.30	42.73	43.25
N5－模型_1	预测	31.91	32.02	32.19	32.42	32.59	32.79
	UCL	33.61	33.97	34.47	35.17	35.76	36.46
	LCL	30.21	30.06	29.92	29.68	29.42	29.12
N6－模型_1	预测	36.15	37.25	38.29	39.15	39.95	40.60
	UCL	40.93	42.32	43.50	44.26	44.98	45.61
	LCL	31.37	32.18	33.08	34.04	34.93	35.59
N7－模型_1	预测	2.38	2.50	2.60	2.68	2.74	2.81
	UCL	2.96	3.03	3.19	3.32	3.39	3.46
	LCL	1.80	1.98	2.02	2.05	2.09	2.15
N8－模型_1	预测	25.22	24.54	24.02	23.61	23.29	23.04
	UCL	64.21	73.93	78.73	81.30	82.70	83.48
	LCL	−13.77	−24.84	−30.69	−34.08	−36.12	−37.39
N9－模型_1	预测	15.65	16.94	18.28	19.51	20.50	21.40
	UCL	19.34	21.18	23.04	24.78	25.80	26.75
	LCL	11.96	12.70	13.53	14.24	15.20	16.05
N10－模型_1	预测	70.80	71.32	71.60	71.96	72.24	72.43
	UCL	71.87	72.68	73.05	73.37	73.67	73.85
	LCL	69.73	69.96	70.14	70.54	70.80	71.01
N11－模型_1	预测	0.53	0.53	0.54	0.54	0.55	0.55
	UCL	0.55	0.55	0.56	0.56	0.57	0.57
	LCL	0.52	0.52	0.52	0.52	0.53	0.53
N12－模型_1	预测	15.05	14.90	14.76	14.64	14.56	14.48
	UCL	18.62	20.10	21.23	22.14	22.86	23.23
	LCL	11.48	9.70	8.29	7.14	6.27	5.74

模型		2015	2016	2017	2018	2019	2020
N13－模型_1	预测	48.16	49.91	51.68	53.20	54.58	55.16
	UCL	54.21	59.23	64.10	68.27	72.18	75.95
	LCL	42.11	40.59	39.26	38.12	36.98	34.36
N14－模型_1	预测	67.60	68.40	69.15	69.90	70.60	71.10
	UCL	70.55	71.27	72.05	72.71	73.29	73.81
	LCL	64.65	65.53	66.25	67.09	67.91	68.39

从模型输出结果,结合上述指标 2005 年以来走势变动情况,宁波经济增长动力预测变动结果为:

一是内外需协调拉动将成为经济增长的主要支撑。2011 年以来,宁波最终需求和资本形成总额增势平稳,占 GDP 的比重稳中有升,对经济增长点贡献逐步增强,从模型回归结果看,未来五年宁波社会消费品零售总额增速可能维持在 11%—13% 之间;固定资产投资增速虽然从 18% 左右的高位回落到 15% 以下,但仍将保持较快增长,增长区间可能维持在 13%—15% 之间。对外贸易虽然受到外需疲软影响,出口增速下滑,但从预测情况看,"十三五"期间宁波市外贸依存度仍将保持在 75% 以上,外向型经济仍是宁波发展的重要支撑,内外需求的拉动将更趋于协调。

二是结构调整对经济增长的促进作用将逐步提升。从预测结果看,"十三五"时期宁波经济结构优化趋势明显,对经济增长的支撑力将逐步显现。从服务业增加值占 GDP 比重看,未来几年宁波服务业占 GDP 比重将保持稳步提升态势,2020 年将接近 50%。从居民消费占 GDP 比重看,宁波居民消费占 GDP 比重也将保持稳步提升态势,预计"十三五"末达到 32.8%。工业内部结构也趋于优化,高新技术产业将呈现较快增长,占 GDP 的比重将呈现明显的提升态势,2020 年有望超过 40%。

三是科技创新对经济增长的驱动力将显著增强。从预测结果看,"十三五"时期宁波科研投入的强度将不断提高,科技对经济增长的贡献率显著提高。2020 年,宁波 R&D 经费投入占 GDP 比重将达到 2.8%,比 2016 年将提高 0.5 个百分点。从发明专利授权量增速情况看,未来几年宁波发明专利授权量仍将保持较快增速,年均增速预测在 20％以上。在创新驱动下,经济运行效率将稳步提高,预计 2020 年全员劳动生产率将比 2016 年提高 37％。

四是新型城镇化对经济增长的新引擎作用将充分发挥。未来几年是宁波加快新型城镇化发展的关键时期,城乡一体化加快发展将成为经济增长的新引擎。从预测结果看,未来几年宁波城镇化水平将持续提升,2020 年将达 72.4％的水平,比 2016 年将提高 1.4 个百分点左右。由户籍人口城镇化率与常住人口城镇化率之比计算的城镇化质量系数也将保持稳步提升,预计 2020 年宁波城镇化质量系数达到 55％,城市中"半城镇化"的人口将逐步实现市民化,为经济增长提供稳定动力。

五是深化改革对经济增长的红利将不断释放。从反映改革创新的主要核心指标预测情况看,宁波深化改革将取得明显成效,改革将成为经济增长的"最大红利"。从民间投资占全部投资的比重看,随着民营资本准入门槛的放宽,2020 年宁波民间投资占 GDP 比重将超过 55％,成为推动经济增长的重要动力。从民营经济占 GDP 的比重看,随着国家促进民营经济发展各项政策措施的落实,预计 2020 年宁波民营经济占 GDP 的比重将突破 71％,比 2016 年提高 4 个百分点。从机关事业单位从业人员占城镇单位从业人员比重预测看,2020 年该指标将下降到 14.5％左右。

四、促进宁波经济增长动力转型升级的对策建议

根据宁波经济发展阶段的新环境和新要求,适应增速换挡、经济转型、动力转换的新常态,在"十三五"时期,宁波要围绕协调内外需求、结构优化、科技创新、城乡一体化发展、发挥市场决定性作用等方面构建新的动力机制,培育经济新增长点,实现经济发展的新跨越。

(一)扩大内需的同时主动融入国家"一带一路"战略,经济增长动力立足于内外需求协调发展

"十三五"时期,要抢抓国家"一带一路"、长江经济带等战略契机,充分发挥港口优势、开放优势和海洋经济优势,把宁波建设成为"两带一路"建设的重要节点城市、全方位开放门户区和网上丝绸之路试点城市,打造辐射长三角、影响华东片的港口经济圈,全方位提升宁波对内外开放的战略地位。同时,考虑到"十三五"时期内外发展环境的变化,宁波经济增长不能单纯依靠外需,扩大内需特别是消费需求,对于经济增长的支撑作用就显得尤为重要。一要下大力气扩大居民消费需求,建立居民收入和消费与经济同步增长的联动机制,进一步完善社会保障制度,增加财政对低收入群体的转移支付。扩大服务消费,重点发展养老、健康、旅游、文化等服务。要促进信息消费,鼓励电子商务创新发展。二要发挥好投资的关键作用,积极增加有效投入,大力优化投资结构。发挥好政府投资的引导带动作用,进一步突出重点,加大民生领域投入。切实落实好民间投资"36 条",明确和细化鼓励民间投资的各项政策措施,为民间投资发展营造更多发展机遇、创造更大发展空间,充分释放民间投资潜力,实现民间投资与公共投资的互动协调。

(二)推动产业发展向高端迈进,经济增长动力立足于结构优化

"十三五"时期,宁波经济增长要以结构优化升级为着力点,推动产业发展迈向中高端,从而为经济持续健康发展提供重要的基础。一是抓住第三次工业革命孕育带来的新契机,顺应全球新产业革命的发展趋势,推动科技、生产方式、产业组织、管理模式的创新,推动战略性新兴产业发展。二是促使传统工业从"规模扩张"向"优化提升"转变,适度控制规模、择优发展,为结构优化和内涵提升创造空间,以信息化与工业化的融合及跨界协同创新为重点,推动传统工业转型升级。三是以推进国家服务业综合改革试点、国家电子商务示范城市和国家跨境电子商务试点城市等为重要契机,加快生产性服务业创新发展;围绕满足人民群众多层次多样化需求,大力发展生活性服务业,推进服务业跨越式发展。以培育壮大战略性新兴产业来调

"高"，以改造提升传统产业来调"优"，以加快发展现代服务业来调"轻"，加快产业转型升级，构建现代产业体系。

(三)实施创新驱动发展战略，经济增长动力立足于科技创新和人力资本素质提高

"十三五"时期，宁波要紧紧把握新产业革命的发展趋势，以完善创新服务体系、提高创新发展能力为核心，以发展创新型经济、提升城市核心竞争力为主攻方向，建立以企业为主体、市场为导向、产学研相结合的技术创新体系，充分释放科技创新潜力，不断凸显创新驱动的倍增效应。突出企业创新主体地位，建立健全企业主导产业技术研发创新的体制机制，着力将创新资源引入企业，将研发机构建在企业，将科技服务覆盖到企业，将创新政策落实到企业，鼓励企业加大研发投入和扩充人才储备。围绕产业链部署创新链，围绕创新链完善资金链，推动创新成果产业化和商品化，促进科技与经济紧密结合。全面提高劳动者素质，开发、培育和创造"新人口红利"。

(四)推进新型城镇化建设，经济增长动力立足于城乡发展一体化

"十三五"时期，宁波要以新型城市化为主导，着力优化城乡区域空间布局，着力完善城乡基础设施，努力构建功能定位清晰、要素配置均衡、空间集约集聚、人与自然和谐相处的城乡区域发展新格局，积极稳妥地推进以人为核心的新型城镇化和城乡发展一体化。要把促进符合条件的农业转移人口市民化作为推进新型城镇化的重点，通过统筹推进户籍制度改革与逐步实现城乡公共服务均等化，把有能力、有意愿、长期在城镇就业的农民工及其家属逐步转为城镇居民，使在城镇就业居住但未落户的城镇常住人口能够享受城镇基本公共服务，加快推进农民市民化进程，实现发展成果的城乡共享。

(五)激发发展活力和动力，经济增长动力立足于深化改革

"十三五"时期，宁波要实现经济的持续健康发展，就要紧紧围绕使市场

在资源配置中发挥决定性作用和更好发挥政府作用,正确处理好政府与市场的关系,放开用活市场这只"无形的手",管住用好政府这只"有形的手",做到"无形的手"和"有形的手""手牵手向前走",充分释放体制机制创新红利,不断激发社会创造力和区域发展活力。充分发挥宁波民营经济发展优势,鼓励发展混合所有制经济,以混合所有制推进国有企业改革,强化经济体制改革的牵引作用。围绕转变职能和理顺职责关系,制定并公开各部门行政审批事项清单,逐步建立政府及其工作部门权力清单制度,依法公开权力运行流程,接受社会监督。进一步简政放权,最大限度地减少行政审批事项、环节和前置条件。破除各类制约创新发展的桎梏,全面落实"非禁即入"原则,激发民间创新创业活力。

课题负责人:汤柏生

课题组成员:陈　科　陈海龙

李　丽　吴春益

[参考文献]

[1] 国家统计局综合司,江苏省统计局. 转型发展新阶段中的江苏经济增长动力演变[J]. 研究参考资料,2014(57).

[2] 国家统计局综合司,上海市统计局. 转型期上海经济增长动力研究[J]. 研究参考资料,2014(62).

[3] 刘升阳. 转型期中国经济增长动力研究[D]. 郑州:郑州大学,2005.

[4] 宁波市发展规划研究院. 宁波市"十三五"时期经济社会发展基本思路研究[R]. 宁波:宁波发展和改革委员会,2015:1-55.

统计信息化背景下完善统计数据质量对策研究

一、引　言

统计信息化建设一直是统计建设的核心内容,是社会经济信息化建设的重要组成部分。近几年来,政府统计信息化建设取得了阶段性的成果,以国家统计局为核心,各省级统计局和国家调查总队为辅的国家统计信息主干网络系统已基本建成,并已实现统计数据录入、汇总和存储的电子化、数据库化,基本实现了统计数据上报的网络化。这些措施不仅提高了政府统计的信息化水平,变革了统计生产方式,也为提高统计数据质量提供了良好的基础。

然而,统计信息化带来的统计数据具有海量、非结构化、实时、多元和电子化易处理等特点,在这种情况下保证统计数据质量并非易事,数据质量中一些原本微不足道的问题,在统计信息化带来的大数据面前将会凸显,甚至会给政府统计数据质量带来灾难性的伤害。因此,如何保证统计信息化环境下数据的质量,已经成为统计部门亟待解决的问题。

二、统计信息化环境下统计数据质量影响因素分析

浙江省统计信息系统建设始于 20 世纪 80 年代中期,经过近 30 年的发展,浙江省统计信息系统建设已初具规模,其显著标志是数据数字化,规模

计算机器化。我省统计信息化发展过程具体可归纳为三个阶段:第一阶段为计算机初步应用阶段,主要是数据录入、存储、加工处理和初步分析等,暂时不涉及专门的计算机软件;第二阶段是针对统计管理信息系统的设计、实现与应用。相对于第一阶段来讲,统计管理信息系统可以更专业化地快速处理统计信息,使得信息使用者更加方便;第三阶段结合了互联网技术的应用,即在大数据背景下,将传统的统计管理系统与现代信息技术相结合。

统计信息化带来的数据质量问题极为复杂,既有技术性的因素,又有非技术性的因素。虽然云计算、大数据技术等技术性因素的发展使得统计数据质量有了飞跃性的跨越,不过由于管理与体制等非技术性因素的存在使得现有统计数据质量仍存在统计数据失真、适用性不强、数据发布时间滞后、统计口径不统一、数据共享性较差等问题。如1978—2015年存在中央GDP数据一直小于各地区GDP综合,行业、产业与政府统计之间口径不一,政府统计发布数据晚于民间或者企业统计结果等问题。因此科学、及时地发现政府统计数据质量存在的问题与不足,积极采取相应改进措施,成为保证政府统计数据质量不可或缺的环节。

本研究结合现有文献的研究,认为统计信息化背景下政府统计数据质量存在的问题,主要来源于流程、技术和管理三个层面,如图1所示。

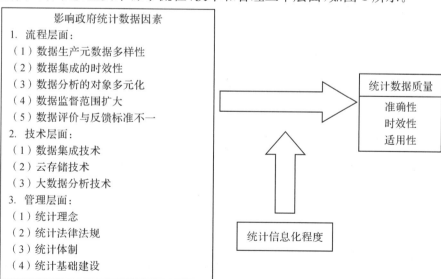

图1 统计信息化背景下统计数据质量影响因素框架模型

(一)流程层面

在统计信息化环境下,从统计数据采集到最终数据消费的每个过程都在时时刻刻发生着变革,这些变革都会影响统计数据的质量。

1.统计数据生产阶段

统计信息化背景下统计数据生产类型多样,视频、图片、文本等非结构化、异构数据的产生一方面使得政府统计数据类型更加完整、多样,另一方面统计数据产生速度过快,容易造成统计速度跟不上数据产生速度。另外由于不同政府部门、企业生产的数据标准的不统一,容易产生新的信息孤岛。

2.统计数据集成阶段

数据集成包含统计数据采集和加工整理。这阶段的主要问题为:非结构化、异构等统计数据的采集对技术、人员要求越来越高,统计数据采集需要更加智能化,对时效性要求更高;要将传统方式与现代信息网络技术相结合,擅于从大数据中进行再过滤、再选择(李金昌,2014);数据集成阶段政府统计数据的海量、多样性、并发性高等特点对于统计数据存储的挑战更加严峻。典型案例有上海钢联大宗商品交易指数的编制以及数据采集利用信息化手段与技术比政府统计部门 PPI 指数发布提前两个月。

3.统计数据使用阶段

这阶段的主要问题有:数据孤岛情况依旧严重,统计数据共享进展依旧缓慢;数据利用率不高,传统的统计方法、统计模式、统计技术对于新的数据分析要求而言相对滞后,比如 google 流感预测比政府统计部门发布结果提前一个多月。

4.统计数据监督阶段

这阶段主要问题有:缺乏对于网页、图片、电子元件等新的数据类型对应的统计数据监督技术和手段以及法律法规;没有完整的监督体系,对于统计数据的监督力度不高。

5.统计数据评价与反馈

这阶段主要问题有:缺乏信息化新背景下统计数据质量统一的评价体系,不同统计部门、企业统计评价方法与体系各异使得统计数据质量可比性较弱;对统计数据质量的反馈信息不够重视,反馈速度缓慢。

(二)技术层面

在统计信息化背景下,物联网、云计算、模式识别等技术的迅速发展,使得传统政府统计下的问题得到有效的解决,但政府统计部门结合现代大数据技术的同时仍会产生一些问题(杜栋等,2015),具体表现为:虽然现代统计调查中已经采用智能数据收集工具(如 PDA),但仍存在基层民众使用不够流畅,数据采集过程中输入错误难修改等问题;统计部门利用大数据分析技术相对较少,和一些巨头互联网企业对于大数据分析技术研发的投入相比,统计部门不仅投入研发不足,人才引进力度也相对较小;此外,对于云存储的应用,主要集中在一些大的互联网公司,政府统计部门对于云存储使用不太普及,担心放在其他云上会信息泄露。统计技术与云计算技术的融合是一种优势互补(李金昌,2014),面对大量的非结构化数据,要在不断创新与发展统计技术的同时,紧紧依靠现代信息技术,真正把统计思想与统计分析相结合,达到研究的目的。

另外统计数据处理应用软件存在不统一问题。各地自行开发的网络直报平台和数据采集系统较多,很少有形成行业统一认可的系统,采用不同的数据处理软件,无形中增加了重复投资造成的资金浪费问题。针对目前推出的"企业一套表"试点软件系统目前还处在试验阶段,有待进一步地推广,并且需要向其他专业部门扩展和延伸。

(三)管理层面

1.统计体制

统计信息化背景下,虽然统计制度变革更为快速,但仍存在一些问题。

(1)政府统计部门负责收集、整理、发布统计结果,统计过程缺乏透明度,对于统计数据挖掘与分析较浅,数据利用率不高。(2)统计数据共享度较低。主要表现在:从统计需求角度来看,统计数据主要有三类,第一类是政府统计数据,主要是国家宏观经济统计数据,来自政府统计系统和相关的专业职能部门。第二类是各类不同领域、不同规模和不同指标的调查数据,由不同研究主体独立设计经过抽样调查而获得,缺乏可比性和连续性。第三种类型是社会科学研究中常用的科学实验数据。另外,社会科学研究中还会经常用到一些可信度比较高的二手数据。目前统计数据间共享的是第一类数据,由于调查方式与系统差异,存在比较严重的第一类和第二、三类数据间共享问题。

2.统计法律法规

从执法角度来看,对于统计信息化背景下统计数据弄虚作假处罚的相关法律法规相对匮乏,监管部门也缺乏具体的指导纲领。从监管的角度来看,对于企业统计数据弄虚作假行为不够重视,惩罚力度较小,职责权限界定不清晰;其次,对于地方统计部门监管力度更低,人为干扰严重。从信息化背景来看,网页、文本、视频等多类型政府统计数据的出现使得数据监管出现黑洞,迫切需要新的监管条例以及监管体系的建立。

3.统计基础建设

统计信息化背景下,统计基础建设问题主要表现在:相当于统计技术的快速提升,基层统计力量相对薄弱,基层人才人员队伍也相对落后;统计调查方法相对滞后,虽然已开始使用联网直报平台等信息化工具,但整体推进较慢,统计调查方法仍沿用传统方法。

三、提高信息化背景下统计数据质量的对策

根据统计信息化背景下统计数据质量影响因素分析,本研究将沿着"流程—技术—管理"的路径提出相应对策。

(一)流程视角的对策

统计信息化背景下统计数据的形成是一个生态系统,因此本研究将从"一体五面"流程体系提出相应的对策。一体是数据质量控制与评估体系,五面是数据生产、数据集成、数据使用、数据监督、数据评价与反馈。

1.建立科学的政府统计数据质量控制与评估体系

政府统计部门应进一步增强管理意识,利用信息化平台,建立专门的统计数据质量监控和评估机构和统计产品质量保障体系,并对统计数据生产的全过程实行监控,提高统计数据的完整性和透明度,并形成长效机制。详见图2所示。

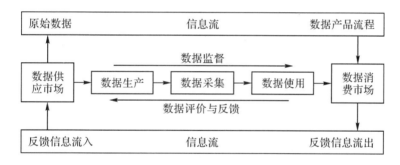

图 2　政府统计数据质量控制与评估体系

一般而言,传统政府统计数据主要基于各级统计调查数据汇总之后利用统计手段、统计方法等进行质量检测和控制,而随着统计信息化的不断推进乃至大数据时代的冲击,传统的统计手段、方法已经很难跟上数据质量检测和评估的步伐。云平台、网络直报系统、电子政务等一系列的信息化数据平台的建立使用为数据质量检测信息化提供了契机。本项目设想在政府云平台的基础上构建一套统计信息化环境下统计数据质量评估平台软件,此平台将直接连通网络直报、电子政务等信息化平台,将统计数据实时有效地集成到数据质量评估平台,通过数据质量检测评估法,解决政府统计数据总量指标与各省分量指标间的质量差异、宏观经济数据与微观企业数据之间的质量差异等一系列问题。而目前统计信息化环境下政府统计数据质量检测算法切实有效地仍以统计模型为原型。因此,本研究将以奔福德定律模型阐释数据质量平台软件运行原理。

奔福德定律数学表达式为:

$$P_n = \frac{\int_{\frac{n}{10}}^{n+1} P(x)dx}{\int_{1}^{10} P(x)dx} = \log_{10}(1+\frac{1}{n})n = 1,2,3,\cdots,9 \tag{1}$$

其中,P_n 代表概率。将 1、2、3、4、5、6、7、8、9 代入上式,可以得到各数字在样本数据首位上出现的期望概率,如表 1 所示,其概率分布如图 3 所示。

表 1　数字 1—9 在数据首位上出现的期望概率

	p_n	n	p_n
1	0.30103	6	0.066947
2	0.176091	7	0.057992
3	0.124939	8	0.051153
4	0.09691	9	0.045758
5	0.079181		

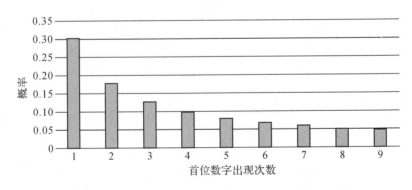

图 3　奔福德定律分布概率

奔福德定律主要利用首位数字出现的频率与理论分布对比来衡量统计数据的可信度问题。其标准差公式为:

$$S_i = (p_i \cdot (1-p_i)/n)^{\frac{1}{2}} \tag{2}$$

其中,S_i 表示从 1 到 9 每个数字的标准差;p_i 表示分布概率;n 表示样本量。

检验数据可信度可用 Z 检验来测度,其公式为:

$$Z = \frac{(\mid p_i' - p_i \mid - \frac{1}{2n})}{S_i} \tag{3}$$

其中,p_i' 表示被测数据的实际分布概率;p_i 表示奔福德定律的分布概率;n 表示样本量。下面举例详细说明统计数据质量的评估。

(1)社会经济总量指标的对数正态分布规律。本研究样本为 2016 年全国 31 个省市,衡量指标为 GDP,验证各省市分量与全国经济总量对数正态分布规律。根据中国统计年鉴(2015)与各省市统计年鉴(2015)(如表 2 所示),2016 年全国 31 个省市的 GDP 值最高为 67809.85 亿元,最低为 920.83 亿元。求 GDP 自然对数 lnx,lnx 在 6.83—11.12 的范围内变化,具体如表 3 所示。

表 2　国内生产总值(GDP)在各地区中分布频率表

地区	x/(亿元)	ln x	地区	x/(亿元)	ln x
北京	21330.83	9.97	湖北	27367.04	10.22
天津	15722.93	9.66	湖南	27048.5	10.21
河北	29426.15	10.29	广东	67809.85	11.12
山西	12802.6	9.46	广西	15672.89	9.66
内蒙古	18032.8	9.80	海南	3500.72	8.16
辽宁	28626.6	10.26	重庆	14262.6	9.57
吉林	14274.11	9.57	四川	28536.66	10.26
黑龙江	15039.4	9.62	贵州	9266.39	9.13
上海	23 567.60	10.07	云南	12814.59	9.46
江苏	65088.32	11.08	西藏	920.83	6.83
浙江	40173.03	10.60	陕西	17689.94	9.78
安徽	20,848.75	9.95	甘肃	6790.32	8.82
福建	24055.76	10.09	青海	2417.05	7.79
江西	15714.63	9.66	宁夏	2911.77	7.98
山东	59426.56	10.99	新疆	9273.46	9.13
河南	34939.38	10.46			

表3　国内生产总值在各地区中分布频率表

ln x	地区个数	占总数(%)
6.5—7.0	1	3.23
7.0—7.5	0	0
7.5—8.0	2	6.45
8.0—8.5	1	3.23
8.5—9.0	1	3.23
9.0—9.5	4	12.9
9.5—10.0	10	32.26
10.0—10.5	8	25.81
10.5—11.0	2	6.45
11.0—11.5	2	6.45

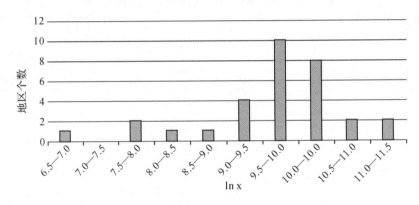

图4　国内生产总值分布直方图

从图4和表3可以看出,这种分布结构具有以下特征:

①GDP 对数分布 lnx 值主要集中在 9.0—11.0,在 7.5 以上部分呈正态分布,经济总量较大的省市和较小的省份相对较少。整体而言,lnx 近似服从正态分布。

②31 个地区的 GDP 值在 920.83 亿—67809.85 亿元,即 lnx 在 6.83—11.12 范围内,但有 18 个地区,其 lnx 在 9.5—10.5 之间,即 x 在 13359.72 亿—36315.50 亿元的范围内;有 23 个地区,其 lnx 在 9.0—10.6 之间,即 x 在 8103.08 亿—40134.83 亿元的范围内;有 30 个地区,其 lnx 在 7.79—

12.15 之间,即 x 在 2417.05 亿—67809.85 亿元的范围内。

③对 lnx 采用 K—S 法检验一种分布是否符合对数正态分布,经过检验,本例中 0.048<0.05,因而可以判定各地区生产总值的随机变量服从对数正态分布。

(2)政府统计数据质量的准确性检验。本项目选取 2016 年我国政府统计中的社会经济总量指标,以 31 个省市为对象,应用上述检验方法,检验社会经济总量指标服从对数正态分布。各项指标的选择如下所示。

经济指标:①总量:地区生产总值(x_1),资本形成总额(x_2),最终消费总额(x_3),固定投资总额(x_4),财政收入(x_5),财政支出(x_6);② 第一产业:第一产业生产总值(x_7),农业增加值(x_8),农业机械总动力(x_9),农作物播种总面积(x_{10});③ 第二产业:第二产业生产总值(x_{11}),工业增加值(x_{12}),工业企业数(x_{13}),建筑业总产值(x_{14}),建筑业企业数(x_{15}),房地产企业数(x_{16}),房地产开发总额(x_{17}),全社会施工总面积(x_{18}),全社会竣工房屋总面积(x_{19});④ 第三产业:第三产业生产总值(x_{20}),信息传输、计算机服务和软件业生产总值(x_{21}),邮电业务总量(x_{22}),计算机拥有总量(x_{23}),移动电话拥有总量(x_{24})。

社会指标:① 社会总体:社会销售品销售总额(x_{25}),人口数户数(x_{26}),按三次产业分就业人员数(x_{27}),就业工资总额(x_{28}),失业人口总数(x_{29}),居民消费总额(x_{30}),居民储蓄存款(x_{31}),客运量(x_{32}),货运量(x_{33});② 人民生活:交通事故发生数(x_{34}),城镇社区服务设施数(x_{35}),参加基本养老保险的人数(x_{36}),参加失业保险的人数(x_{37}),参加基本医疗保险的人数(x_{38}),卫生机构数(x_{39}),医疗机构床位数(x_{40}),民用车辆拥有量(x_{41})。

能源环保指标:① 能源:全社会用电量(x_{42}),浙江省电力生产量(x_{43}),浙江省能源生产量(x_{44}),浙江省能源消费总量(x_{45});② 环保:废水排放量(x_{46}),废气排放量(x_{47}),固体废物排放量(x_{48}),城市绿化覆盖面积(x_{49}),环境保护机构(x_{50})。

科学教育指标:①科技:专利授权量(x_{51}),专利申请量(x_{52}),R&D 研发经费支出(x_{53}),R&D 人员当时量(x_{54});②教育:高等学校数(x_{55}),高等学校招生数(x_{56}),高等学校在校学生数(x_{57})。

然后选取 2016 年我国政府统计中的 57 项社会经济总量指标,以 31 个省市为对象进行奔福德定律分析(即 n＝1767),评估结果如表 4 和图 5 所示。

表 4　首位数字各项测试结果

首位数字	p'_i	p_i	S_i	Z 值	可信度(%)
1	0.309156	0.30103	0.01091229	0.71873409	0.763847613
2	0.182024	0.176091	0.009061288	0.623535483	0.733533654
3	0.130823	0.124939	0.007865927	0.712062881	0.761787081
4	0.089232	0.09691	0.007037713	1.050772424	0.853318438
5	0.072288	0.079181	0.006423613	1.029021326	0.848265173
6	0.06028	0.066947	0.005945665	1.073729251	0.858527976
7	0.05149	0.057992	0.005560234	1.118484329	0.868319902
8	0.05528	0.051153	0.005241015	0.733452351	0.76835871
9	0.049427	0.045758	0.004971009	0.681156453	0.75211375

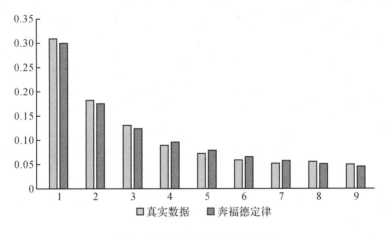

图 5　被检测数据数值分析结果

由表 4 和图 5 得知,被测数据基本上与奔福德定律吻合,1－9 出现的频率与奔福德基本吻合,同时数据可信度是非常高的,都在 80% 以上,说明 2016 年政府统计数据质量较好。

(3)异常点识别。指标变量的数据来源于中国统计年鉴(2015)与 31 个

省市统计年鉴(2015),整个过程应用 SPSS 软件,采用 K—S 法检验数据的
对数正态性。检验结果如表 5 所示。

表5　各省、市统计指标对数正态分布一法检验结果

地区	未通过指标	地区	未通过指标
北京	0	湖北	0
天津	0	湖南	0
河北	0	广东	0
山西	1	广西	0
内蒙古	1	海南	0
辽宁	0	重庆	0
吉林	2	四川	0
黑龙江	0	贵州	0
上海	0	云南	0
江苏	0	西藏	4
浙江	0	陕西	0
安徽	0	甘肃	1
福建	0	青海	0
江西	0	宁夏	2
山东	0	新疆	0
河南	0		

　　由表5可以看出,31 个省市在 57 项指标上仅有山西、内蒙古、吉林、西
藏、甘肃、宁夏5个省份个别指标出现问题,主要原因可能与具体省份对应
的指标不明确、数据纰漏等有关系。总体而言,全国经济总量与各省市社会
经济分量指标服从对数正态分布。

　　由表5分析结果可以看出,个别省份个别指标存在异常点,因此需要对
异常值进行识别排除加以分析。采用正态分布异常点的识别法,结果如表
6 所示。

表6 经济指标数据异常点识别

	相对拟合				相对拟合		
指标名称	显著性 α	误差 β(%)	异常点数	指标名称	显著性 α	误差 β(%)	异常点数
x_1	0.988	5.34	0	x_{30}	0.890	12.25	1
x_2	0.956	8.13	0	x_{31}	0.852	8.17	0
x_3	0.891	10.30	0	x_{32}	0.822	3.24	0
x_4	0.982	7.42	0	x_{33}	0.854	4.87	0
x_5	0.952	8.24	0	x_{34}	0.654	10.15	2
x_6	0.921	3.21	0	x_{35}	0.713	16.14	2
x_7	0.974	3.29	0	x_{36}	0.742	13.82	1
x_8	0.978	3.46	0	x_{37}	0.802	9.88	0
x_9	0.830	7.26	0	x_{38}	0.768	7.26	0
x_{10}	0.805	5.32	0	x_{39}	0.866	7.64	0
x_{11}	0.963	13.65	0	x_{40}	0.908	8.52	0
x_{12}	0.960	10.68	0	x_{41}	0.820	6.43	0
x_{13}	0.880	11.56	0	x_{42}	0.902	4.75	0
x_{14}	0.807	13.99	2	x_{43}	0.873	4.26	0
x_{15}	0.792	13.84	0	x_{44}	0.892	5.19	0
x_{16}	0.852	11.22	0	x_{45}	0.881	2.99	0
x_{17}	0.828	10.17	0	x_{46}	0.830	8.92	0
x_{18}	0.944	8.24	1	x_{47}	0.849	9.03	0
x_{19}	0.870	9.20	0	x_{48}	0.816	7.47	0
x_{20}	0.924	2.23	0	x_{49}	0.792	10.12	1
x_{21}	0.882	3.18	0	x_{50}	0.875	3.80	0
x_{22}	0.973	4.65	0	x_{51}	0.855	10.23	0
x_{23}	0.893	7.19	0	x_{52}	0.867	6.54	0
x_{24}	0.918	6.22	0	x_{53}	0.933	4.56	0
x_{25}	0.956	6.07	0	x_{54}	0.902	5.72	0
x_{26}	0.960	8.76	0	x_{55}	0.954	2.11	0

相对拟合				相对拟合			
指标名称	显著性 α	误差 $\beta(\%)$	异常点数	指标名称	显著性 α	误差 $\beta(\%)$	异常点数
x_{27}	0.968	5.13	0	x_{56}	0.847	3.30	0
x_{28}	0.845	9.18	1	x_{57}	0.783	8.18	0
x_{29}	0.876	8.73	0				

由表 6 可以看出：

①57 个指标中常用经济总量指标检验效果是比较好的,首先这是各省
市常用经济总量衡量指标,一般出入较小。其次,类似于交通事故、环保相
关指标检验效果相对差点,主要原因是全国和各省份在环保、事故等方面数
据重视度相对不太高。

②检验省份之中只有西藏、宁夏、吉林、山西、内蒙古、甘肃个别指标出
现异常。可能与这些省份经济水平、调查手段以及相关指标重视程度等有
关,后期测试时需要对省份指标数据进行检测修正。

（4）剔除异常数据后,重新测试。采用正态分布异常点的识别法进行异
常点的识别,结果如表 7 所示。

表 7　异常数据识别结果

地区	异常点数据	异常数据指标
山西	1	交通事故数
内蒙古	1	参加基本养老保险人数
吉林	2	房地产开发总额 交通事故数
西藏	4	城乡存储存款余额 交通事故数 参加失业保险人数 参加基本养老保险人数
甘肃	1	参加基本养老保险人数
宁夏	2	参加失业保险热书 城市绿化面积

剔除异常数据后,利用奔福德定律重新测试。测试结果如表 8 和图 7

所示。

表8 剔除异常数据后首位数字各项测试结果

首位数字	p'_i	pi	Si	Z 值	可信度（%）
1	0.307188	0.30103	0.01091229	0.53838697	0.70484504
2	0.180024	0.176091	0.009061288	0.402816307	0.656458318
3	0.129464	0.124939	0.007865927	0.539292395	0.705157442
4	0.0902864	0.09691	0.007037713	0.900951022	0.816192819
5	0.073452	0.079181	0.006423613	0.847814886	0.801729464
6	0.062283	0.066947	0.005945665	0.736845157	0.769391741
7	0.052324	0.057992	0.005560234	0.96849064	0.833600304
8	0.054892	0.051153	0.005241015	0.659420885	0.745187233
9	0.0500866	0.045758	0.004971009	0.813845826	0.792133361

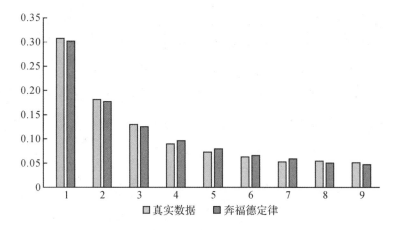

图6 删除异常点后被检测数据数值分析结果

从表8和图6的分析结果来看，在剔除了异常数据后，被测数据基本上是与奔福德定律吻合的，数据可信度也较高，但与之前测试没有明显大的变化，说明在大样本测试中，异常数据的存在对整体测试结果的影响并不明显。

综上所述，依托于统计数据质量评估软件设想，本研究主要验证了统计信息化政府统计数据质量检测算法的运行机制。

通过对奔福德定律的运用，验证了统计信息化数据质量检测算法的运行机制。剔除异常数据前后，所选取的指标数据分布与奔福德定律的相关程度都是比较高的,由 Z 检验的检验结果可以判断出政府统计数据质量的可信度是比较高的,并且在数据量大的情况下个别指标异常数据影响性较小。

2. 在数据生产方面要统一标准,统一口径

统计信息化背景下,统计数据早已突破结构性数据的范畴,GIS 地理信息、文本、图片等非结构化、异构数据的开发利用为提升政府统计数据质量提供了契机。因此,数据生产环节,一方面要制定数据编码、处理、共享、交换标准,出台大数据技术、协议、标准等规范;另一方面要建立数据资产访问、连接和共享机制,搭建数据资产交易平台,形成数据流转的层次化体系结构。

3. 建立基于数据仓库的政府统计数据集成平台

数据仓库具有数据挖掘、数据存储、数据整合等综合功能,可以实现多类型数据的存储,提升数据集成以及后期数据分析处理的效率,从而有效提高政府统计数据质量。

另外对于基层数据的收集,推广智能收集工具(如 PDA 等)实现点对点、点对面的数据收集,完善智能收集工具功能使其更加傻瓜式;对于抽样调查单位以及企业统计数据收集,利用联网直报系统等网络平台减少中间不必要的环节,提升政府统计数据的时效性。

4. 实现数据共享和最大限度满足用户需要

统计信息化背景下,应充分发挥政府统计部门的统计主导能力,提升政府统计部门、企业以及地方政府的统计协调能力,在保证相关数据安全和隐私的前提下,最大限度地放开数据私有,逐步实现数据共享,实现数据开发使用的最大化。

在统计服务方面,要呈现适应"以满足用户需求"为导向的数据分析结果,使统计数据质量的可解释性最大化。

(二)技术方面的解决对策

以往国内研究认为信息技术因素对于统计数据质量的影响相对较少,

传统统计部门、企业等单位对技术也不够重视。不过随着大数据时代的来临,数据海量、多样、增长爆炸性等特点使得统计数据对于技术的要求越来越高。信息化背景下政府统计数据的激增使得传统数据的收集难以进行、存储成本大幅增加,统计预测与分析结果滞后情况严重。因此,政府统计部门应充分重视数据相关技术对于统计数据质量的重要性,引进大数据技术与人才,提升统计水平。

1.数据集成技术

信息化背景下,利用 PDA、ETL 等智能采集工具可以有效地实现点对面的连接。通过对个人数据、结构性数据、异构数据等抽取到临时中间层进行数据清洗、加工、集成,实现数据在数据仓库的有效对接。推动智能工具在数据采集以及集成技术在政府统计部门的应用,可以有效地节约人力成本,降低人为干扰,减少错误,减少数据集成时间,提升统计数据质量的准确性和时效性。

2.云存储技术

统计信息化背景下传统数据存储方式已经很难满足现代统计数据的特征。海量、多样性、异构以及非结构特征需要研究高效率、低成本的数据存储方式,云存储技术就满足了这一目标。构建政府统计部门的"统计云"以及企业统计数据的"私有云"。利用云存储技术有效地将各种"统计云"建立起联系,实现统计数据共享。综合利用云存储技术实现统计数据的存储、保鲜、维护、更新等,推动统计数据质量提升。

3.数据分析技术

数据分析技术包含了可视化分析、数据挖掘算法、预测性分析能力、语义引擎、数据质量和数据管理五个基本面,可视化分析在现代统计体系中发挥着越来越重要的作用;数据挖掘算法可以有效地处理不同数据类型和格式的统计数据,对传统统计分析方法相互促进、相互补充;预测性分析能力正是数据分析中的目的,利用大数据分析技术可以显著提高统计数据预测的时效性与准确性,例如 google 流感预测、上海钢联大宗商品交易指数等;

语义引擎主要应用于异构数据的处理,通过自然语言、模式识别等对网络数据进行语义分析,判断政府统计数据的潜在价值;数据质量和数据管理更为直接地识别和评价政府统计数据管理及质量,对于整个系统流程的评价反馈至关重要。

(三)管理视角的对策

1.树立科学合理的统计观念是提高政府统计数据质量的思想保证

统计信息化背景下,统计人员应首先从思想理念出发,为适应信息化背景下政府统计数据质量提升主动转变思想,树立科学合理的统计观念。一要树立"统计大体系"意识,随着经济以及统计数据的交融,不同统计部门、行业、企业以及民间统计机构要学会协同合作、数据共享,实现数据价值的最大化。二要树立质量第一的意识。统计数据关乎重大,不仅是国家宏观政策制定的依据,也是地方政府、企业为自身发展提供决策的支撑,更是公共民众正确认识国情、社会发展状况的有效条件。三是树立主动学习意识。统计信息瞬息万变,统计技术与统计工具更新速度不断提升,统计方法变化万千。因此,统计人员需要通过自我学习更新统计理论知识,提升对市场变化的适应能力,始终让自己处在统计工作的前线。四是树立尊重调查对象的意识。对待调查对象要以积极热情的态度与其沟通,要注意保护调查对象的隐私。

2.加强统计法律法规建设是提高政府统计数据质量的法律保障

在统计信息化背景下,要根据时代变革,完善统计相关法律法规,以《统计法》成为提高政府统计数据质量的基本法律纲领的基础上,结合其他法律法规的补充作用,建立适应社会不断变化的统计法律法规体系。强化各级部门对于统计数据质量的法制法规意识,加深企业和民间统计组织对于政府统计数据的法律认识理解,而不是主观随意上报统计数据。依法统计,坚决打击在政府统计数据上的弄虚作假,完善统计执法监督机制,建立市场化的失信惩戒机制。要实现信用数据库的充分利用,需要逐步建立失信惩戒机制,发挥政府统计信用数据库的共享功能,在全社会营造出良好的信用环境。

3. 统计基础建设是提升政府统计数据质量的支撑保证

统计信息化背景下,对于统计基础的建设首先应注重统计人才的引进,信息化人才、多领域融合人才等,对于统计信息化的推进起到基础性作用。其次,应该注重统计技术、模式以及方法的引进与学习,从统计部门内部自发地进行变革,全面实现统计信息化。之后,对于统计基层的建设,应主动对统计基层进行信息化统计手段的基础培训,提升基层人员的素质,促进原始数据收集准确性的最大化。最后,尝试统计部门与企业以及民间统计机构的交流学习,提升统计体系内的开放性,促进统计部门创新性的提升。

课题负责人:辛金国
课题组成员:张亮亮　石艾鑫
方　程

[参考文献]

[1] 高敏雪. 从外部监督入手解决统计数据质量问题的努力[J]. 统计研究,2009,08：50-52.

[2] 卢二坡,黄炳艺. 基于稳健 MM 估计的统计数据质量评估方法[J]. 统计研究,2010,12：16-22.

[3] 马元三. 基于全面质量管理的统计数据质量研究[J]. 宏观经济研究,2010,11:64-69.

[4] 曾五一. 国家统计数据质量研究的基本问题[J]. 商业经济与管理,2010(12):72-76.

[5] 辛金国,龚恺. 基于物联网技术统计数据采集的影响因素[J]. 统计与决策,2015,23:34-37.

[6] 李金昌. 大数据与统计新思维[J]. 统计研究,2014(1):10-15.

[7] 罗放华. 大数据时代的统计主体利益均等化路径研究[J]. 统计与决策,2015(2):37-40.

新背景下舟山群岛新区海洋经济发展研究

在新形势新背景下,浙江舟山群岛新区充分发挥舟山独特的地理和海洋经济优势,正积极对接海洋强国战略、"一带一路"、长江经济带等重大发展战略,全力推进舟山江海联运服务中心、临港制造基地、海岛休闲基地、远洋渔业基地、绿色石化基地和海上花园城建设,努力全面实现新区发展规划。本文从充分发挥和挖掘舟山新区海洋海岛及区位优势,深入分析舟山新区建设与海洋经济发展关系,描述归纳舟山海洋经济发展状况及运行轨迹,梳理借鉴国外海洋经济发展经验,以期提出加快舟山新区发展的对策建议供参考。

一、舟山群岛新区建设与发展海洋经济的关系

(一)建设江海联运服务中心与发展海洋经济

1. 区位优势

《舟山群岛新区发展规划》中提出:"舟山群岛新区处于我国南北海运大通道和长江黄金水道交汇地带,是江海联运的重要枢纽,是我国伸入环太平洋经济圈的前沿地区,也是我国扩大开放、通联世界的战略门户。""舟山要努力打造面向环太平洋经济圈的桥头堡,对深入实施海洋强国战略具有重大意义。"舟山已建成了亚洲最大的铁矿砂中转基地、全国最大的商用石油中转基地、全国重要的化工品和粮油中转基地、国家石油战略储备基地、华

东地区最大的煤炭中转基地,成为长江经济带重要的战略物资保障基地。

习近平总书记提出:"21世纪,人类进入了大规模开发利用海洋的时期,海洋在国家经济发展格局和对外开放中的作用更加重要。""面向海洋则兴,放弃海洋则衰。""最重要的还是要把舟山放在国际上、放在全中国、放在浙江省这样的位置上去考虑。越这么考虑,舟山的地位越不可限量。""舟山要把海洋经济这篇文章做深做大。"习近平在舟山调研时提出:"现在既是上海国际航运中心的一部分,又是宁波舟山港口一体化的一部分,将来两个中心合围过来之后,更烘托出这里也是一个中心所在,变成了台风眼。"2015年5月,习近平总书记调研舟山,为舟山群岛新区的未来指明了方向,赋予了新区建设新使命、新坐标、新任务,为新区发展提供了根本遵循和指南;为加快新区发展创造了新契机,进一步提升了舟山群岛新区在海洋强国、"一带一路"、长江经济带等国家战略和国家"十三五"发展规划中的地位,为在更高战略层面上推进新区开发开放营造了极其难得的机遇和环境。

李克强总理提出:"舟山是第一大群岛直接面向太平洋可以突破第一和第二岛链,所以利用舟山群岛十分重要"。李克强总理在浙江调研时明确要求设立舟山江海联运服务中心,强调"设立舟山江海联运服务中心,这实际上应该是长江经济带和长三角发展的一个战略支点"。

2. 海洋资源优势

舟山区域总面积2.22万平方千米,其中海域面积2.08万平方千米,陆域面积1440平方千米,共有大小岛屿1390个。2016年末,全市户籍人口为97.49万人,常住人口为114.6万人,城市化率为66.3%。舟山拥有得天独厚的深水港口和航道资源优势,岸线总长2444千米,其中可开发利用的岸线达383.6千米,2016年末已开发岸线162千米。全市主要深水岸段有38处,水深在15米以上的有200.7千米,其中水深在20米以上的有103.7千米,是中国东南沿海建设大型深水港的理想港址。舟山海域面积占浙江省的一半,岛屿个数占浙江省的45%,海岸线占浙江省的37.7%。舟山深水岸线占浙江省的55.2%,全国近五分之一。港口岸线资源丰富,我国沿海7条国际航线有6条经过舟山。

表1　全国、浙江省与舟山海洋资源情况

	单位	全国	浙江省	舟山	舟山占全省比重(%)	舟山占全国比重(%)
陆地面积	万平方千米	960	10.18	0.144		
海域面积（内水和领海）	万平方千米	37	4.24	2.08	49.1	5.6
海域面积（含经济专属区）	万平方千米	300	26	11	42.3	3.7
海岛资源	个	7600	3089	1390	45	18.3
海岸线总长	千米	32000	6486	2444	37.7	7.6
深水岸线	千米	1518	506	280	55.2	18.4

2016年,上海港集装箱吞吐量(3528.5万标准箱)居世界首位,其中在舟山区域的洋山深水港区集装箱吞吐量达1520.2万标准箱,占上海港的43.1%。2016年,舟山港货物吞吐量为3.47亿吨,占宁波—舟山港(8.73亿吨,居世界首位)货物吞吐量的39.7%。可见舟山港口岸线资源优势所在。

3.经济社会发展基础

2016年,舟山市地区生产总值为1015.26亿元,舟山人均GDP为88746元(约合14447美元),居浙江省第三位(位于杭州、宁波之后);全市财政总收入达148.93亿元,公共财政预算收入为101.02亿元;城镇常住居民人均可支配收入达41466元,居浙江省第五位;渔农村常住居民人均可支配收入达23783元,居浙江省第三位;群众安全感满意率居浙江省第二位。此外,舟山的"城乡居民人均收入之比、人均财政民生支出、水、空气、声环境质量综合得分、城市生活垃圾处理率等指标居浙江省前列"。

4.海洋产业基础

舟山海洋产业特色鲜明,行业集中度较高。从三次产业中的主要行业占比情况看,2016年,全市渔业增加值为91.4亿元,占第一产业比重为90.6%,占GDP的比重为9%。船舶工业增加值为170亿元,占工业的比重为50.4%,占GDP比重为17%;交通运输、仓储和邮政业增加值102亿元,占第三产业比重20%,占GDP比重为10%;海洋旅游增加值73亿元,占GDP比重为7.2%。渔业、船舶、交通港口、旅游四大海洋特色行业合计占全市地区生产总值(GDP)的比重为43%。从规模以上工业总产值看,船舶工业占50%,水产加工业占11.1%,石油化工业占15.5%。从外贸产品结构看,2016年,我市出口总额为57.8亿美元,其中:水产品出口8.31亿美元,占14.4%;船舶出口21.23亿美元,占36.8%;油品出口21.03亿美元,占36.4%;油品进口总额44.94亿美元,占进口总额的68.5%。

交通运输业。根据经济普查数据,2013年,全市有交通运输企业901家,从业人数3.2万人,其中:道路货物运输企业230家,从业人数0.39万人;水上运输企业400家,从业人数1.7万人;装卸搬运和运输代理企业158家,从业人数0.29万人。

海运业。2016年,全市海运货运量为16662万吨,增长1.8%,海运货运周转量2157.10亿吨千米,增长16.0%;水路客运量为2222万人,增长20.8%,水路客运周转量为3.87亿人千米,增长3.4%。2016年末全市有海运企业274家,比上年末减少12家,海上运输船舶1608艘,运力542.81万载重吨,比上年末增长2.1%。其中,万吨级以上船舶126艘,比上年末增加3艘,运力282.16万载重吨,占全市总运力的比重为52.0%。年末全市有舟山户籍运输船海员3.79万人,比上年末增长1.6%。2016年,全市有运输船海员3.8万人(舟山户籍),按等级分:甲类(无限航区)1109人,乙类(近洋航区)2283人,丙类(沿海航区)1.57万人,丁类(近岸航区)0.73万人,沿海航区(11规则)0.59万人。

保税燃料油加注中心建设。成立外轮供应服务中心,突破了跨关区供油、夜间靠停等政策,直供量跃居全国第三。2016年,舟山保税燃料油直供量为66.5万吨。2015年前三季度,保税燃料油直供量为68.15万吨,比上年同期增长49.6%,保税燃料油调拨量为210.95万吨,增长37.6%;结算量为263万吨,增长8.6%。

(二)建设临港制造基地与新区海洋工业发展

2016年,全市规模以上工业企业385家,其中,有船舶企业81家,实现工业总产值762.1亿元,占规模工业的50%;石油化工企业16家,实现工业总产值236.8亿元,占规模工业的15.5%;水产加工企业120家,实现工业总产值169.9亿元,占规模工业的11.1%。风电、潮流能发电、海水淡化等海洋新兴产业不断发展壮大。有多个陆上风电场发电运行。岱山县首个国家级海洋可再生能源专项资金项目"固定式双转子导流增强型潮流独立发电系统及产业化"将进入产业化研究和开发。

船舶工业转型升级不断推进。深入推进船舶与海工装备国家新型工业化产业示范基地建设。船舶修造企业向海工修造、高附加值船修造转型,船舶产业结构不断优化,海工装备、绿色修船、高端船配和绿色拆船不断发展,海工装备产业发展初具规模。舟山的船舶产业三大指标造船完工量、新接船舶订单数、手持订单数均占到全国的10%以上,而且在这几年船舶生产形势严峻的情况下,舟山占全国的比重仍在提高。2016年,舟山新接订单、手持订单、造船完工量分别是654.8万载重吨、1882万载重吨和466.8万载重吨,占全国的比重分别为10.9%、12.6%和12.0%。2016年工业和信息化部发布的两批关于符合《船舶行业规范条件》企业名单(船舶企业白名单)共60家(其中浙江省9家),舟山就有7家企业,分别是金海重工、欧华造船、扬帆集团、正和造船、长宏国际、增洲造船、中远船务,这7家船企实现工业总产值约占全市规模工业总产值的三分之一。

表2 2016年全国和舟山船舶工业三大指标

指标	单位	全国	舟山	舟山占全国比重(%)
新接订单	万载重吨	5995	654.8	10.9
手持订单	万载重吨	14890	1882	12.6
造船完工量	万载重吨	3905	466.8	12.0

(三)建设海岛休闲基地与新区海洋旅游发展

推进海岛休闲旅游基地建设。大力开发海岛民宿、运动休闲、健康养生、禅修体验、邮轮游艇、海鲜美食、渔家风情等特色产品,提升休闲旅游业态。加快嵊泗列岛、白沙岛、东极岛、秀山岛等主题岛屿建设。国际邮轮码头建成开港,赴台自由行顺利实施,新区(城市)总体规划顺利获批,百里滨海大道建设启动。提升普陀山品质,实施"全景朱家尖"工程。2016 年,全市累计接待境内外游客达 3397.96 万人次,比上年增长 10.8%,实现旅游总收入 338.44 亿元,比上年增长 12.8%。今年成功举办首届世界海岛旅游大会,构建国际海岛旅游对话、交流、合作平台。

(四)建设国际远洋渔业基地与新区渔业发展

舟山是我国著名的渔场和海洋渔业的重要基地,年捕捞产量约占全国的 10%,浙江省的 40% 以上。全市有丰富的浅海滩涂资源,海水养殖开发潜力大。远洋捕捞不断发展,主要在印尼、西南大西洋、东南太平洋和北太平洋等海域生产作业。舟山的水产品远销日本、韩国、美国、欧盟、东南亚等50 多个国家和地区。

海洋渔业是舟山的传统产业。2016 年全市水产品产量为 166.94 万吨,渔业总产值为 182.9 亿元,比上年增长 6.7%。全市有渔业户 7.2 万户,渔业人口 20 万,从事渔业生产的劳动力有 10.38 万人,约占全社会从业人数的 14.0%,其中捕捞劳动力 4.74 万人。年末有机动渔船 8617 艘,总吨位111.94 万吨。

表3 2016 年全国和舟山渔业主要指标

指　标	单　位	全　国	舟　山	舟山占全国比重(%)
水产品产量	万吨	6450	166.94	2.6
其中:捕捞水产品产量	万吨	1688	153.14	9.1
其中:远洋渔业产量	万吨	203	39.35	19.4
远洋渔业产量占水产品产量比重	%	3.1	23.6	

近几年,舟山市远洋渔业发展较快。2016 年,全市远洋渔业产量为39.35 万吨,占水产品总产量比重由 2010 年的 9.3% 提高到 23.6%(全国比重仅 3.1%)。2015 年 1—9 月,全市远洋渔业产量为 28.67 万吨,增长

17.7%,占水产品总产量的比重提高到 31.4%。国际远洋渔业基地建设不断推进。今年初,市政府出台《关于加快国家远洋渔业基地建设的若干意见》,提出到 2020 年,力争实现远洋渔业总产量 60 万吨,远洋渔业基地经济总产出 300 亿元,其中远洋捕捞及相关服务业产值 100 亿元,远洋水产品交易额 100 亿元,远洋水产品加工产值 100 亿元。把西码头国家级中心渔港建设成为远洋渔业的专业母港。

表4 历年舟山水产品产量情况

指 标	单位	2001 年	2005 年	2010 年	2011 年	2012 年	2013 年	2016 年
水产品产量	万吨	129.39	124.08	131.12	141.95	148.30	155.38	166.94
其中:远洋渔业产量	万吨	12.15	15.52	12.18	21.06	25.05	29.66	39.35
远洋渔业产量比重	%	9.4	12.5	9.3	14.8	16.9	19.1	23.6

二、舟山海洋经济发展轨迹

(一)传统海岛经济,起步阶段(1978—1990 年)

舟山市开发利用海洋资源有着悠久历史,过去渔业在全市国民经济中比重较高,当时的海洋经济主要以渔业为主。1984 年,舟山市将经济工作重点从渔业为主转为抓工业、渔业、港口业和旅游业。1987 年 1 月经国务院批准舟山撤地建市,1987 年 4 月舟山港对外正式开放,1988 年 4 月舟山市列入沿海经济开放区。舟山市海洋经济发展逐渐展现活力,开始由渔业为主向工业和涉海服务业方向发展。

(二)提出建设海洋经济大市,初具规模阶段(1991—2002 年)

进入 20 世纪 90 年代,舟山市改革渔业经营体制,至 1992 年,渔村普遍推行股份合作制,实现了从计划经济向市场经济的转变。1993 年、1998 年浙江省委、省政府先后两次召开浙江省海洋经济工作会议,提出建设"海洋经济大省"的战略构想。之后舟山市开始明确把开发海洋作为舟山经济和社会发展的根本战略,《舟山市国民经济和社会发展第十个五年计划纲要》中则提出了建设海洋经济大市。

(三)确立海洋经济发展战略,快速发展阶段(2003—2010年)

2003年8月召开的浙江省海洋经济工作会议进一步明确了加快建设"海洋经济强省"的目标并列为"八八战略"的主要内容之一。2003年舟山市首次把港口放在首位。2005年的全市经济工作会议上提出做大做强海洋经济。2007年提出了"以港兴市、服务富市"战略目标。贯彻"八八战略"、实施"六六决策"以来舟山进入了一个重要的转型期,海洋经济得到快速发展和壮大。

(四)实施浙江舟山群岛新区海洋经济战略阶段(2011年至今)

2011年6月30日,国务院正式批准设立浙江舟山群岛新区,新区范围与舟山市行政区域一致。舟山群岛开发开放上升为国家战略,也是我国第一个以海洋经济为主题的国家战略层面新区。2013年1月17日国务院批复《浙江舟山群岛新区发展规划》。2016年1月,舟山港综合保税区通过国家验收并封关运作。浙江舟山群岛新区的设立,使舟山成为国家实施"海洋强国"的战略基点。2015年,舟山江海联运服务中心、绿色石化产业基地等一批重大项目建设在推进中。

三、舟山海洋经济发展现状

(一)海洋经济总量不断扩大

2016年,舟山市发挥新区优势和效应,积极推进投资项目建设,经济运行在新常态下呈现平稳向好、稳中有进的走势。GDP、工业、投资、批发零售业销售额等指标增速均居浙江省首位。全市海洋经济总产出2435亿元,海洋经济增加值由 2001 年的 80 亿元扩大到 713 亿元,海洋经济增加值占 GDP 的比重由 59.8% 提高到 69.8%,对 GDP 增长的贡献率为 87.9%。

表 5　历年舟山市海洋经济主要指标情况

指标	单位	2001 年	2005 年	2010 年	2011 年	2012 年	2013 年	2016 年
海洋经济总产出	亿元	250	540	1436	1758	1959	2195	2435
海洋经济增加值	亿元	80	173	431	525	585	644	713
海洋经济增加值占 GDP 比重	%	59.8	62.0	68.0	68.6	68.7	69.1	69.8

(二)海洋主要行业发展情况

2016 年舟山市海洋及相关产业增加值为 713 亿元,海洋渔业、涉海工业、交通运输港口业、海洋旅游四大产业合计占海洋经济增加值的比重为 70%,其中:海洋渔业增加值为 91 亿元,占海洋经济增加值的比重为 12.8%;涉海工业增加值为 253.81 亿元,占 35.6%;海洋交通运输港口业增加值为 84.2 亿元,占 11.8%;海洋旅游业增加值为 73.23 亿元,占 10%(旅游业与部分行业有重叠)。

(三)海洋三次产业结构

1978 年,舟山市国民经济三次产业比例为 42.0:31.8:26.2,第一产业比重远高于第二、第三产业,到 1992 年时三次产业比例发展到各占 1/3,第一产业所占比重下降到 33.0%。当时的海洋经济产业单一,主要以渔业和水产加工业为主。近年来,海洋经济在国民经济中的比重不断提高,有力推动了全市经济发展。全市三次产业结构从 2001 年的 24.1:31.3:44.6 演变为 2010 年的 9.6:45.3:45.1,2016 年三次产业结构继续调整为 9.9:41.9:48.2。全市经济从以渔为主向以临港工业和现代海洋服务业为主转变,从传统海岛经济向现代海洋经济转变。海洋第二、第三产业增加值的比重较快增长,海洋第一产业增加值比重下降,2016 年舟山市海洋三次产业结构比例调整为 12.9:50.6:36.5。

表6　2016年全国浙江省宁波舟山海洋三次产业比重和海洋经济占GDP比重(%)

指　标	全　国	全　省	宁　波	舟　山
海洋经济增加值(亿元)	59936	5758	1213	713
海洋经济占GDP比重	9.4	14.3	15.9	69.8
海洋三次产业比例	100.0	100	100	100
第一产业	5.4	7.4	7.6	12.9
第二产业	45.1	39.3	46.9	50.6
第三产业	49.5	53.3	45.5	36.5

四、加快发展面临的压力

(一)投资、消费对经济的有效拉动需进一步提高

近几年来,舟山市固定资产投资一直保持高强度增长,但投资效率不高,从近几年两者比例情况看,GDP与固定资产投资额未呈同步变化趋势。2016年,舟山市GDP与固定资产投资之比为1.06,浙江省为1.7,即一元固定资产投资产出的GDP舟山市为1.06元,浙江省为1.7元,该指标舟山居浙江省末位。舟山市投资产出率较低既与投资结构中基础设施项目较多、项目周期较长有关,与全市船舶修造业增加值占GDP比重较高、船价较低有关,也与有效投资、实体制造业投资和生产性服务业投资不足有关。

从历年数据看,舟山社会消费品零售总额占地区生产总值的比重低于浙江省、全国平均水平,对经济增长的拉动作用不强。社会消费品零售总额的增长跟不上GDP和投资规模的扩张。

(二)海洋资源环境和科技创新有待进一步提高

2016年,舟山近岸海域一类、二类、三类、四类和劣四类水质的海域面积分别占舟山海域面积的12.6%、8.2%、4.4%、17.6%和57.2%,一类海水比例比上年下降,四类海水比例比上年提高。全年舟山海域共发生赤潮5次,累计赤潮面积1070平方千米。海洋科技创新有待进一步提高,2016

年度浙江省科技进步统计监测评价报告显示,舟山市科技进步变化情况综合评价居浙江省第七位,全社会 R&D 经费支出 14.8 亿元,居浙江省第九位;R&D 经费支出相当于 GDP 的 1.46%(浙江省 2.26%),居浙江省第九位。

五、经验借鉴

(一)国外海洋经济发展经验

韩国:依赖于技术进步的海洋产业比较发达,韩国的船舶修造业、跨海大桥建设、滨海旅游业举世闻名。海洋经济发展以技术密集型的高端产业为主,在海工装备、潮汐能发电、跨海大桥建设、健康养殖等领域具备世界一流等先进技术。韩国是世界三大主力造船国之一,海工装备渐成主力。2013 年韩国造船完工量、新接订单都超过全球平均水平的 30%。韩国船企在液化天然气(LNG)船、大型集装箱船等高附加值船型建造领域占优势,也是韩国占订单总额方面取得较好成绩的主要原因。2012 年韩国钻井船的订单量占全球市场的 67%,韩国(含韩国企业在国外的造船厂)获得了全球成品油船 83% 的订单。2013 年,韩国 LNG 船手持订单占全球市场的76%。滨海旅游业突破了自然资源禀赋等局限,成功构建"韩国旅游模式",通过优惠政策扶持旅游业发展,着力打造济州岛旅游度假区和多个海岸旅游群开发区,大力发展医疗旅游、影视旅游、留学旅游等特色旅游。以跨海大桥为主的海上建筑业,建立了四通八达的交通体系,且具有较高的美学价值。

日本:为实现海洋经济战略,日本政府实施了财政政策、金融政策、产业与区域政策、科技与人力资本政策、保险政策和环境政策等,使海洋经济得到更快发展。如日本制定和完善了促进本国海洋循环经济发展的税费政策。加大拨款大力推进那些与物质形态变化、化石燃料枯竭、信息共享化等相适应的海上港湾、海上机场、海上桥梁、海洋牧场、海底隧道以及海洋能源基地等方面的海洋空间利用,利用财政拨款充实、强化和完善海洋监测系统。在海洋科技政策方面的举措有:一是推进研发体制改革,如引入竞争机制,改善研发环境;广泛普及任期制,加强人才流动;实行有弹性讲效率的工作制度;开拓人才活用和多样化发展途径等。二是产学官合作的改革,构筑信息流通系统,实施共同研究,促进人员交流,研发设施共同利用,设立成果转让机构,召开产学官合作峰会成为主要手段。三是推进科技活动国际化。四是加强计划和组织管理。

(二)国外海岛旅游经验

马尔代夫:得益于其完善的发展规划,以规划指导开发,总体规划、分步实施,使得一岛一风格,整体如诗如画,被誉为"印度洋上的人间乐园"。注重特色发展。始终采取四个一的模式,即一座海岛及周边海域只允许一个投资开发公司租赁使用;一座海岛只建设一个酒店(或度假村);一座海岛突出一种建筑风格和文化内涵;一座海岛配套一系列功能齐备的休闲娱乐及后勤服务等设施,从而使马尔代夫海岛旅游形成了一个独立、封闭、完整的度假区。正是这种一岛一店的小、清、静的开发模式使马尔代夫海岛开发取得了极大的成功,滨海旅游独领风骚,成为世界各国发展海岛旅游学习的典范。生态旅游理念。为了让岛上旅游资源和生态系统不会遭到破坏,马尔代夫采用了三低一高的开发原则(即:低层建筑、低密度开发、低容量利用、高绿化率),以尽量使到此旅游的游客能够感受到大自然的亲切,享受到休闲的舒适。加强政府监管。注重发展科学的管理体制和监管系统,强化旅游部门的行业综合管理协调和监督能力。国家旅游部门负责组织审查海岛开发规划和各海岛的建设布局,进行日常监督管理,并且实行极为严格的审查制度。

地中海海岛群:交通设施完善,高效、直达、便捷是海岛休闲度假的首要条件,地中海著名的海岛休闲度假区,基本上都有大飞机起落的空港和固定航班。各岛特色突出,建筑文化各异。散落在爱琴海上的众多岛屿各有特色。同时通过会议、展览等方式来弥补旅游淡季。

西班牙巴利阿里群岛:以休闲度假旅游为主,以航海旅游为主的旅游产品体系,平衡旅游淡旺季,大力发展高尔夫旅游、自行车旅游、文化旅游、会展旅游等休闲度假旅游项目,并取得良好的效果。

澳大利亚大堡礁：侧重政府主导、分工协作推进旅游开发；侧重立法保护、严格执行促进持续发展；侧重构建合作平台、发动全员参与推进综合协调、侧重市场推广和宣传策划。在开发旅游的过程中，政府联合当地居民和旅游经营企业共同开发、保护当地旅游资源，形成了社区共管、专业公司与土著居民共同开发的经营管理格局。

巴厘岛：侧重政府主导，有序开发；侧重环境优先和文化保护；侧重引进西方投资和管理经验；侧重强化旅游地宣传促销；侧重营造安全、文明、好客的社会环境；侧重挖掘地方特色。

韩国济州岛：侧重赋予济州岛高度自治的权力；侧重政府直接投资；侧重借助文化产业、国际会议等加强国际化营销；侧重便捷设施与多样化旅游产品打造。如韩国政府赋予了济州岛高度自治的权力，允许济州岛设立面向韩国国民的免税店，济州岛的高尔夫球场也减免部分税金，整个济州岛实施"无签证""无关税"，实行人员、商品和资本自由流动流通。

六、加快新区海洋经济发展的几点建议

（一）重大项目引领，助推海洋经济发展

舟山群岛新区经济总量不大，2016 年全市 GDP 总量为 1015 亿元，居浙江省末位，仅占浙江省 GDP（40173 亿元）的 2.5%。要通过引进对地方经济有明显拉动作用的大项目，尽快形成大产出，做大经济总量规模，优化舟山产业布局，早日成为长三角经济增长极。同时，注重供给侧改革，提高全要素生产率，进一步提高经济运行质量和效益。保持经济持续稳定增长，需保持一定规模的投资。国际经验表明，从中等收入水平向高收入水平迈进，就是从全面小康向现代化迈进的阶段，投资依然具有举足轻重的作用。据美国、日本、韩国相关资料显示，这些国家在处于我们今天这个发展水平和阶段的时候，投资均保持一定增速。倒是掉到"中等收入陷阱"里的一些国家，特别是拉美的一些国家，出现了投资锐减的问题，经济发展失去了动

力。加快引进启动实施一批重大项目,及早谋划一批具有全局性、引领性、标杆性的重大项目。加强宣传推介和招商引资。力争项目早批复、早开工、早投产。加快推进绿色石化、波音飞机装备中心及通航产业园、宁波—舟山港主通道、甬舟铁路等"三重"项目和一批民生实事项目。完善督查考核和责任机制,确保项目落到实处。建立健全用地投入产出考核评价奖惩机制,切实加大对企业囤储土地和低效利用土地的依法处置力度。

(二)构建良好创业创新环境,打造海洋经济创业创新热土

发挥新区体制机制优势,吸引人才和项目落户。

积极构建有利于大众创业、万众创新的政策制度环境和公共服务体系。创立舟山群岛新区政府高效率服务品牌,以优质高效的政府服务合力打造良好的创业创新环境。努力创造公平环境,加快海上花园城建设,营造美丽人居环境,降低企业、居民在舟山的生产生活成本,提高创业回报率和生活幸福感。突出与其他地区比较优势,扩大投资者在舟山的获利空间,吸引优秀企业、团队和人才落户舟山,使其看好新区发展。创新人才引进机制,积极引进对舟山新区发展有实实在在贡献的各类人才,同时努力挖掘本地人才的潜力优势,给对新区发展投入满腔热情的人提供更大的舞台,发挥更大的作用。

多途径提升海洋科学城科技创新水平,发挥辐射带动作用。积极学习借鉴国际高水平知名科学城成功运作模式,创新开发运营模式,提升辐射带动和经济社会效益。继续引进高端科研院所团队,依托现有的浙大海洋学院、浙大海洋研究所、浙江海洋大学等资源,打造在海洋科技创新领域处于全国领先水平的中国(舟山)海洋科学城。做大做强海洋卫星通信、电子商务、文化创意、工业设计、大数据等五大海洋科技产业园区。

加快数字海洋和信息化建设。适应当前"互联网+"的发展大趋势,推动海洋信息化与制造业、服务业等产业的深度融合。加快推进海洋数据中心建设,完善江海联运信息与数据服务体系,更好地发挥舟山江海联运服务中心的地位作用。发挥信息化在转型升级中的牵引作用,不断创造新的市场、新的业态、新的经济增长点。以创新和信息化为动力,向智能制造转型。

凭借信息化提高资源配置效率、提高整合力度。加快数字海洋、智慧舟山建设，并不断拓宽领域。支持基于互联网的各类创新，推动电子商务等新业态、新产业发展。

打造舟山新区优质教育品牌。探索建立国际名校、国内名牌学校的舟山分校，带动舟山的基础教育、职业教育和高等教育实现质的飞跃，水平居全国、浙江省前列，从而为新区发展提供强有力的人才支撑，也成为新区除了环境优美、海洋资源特色明显等优势外，吸引人才和企业、项目落户的重要亮点之一。充分发挥舟山在国防军事中的重要地位，把研学旅行、夏令营、冬令营等作为青少年爱国主义和革命传统教育、国情教育的重要载体，纳入中小学生日常德育、美育、体育教育范畴，增进学生对自然和社会的认识，培养其社会责任感和实践能力，强化中小学素质教育。进一步发挥舟山市中小学素质教育实践学校的功能，成为面向全国的海洋教育实践基地。

(三)科学保护和开发岛屿，加快国际生态休闲岛建设

突出旅游惠民理念。2016 年舟山常住人口规模为 114.6 万人，扩大消费拉动经济增长需要进一步发展旅游业，不但要扩大外来旅游者人数规模，更需要吸引中高端旅游群体，提升消费水平和城市品质，从而促进舟山本地旅游相关产业加快发展。旅游业的加快发展最终更多惠及舟山新区居民，不仅仅带来旅游收入的增加，而是生活品质和幸福指数的提高。澳大利亚的大堡礁旅游成功经验之一就是构建合作平台、发动全民参与综合协调各方利益。继续推广创新旅游惠民各项措施，也吸引外地游客享受舟山的旅游福利，使淡季不淡，从而解决旅游旺季的交通等一系列问题和困境。数字化与旅游结合，建立智慧旅游信息系统平台。营造软件和硬件的细节完美，打造"美丽舟山"的乐游品牌。

突出健康养生发展。舟山市早在 20 世纪 90 年代就提前进入老龄化社会，并呈现出进程加快的势头。人口老龄化程度快于全国、浙江省平均水平。2010 年舟山市 65 岁及以上老年人口占全市的 10.50%，位于衢州、丽水和湖州之后，居浙江省第四位，高出全国(8.87%)、浙江省(9.34%)平均水平。人口老龄化速度超过经济发展水平，人口老龄化的物质基础还相当

脆弱,需要加快构建面向本地和外地居民的多层次新型养老模式。同时,海洋生态环境破坏、生产生活环境污染、气候异常变化等也给我们提出了严峻挑战,建设生态功能网络,打造"绿色舟山""美丽海岛",充分利用舟山生态环境优美、海洋气候优势,加快海岛休闲基地建设,大力发展健康养生产业。

突出海洋海岛主题特色。舟山市目前正着手自由贸易港区项目课题研究,以此为契机,加强国内外交流与合作,引进项目对舟山某些岛屿进行整岛开发,建设一岛一品牌,一岛一主题,整岛开发的范围不仅是旅游,还可以是产业、科研、文化等各类领域。加快建设观音文化园、海洋主题游乐园、特色小镇等。如开展一个将海洋特色、城市文化品位、科技创意、休闲娱乐融合起来的大项目,把舟山具有浓郁海洋特色的手工艺、非物质文化遗产等融合起来,通过真人演示、现场体验等活态传承方式,保护非物质文化遗产,促进旅游和文化产业的良性互动,大力发展文化产业,形成特色鲜明的舟山海洋文化。

课题负责人:张欣南

课题组成员:张　荣　孔海英

郑　倩　薛宝安

[参考文献]

[1] 曲凌雁.世界滨海海岛地区旅游开发经验借鉴[J].世界地理研究,2005,14(3):80-85.

[2] 刘家明.国内外海岛旅游开发研究[J].华中师范大学学报:自然科学版,2000,34(3):349-352.

[3] 高建.海岛旅游开发模式探讨[D].杭州:浙江大学,2007.

[4] 林香,红高健,等.韩国海洋经济发展现状研究[J].海洋经济,2014,4(3):53-62.

[5] 朱凌.日本海洋经济发展现状及趋势分析[J].海洋经济,2014,4(4):47-53.

基于 Hotelling 拓展模型的浙江省
跨境电商产品差异化模型研究

一、问题的提出

(一)研究背景

跨境电子商务成为对外贸易新的增长点:

随着信息技术的飞速发展,越来越多的外贸企业借助电子商务发展对外贸易,开拓新兴市场。继电商平台成功冲击传统商业交易模式之后,新一轮商业革命——跨境电子商务正阔步走来。

从出口数据看,我国跨境电商的发展速度惊人。截至 2016 年 12 月底,上海、重庆、杭州等 16 个城市先后开展出口业务,出口到 181 个国家和地区,价值约 20.4 亿元,是当年进口业务总量的两倍有余。浙江跨境电商进出口额约占全国的 20%,位居全国第二,仅次于广东。其中,出口销售额约 63.5 亿美元,顺利完成年度出口额倍增的目标。

从经营主体看,从事跨境电子商务的经营主体持续增多。浙江省目前从事跨境电子商务的经营主体 3 万多个,在各大跨境电商平台上开设各类网店已超过 30 万家。

从经营模式看,国内跨境电商的雏形从早期的 2004 年间通过 B2B 走向海外,2009 年至今更是跨境 B2C、C2C(跨境电商零售出口)引爆发展的活跃之年,短短几年间吸引了无数参与者。

2008 年金融危机后,传统外贸出口年均增长不足 10%,但近两年的跨境电子商务却保持 30% 以上的出口增速。数据勾勒出未来国际贸易发展的新格局。跨境电子商务无疑已经成为对外贸易新的增长点。

跨境电子商务出口发展遇到瓶颈:

目前电商出口产品还主要集中于日用品、玩具等科技含量较低的产品(杨坚争、刘涵,2014),主要还依靠劳动力成本、原材料成本偏低形成的价格优势,缺乏自己的核心竞争力。质量差的同质化产品的诟病开始显现,价格战频频出现。当获取新用户成本日益增高时,出现了种种瓶颈和虚火,亟须寻找发展出路。

(二)研究意义

调查总结浙江省跨境电子商务出口发展现状,在此基础上着重分析基于 Hotelling 拓展模型的产品差异化策略促进跨境电子商务出口发展机理,构建产品差异化模型。这一研究不仅在理论上有助于系统化地厘清产品差异化策略促进跨境电子商务出口贸易发展的机理,多角度认识产品差异化策略与出口贸易发展的关系;而且在实践上可以为跨境电商平台商家(外贸企业及个人等)提供跨境电商出口发展的路径选择,同时也可为相关部门制定引导和促进跨境电子商务出口发展的相关政策措施提供参考。

(三)研究综述

1. 国外研究

国外对电子商务与国际贸易方面的研究主要集中于以下几个方面:

一是电子商务对国际贸易影响的研究。如 Gaorbani 等人(2013)研究了电子商务对全球化的影响,发现电子商务对全球化有着非常大的影响,甚至会改变全球化进程的性质。Cassivi 等人(2010)对加拿大 1200 家从事电子商务的公司进行了调查,分析了公司规模、产品类型及电子商务实践对其国际商务活动的影响。

二是对企业跨境电子商务应用方面的研究。包括企业跨境电商平台应用意愿或应用水平的影响因素研究,如 Kaynak 等人(2005)调查研究了新兴市场土耳其的中小企业电子商务应用的工具以及影响其电子商务应用意愿的因素。Gibbs 等人(2006)研究了国际电子商务全球扩散的环境和政策因素。Tseng (2011)通过调查电子商务在台湾中小型企业中的实践情况,分析了电子商务给这些企业带来的机遇以及电子商务应用水平的影响因素。

三是对跨境电子商务应用案例的分析。如 Kha (2000)对 Amazon 和 Dell 进行了案例研究,分析了一个企业成功转型 B2C 电子商务模式的关键因素。Hawk (2004)对比了俄罗斯、印度和拉丁美洲的 B2C 网站的支付方式和物流配送方式。Asosheh 等人(2012)从 B2B 电子商务基础设施的三个层面即信息层、业务处理层和内容层提出了跨境电子商务的本地化模型,并以伊朗为例,分析了每一层的标准以及解决方案的选择。

四是其他研究,例如对跨境电子商务支付问题、贸易争议解决、跨境文化应用等方面的研究。

2. 国内研究

在中国知网(CNKI)期刊论文数据库,以"电子商务"+"零售出口"进行关键词搜索,结果为 0,进行全文搜索结果为 1015 个,且期刊论文集中于 2013—2015 年。放宽条件,以"电子商务"+"出口"进行关键词搜索,结果为 3 条,进行全文搜索,发现期刊论文总计 9306 篇。再放宽条件,以"电子商务"+"国际贸易"进行关键词搜索,发现 396 条结果,进行全文搜索,结果超过 3 万。说明关于跨境电子商务出口方面的研究,是近几年兴起的研究话题,且目前的研究资料并不多。关于电子商务与国际贸易的研究相对较多一些,但也还处于起步阶段。

目前关于跨境电商出口方面的研究主要集中于以下几个方面:

一是对跨境电子商务出口现状的总结。例如,王沛、黄帅(2014)研究了"跨境电商零售出口产业五大发展趋势";闫岩(2014)对跨境电商出口新趋势进行了盘点;王外连等人(2013)分析了目前中国跨境电子商务的发展情况。

二是对跨境电子商务出口机遇与挑战或存在的问题与对策方面的研究。例如郭元丽(2014)分析了中国跨境电子商务(B2C)零售出口存在的问题,并提出了对策;鄂立彬、黄永稳(2013)总结了跨境电子商务与传统贸易的差异,分析了国际贸易新方式下的机遇与挑战;刘凌艳(2013)以兰亭集势为例分析了限制企业外贸 B2C 的企业自身因素,并从政策和盈利模式上为政府和企业发展外贸 B2C 提供了指导性的建议;赵霞(2014)则对跨境电子商务出口发展之海外建仓构想进行了分析。

三是对跨境电商贸易法律、政策方面的研究。如蔡庆辉(2001)对于中国跨境电子商务国际税收协定所得分类规则进行了研究;刘嘉(2012)以 B2C 模式为例探讨了跨境电子商务海关监管模式等。

四是其他研究。如对跨境电商出口第三方物流的研究,支付方式的研究,跨境电商争议处理的研究等。

二、浙江省跨境电子商务出口现状概述

(一)交易量:突飞猛进

1. 中国跨境电商

受 2008 年金融危机影响,国际贸易形势严峻。如表 1 所示,2010 年以来,我国进出口贸易发展缓慢,2011—2016 年,我国出口贸易增长率分别为 15.2%、5%、6%、4.9%。无论是进口总额还是出口总额,增长放缓态势非常明显,2015 年甚至出现了负增长(−1.8%)。这与金融危机发生前我国出口贸易平均约 20% 的增长率形成鲜明对比。

与传统进出口贸易低增长态势不同,我国跨境电子商务却呈现出勃勃生机。表中显示,2010 年以来,跨境电商贸易总量及其中的出口电商交易量均保持 20% 以上的高增长率。跨境电商占进出口总额的比重也从 2010 年的 6.4%,稳步增长到 2015 年的 21.2%。且根据艾瑞咨询预测,2016 年我国跨境电商仍将保持高速增长的态势,2016 年跨境电商总额将达到 6.5 万亿元,占进出口总额的比重或将达到 26%。

图 1 更是清晰地显示了我国跨境电商出口表现情况。2010 年以来,我国跨境电商出口一直保持高增长率,跨境电商出口总额占出口总额的比重也越来越高。跨境电子商务无疑已经成为我国对外贸易新的增长点。

表 1　2010—2016 年我国进出口贸易及跨境电商交易数据①

贸易额:万亿元　增长率:%

	2010 年	2011 年	2012 年	2013 年	2014 年	2015 年	2016 年
进出口总额及增长率	20.2/10.7	23.6/12.3	24.4/12.9	25.8/13.7	26.4/14.4	24.6/14.1	25.0/15.0
	—	17.2/15.2	3.3/5.0	5.7/6.0	2.4/4.9	−7.0/−1.8	1.6/6.4
跨境电商交易量及增长率	1.3/1.2	1.8/1.7	2.3/2.1	3.1/2.7	4.2/3.6	5.2/4.4	6.5/5.5
	—	38.5/36.8	27.8/24.7	34.8/31.8	35.5/33.2	23.8/22.0	25.0/23.5
跨境电商占进出口总额比重	6.4%	7.6%	9.4%	12.0%	15.9%	21.2%	26.0%

数据来源:国家统计局、中国电子商务研究中心、艾瑞咨询、海关信息网等数据资料整理而得。

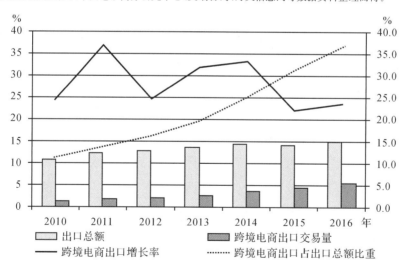

图 1　跨境电商出口与出口总额对比图

① "/"左边为进出口总额(跨境电商交易总量)或进出口总额增长率(跨境电商交易总量增长率),"/"右边为出口数据(出口额或出口增长率)。2016 年数据为预测数据,其中进出口总额数据来源于海关信息网,跨境电商交易量数据来源于艾瑞咨询预测数据。

2.浙江省跨境电商出口

浙江省近几年的跨境电商出口总量可用"突飞猛进"一词来形容。

浙江省是外贸大省和电子商务大省。近年来,随着互联网的飞速发展和电子商务交易技术的不断完善,国际市场消费模式发生变化,浙江企业纷纷开始通过电子商务方式开展跨境贸易,拓展国际市场,并取得了突破性的进展。

据商务部相关数据显示,目前浙江跨境电商进出口额约占全国的20%,位居全国第二,仅次于广东。2016年,浙江跨境电商出口按照预定目标实现成倍增长。浙江省跨境电商服务试点出口统计数(以"9610"代码报关)约为2.25亿元,占全国的比重为32%。2015年浙江跨境电商出口约270亿元,同比增长34.7%。2016年一季度,浙江省通过跨境电商业务报关的出口额达到1.4亿元,其中,2月份环比增长84.1%,3月份环比增长77%。跨境电子商务正逐步成为浙江对外贸易新的增长点。

(二)交易类目:更多品类,更多选择

目前浙江省跨境电子商务出口产品涉及服装、饰品、箱包、鞋类、汽摩配及家电等几十个品类,涵盖了浙江大部分的传统优势产业商品。2013年、2016年,浙江省跨境电商出口产业销售额最高的前五大品类依次为电子、时尚、家居园艺、汽配及收藏品;增速最快的三大品类依次为:家居园艺、汽配和时尚。出口产品呈现出"更多品类,更多选择"的特征。这和我们的调查不谋而合,我们的调查也了解到大部分的平台卖家表示会将业务拓展至其他产品品类,其中,被调查企业中分别有40%、32%和22%的卖家表示要扩展至家居园艺类、体育休闲及旅游类和汽配类。这些正是近几年销售额增速最快的产品品类。

表2 浙江省跨境电商出口产品情况

出口主要产品	出口销售额最高的五大类	增速最快的三大品类
服装、饰品、箱包、鞋类、汽摩配及家电等几十个品类	电子、时尚、家居园艺、汽配及收藏品	家居园艺、汽配、时尚

(三)出口市场:传统出口市场与新兴市场齐头并进

和产品类似,跨境电商出口也显示出多元化的特点,出口销售目的国覆盖了欧美、俄罗斯、南美、中东等 180 多个国家和地区。2016 年,跨境电商出口的主要销售地排名依次是:美国、英国、澳大利亚、德国、加拿大、俄罗斯、法国、巴西、以色列、西班牙、挪威、阿根廷、意大利、希腊、瑞典。出口市场呈现出"传统出口市场与新兴市场齐头并进"的特征。

观察后发现以欧美、澳洲为代表的传统出口市场在跨境电子商务中仍旧占主导地位,而俄罗斯和巴西等新兴市场也表现出蓬勃发展的态势。

(四)经营主体:多样化

作为蓬勃发展的"新兴产业",浙江跨境电商出口产业正在吸引越来越多不同类型的卖家,卖家类型越来越丰富化、多样化。调研发现,跨境电商出口卖家呈现以下特点。

1. 经营主体数量增多,但鱼龙混杂

浙江中小企业数量众多,百姓创业意识强烈。目前,浙江省从事跨境电子商务的经营主体 3 万多个,在各大跨境电商平台上开设各类网店已超过 30 万家。如 eBay 有 2 万家左右的中国卖家,其中 30% 是浙江的企业,仅浙江金华市就有 eBay 卖家 4000 余家,占全国的比重达到 20%;在阿里速卖通平台上的卖家主要集中在浙江和广东,其中活跃的义乌卖家就有 1.7 万家。义乌青岩刘村被称为中国网店第一村,聚集了来自中国各地 15000 余名从事网络销售及相关产业的工作人员,2800 多家注册网店每天向世界各地卖出超过 3000 件各类商品。2016 年 4 月,阿里研究院公布了全国外贸网商密集度排名,金华市居深圳之后列全国第二位。

与此同时,我们还发现,目前的经营主体鱼龙混杂,经营者间低价竞争的现象严重,类似速卖通一类的平台曾经还被贴上"低价、仿货"的标签。但这些现象在逐步改善,例如速卖通平台从 2016 年初就开始整顿卖家队伍,挤出了一部分小微卖家。

2. 大卖家规模化趋势明显，投资力度加大

越来越多拥有资本、产业经验和规模优势的传统外贸出口商瞄准快速增长的跨境出口产业，选择以 eBay、亚马逊、阿里速卖通为代表的电商平台开展业务，实现外贸出口业务的转型升级。与此同时，已经具有一定规模的我国卖家也进一步加大投资，通过扩充品类、开发新市场、建立海外仓、提高服务水平等举措来累积实力，扩大业务规模。这些大卖家提供的可媲美零售标准的购物体验，将提升跨境电商出口的整体服务标准，引领整个行业的发展。

3. 中小卖家开辟细分市场，快速成长

跨境电商平台为中小企业提供了迅速把握全球商机、快速融入全球化市场的捷径。在产业整体发展迅速、多样化的消费需求创造了前所未有的商机的前提下，越来越多在互联网时代成长起来的个人创业者将跨境电商零售出口产业视为创业良机，并快速完成从无到有的商业积累，为整个行业注入新的活力。

（五）经营平台：多元发展

随着浙江省跨境电商销售规模迅速扩大，涌现出了全国最大的跨境电商平台——阿里巴巴速卖通，和以杭州全麦、杭州子不语、浙江执御、浦江合趣、义乌潘朵、义乌吉茂、新河珠宝等为代表的跨境电商领军企业。

杭州全麦、义乌潘朵 2015 年出口销售额达 1.1 亿美元和 4200 万美元，浙江省跨境电商出口年销售额在 2000 万美元以上的企业已达 20 余家，并有一大批企业的销售额在迅速扩张中，浙江执御年出口增速在 200% 以上。单笔出口额也呈增大趋势，如浙江融易通公司通过跨境电商报关出口的一笔自主设计的饰品价值达 5 万美元。

调查发现，浙江省跨境电商卖家大多采用"销售平台多元化"的策略。80% 电商实现了 eBay、Amazon、速卖通、敦煌网等全网营销，部分规模较大的跨境电商出口企业自建销售平台。

三、产品差异化促进跨境电商出口的机理

(一)相关概念说明

1.产品及产品层次

产品,是差异化产品竞争的主体,因此首先要对产品有一个全面的认识。对产品的定义没有统一的说法。本文援引菲利普·科特勒对产品的定义,认为产品是指能提供给市场以引起人们注意、获得、使用或消费,从而满足某种欲望或需要的一切东西。

一般来说,企业提供产品时要考虑五个层次:核心产品、一般产品、期望产品、附加产品和潜在产品。核心产品是指顾客真正所购买的基本服务或利益,如酒店旅客真正要购买的是休息、安全与睡眠等;一般产品是指产品的基本形式,如旅馆的房间、设施等;期望产品是顾客购买产品时,通常希望和默认的一组属性和条件,比如旅客期望干净的床、电话和安静的环境等;附加产品,是指增加的服务和利益,比如酒店中赠送的鲜花、免费晚餐等;潜在产品是指该产品最终可能会实现的全部附加部分和新转换部分。

2.产品差异化

对于产品差异化的概念,理论界有众多解释。豪泰林(1929)、张伯伦(1933)、菲利普·科特勒(1967)、迈克尔·波特(1985)等均提出过相关定义。本文认为,产品差异化,即同类产品由于上述五个层次任一层次的差异,如产品性能、质量、规格、款式、包装、服务、品牌、信息提供、广告宣传、渠道等方面存在差异,从而导致产品间不完全替代的状况。

3.产品国际竞争力

国际竞争力是 20 世纪 80 年代初出现的新概念,目前还没有明确的定义。世界经济论坛在 1985 年的《关于竞争力报告》中提出:"国际竞争力是

企业主目前和未来在各自的环境中以比他们国内和国外的竞争对手更具吸引力的价格和质量来进行设计和生产并销售货物以及提供服务的能力和机会。"美国《关于产业竞争力的总统委员会报告》认为："国际竞争力是在自由良好的市场条件下,能够在国际市场上提供好的产品、好的服务,同时又能提高本国人民生活水平的能力。"OECD 则认为："国际竞争力是一个国家在自由公正的市场条件下,能在何种程度上生产出符合国际市场要求的商品和劳务,而同时又能长远角度维持并提高其人民的实际收入的能力。"从各种定义看来,国际竞争力在不同角度上有着不同的侧重点。因此对国际竞争力的研究也分为不同的层次。有宏观的国家竞争力和产业竞争力层次以及微观的企业竞争力和产品竞争力层次。IMD/WEF(1984)指出不同层次的竞争力含义有所不同,因此对不同层次竞争力的研究也可能得出不同的结论。笔者认为,竞争力最终还是要通过产品来体现,产品国际竞争力是一个企业乃至一个产业、一个国家经济实力与发展前景的最重要也是最基本的标志之一。

本文中,产品国际竞争力是指产品在设计、开发、生产、使用及售后服务等诸过程中与世界同类竞争产品进行综合比较,在国际市场竞争中得以实现其价值,满足消费者需求,吸引客户,占有市场的一种能力。

(二)产品差异化与产品国际竞争力

产品国际竞争力(企业国际竞争力)是实施产品差异化的基础与动力。企业要实施产品差异化战略,一直有一个隐性的假设前提,即企业在多个细分市场均要有较强的核心竞争能力才能实行,一旦这个假设前提不能成立,企业盲目的进行产品差异化,不但不能够提高企业的核心竞争能力,反而会丧失原有的自身竞争优势。企业具有强大的核心竞争力,则意味着它具有实现产品差异化和占领新细分市场的潜力。产品差异化促进企业核心竞争力的提升与发展。

企业的差异化表现在企业诸多方面的创新,不管这些创新是否都能成功,它们的经验累积都将形成企业的专有知识体系(罗永辉,2004)。产品差异化战略是企业战略的一种表现形式,实施产品差异化是提高核心竞争能力的重要手段,有助于产品国际竞争力的培育,企业在不同细分市场取得的成功又是对核心竞争力这一企业最宝贵资源最有效的利用。

(三)产品差异化与 Hotelling 拓展模型

当产品基本同质时,竞争企业在市场上没有自己的特色,不能对消费者产生独特的吸引力,价格是其吸引消费者的重要变量。企业于是竞相削价以争取更多的顾客,当价格降低至边际成本时,达到均衡(伯川德模型(Bertrand competition))。此时,企业无超额利润。而对超额利润的追逐是企业实施产品差异化战略的最大动因。

产品差异化为什么能带来超额利润呢? 我们利用豪泰林模型(Hotelling)做一个简单解释。传统豪泰林模型考虑的是产品空间上的差异,如图 2 所示,假设在一条长为 1 的线性城市中,均匀分布着一些消费者,不同位置的消费者要支付和距离呈正比的运输费用,两个企业 X 和 Y 提供同质产品,分别位于 A 点和 B 点。在此假设下,消费者购买商品时,不仅要考虑产品的价格,还要考虑运输成本。也就是说,由于(空间)差异存在,价格已不是影响购买的唯一因素。

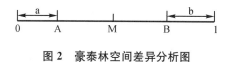

图 2　豪泰林空间差异分析图

随着运输成本的上升,每个企业对附近消费者的垄断能力加强,消费者对价格的敏感度下降。例如,图中,假设运输成本极大,在 B 点附近的客户选择到 Y 企业购买商品的可能性大大提高,在 A 点附近的则选择到 X 企业购买。特别地,当 X 位于 0,Y 位于 1 时,产品(空间)差异达到最大化,此时企业对附近消费者的产品价格控制能力也达到最大化,从而获得超额利润,并能最大限度地避免因产品同质而使过度价格竞争的发生。传统豪泰林模型描述的产品空间上的差异同样适用于对产品其他方面差异的分析。

产品差异化可以带来超额利润,那么跨境电商出口企业该如何制订差异化方案,并付诸行动呢? 下面将试着构建模型,为企业制订差异化战略提供参考。

四、基于 Hotelling 模型的差异化实现模型构建

产品差异化并不需要突然对产品做翻天覆地的创新或改变,其实质是产品差异(区别特质)定位的过程(1969,Al Ries,Jack Trout)。20 世纪 60 年代以来,国内外学者如菲利普·科特勒(1967)、迈克尔·波特(1985)、刘志彪(2001)、迟庆英等(2014)学者对产品差异化定位的概念或方法做了一定的研究,提出了产品、消费者、竞争者、市场、服务等为核心的单一变量或多变量定位方法。基于这些现有研究,并结合跨境电商实际,本文试着以多变量构建模型,提出跨境电商出口企业产品差异化实现路径。

(一)模型构建思路

现有的多变量研究采用产品特质(产品属性)、消费者、竞争者、市场等变量为主(迟庆英等,2014)。考虑到跨境电商出口发展中网络营销及服务的重要性,我们选择了竞争者、产品、消费者、服务、网络营销、"平台—市场"这六个变量进行分析,其中"平台—市场"为二维变量。在定位分析的过程中,我们将竞争对手分为三个层级,在分析竞争对手各项表现及自身表现情况的基础上,从各个维度观察差异定位突破点,从而在竞争中脱颖而出。依据此思路,我们构建了如下模型(表 3)。

表 3　产品差异化定位模型

竞争对手	产品					消费者		服务			网络营销		平台—市场
	产品特质	特色产品	品牌	品质分级	包装	个性特征	行为特征	界面	客服	物流	文化特质	营销手段	
领先													
平行													
潜在													

(二)模型变量解释

1.竞争对手

跨境电商平台充斥着各种各样的竞争对手,我们不妨把这些竞争对手归类为"领先"对手、"平行"对手及"潜在"对手。领先对手指的是同类产品里销售表现突出的竞争对手,平行对手则是表现与本企业相当的对手,潜在对手则是目前表现落后,但仍可能在未来形成竞争的对手。企业实施产品差异化战略首先要从平行竞争者中出线,接着挑战领先对手,并同时注意潜在竞争者的位置变化。对领先对手、平行对手、潜在对手的分析从产品、消费者、服务、网络营销、市场五个变量展开,每个变量下设一些可供选择的子变量。模型应用时,可根据情况选择全部或部分变量及子变量进行分析。

2.产品

产品变量下设产品特质、特色产品、品牌、品质分级、包装等子变量。其中,产品特质可选择分析对手的跨境电商平台引流款特质、爆款特质、利润款特质等;特色产品指的是相对出口销售表现较好,出口较有优势,或特色明显的产品,对特色产品的分析包括价格、式样、特色等的分析;品牌即产品品牌建设表现;品质分级指的是对产品品质表现的评分;对包装变量的分析则包含材质、是否礼品包装、成本、突出特征等的综合分析。

3.消费者

对消费者的分析包含个性特征、行为特征两个子变量。个性特征涵盖区域消费者的社会、文化、心理等内在表现;行为特征则是包含消费偏好(如产品偏好、服务偏好、网络营销偏好等)、跨境购买行为表现等方面。

4.服务

对服务这个变量的考核主要从销售界面、客服、物流三个方面展开。其中销售界面包括产品信息的完整性与真实性(国外买家更习惯于自助下单,因此产品详情的完整性与准确性就显得很重要)、信息阅读的流畅性(含产品翻译表现）、产品详情页模特展示、产品搜索的便利性及搜索结果的准确性等；客服表现包含客服数量及应答速度等；物流的好差对产品销售表现有着极大的影响力。物流方面的表现因此考核较细，包含价格、物流时效、物流信息是否可供查询、货物丢包率、完好率、物流选择是否多样等。考虑到海外仓的建设对提高物流质量有极大帮助，因此也添加海外仓为物流变量中的子变量。

5.网络营销

网络营销在跨境电商出口产品销售中有着举足轻重的地位，对两家产品与服务表现相差无几的企业而言，网络营销表现上的差异可能带来两个企业天差地别的销售表现。网络营销是各种营销手段的组合，包含一般营销工具的应用，以及长远规划的企业文化营销。

6.平台—市场

企业可选择一个，或同时在多个跨境电商平台开展对外贸易。不同平台在各个国家的接受度或订单生成量会有区别，也就是平台主要针对的客户（市场）有一定的差异。例如，阿里巴巴国际速卖通网站的订单主要来自俄罗斯、巴西、西班牙、乌克兰、智利、美国等国家；敦煌网目前主要针对美国、俄罗斯、巴西、澳大利亚等市场。"平台—市场"这一二维变量的分析可见下文中的二维分析图。

(三)模型应用

上述模型为企业拟制产品差异化实施方案或做差异化路径选择提供了分析框架及思路，模型实际应用可依据下图所示的步骤进行。

图3　应用差异化模型制定产品差异化方案的步骤

1.竞争阶段定位

企业实施产品差异化战略首先要从平行竞争者中出线,接着挑战领先对手,并同时注意潜在竞争者的位置变化。也就是说,企业首先要分析目前所处的竞争阶段,若还处于与大量平行竞争对手较量的阶段,那么目标就锁定平行竞争对手,暂时忽略领先对手。若处于与少量领先对手一比高下的阶段,则分析时不仅要寻找与领先对手竞争的差异化战略,还要保持差别于相对较弱对手的差异特质。

2.变量选择

根据竞争阶段定位,锁定着重分析的差异对象——平行对手或是领先对手。接着首先分析"平台—市场"变量,这一二维变量的分析可做二维分析图,如图4所示。

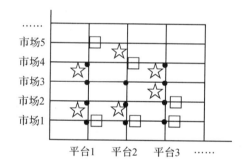

图4 "平台—市场"变量二维分析图表

图中,横轴表示跨境电商平台,纵轴表示市场,具体市场情况参看右边的表格。表中的"●"表示各平台主要针对的市场(国家)。"☆"表示竞争对手在各平台中的主要销售国,"□"则表示本企业。为了图中显示清晰起见,"☆"标在相应平台市场的左边,"●"标中间,"□"标右边。图4的示例中,平台1主打4个市场(四个"●"),竞争企业在平台1中主要销往市场1和市场3,本企业则销往市场1和市场5。

若二维分析图显示的企业与竞争对手的跨境电商平台应用及主攻市场类似,可考虑去掉消费者、"平台—市场"变量,只保留产品、服务、网络营销三个变量,做对比分析表,如表4所示。并在差异化方案制订时,额外再考虑从平台多样化拓展或单一平台多市场拓展上与对手形成差异点。

表4　企业与竞争对手指标表现对比表

	产品					服务			网络营销	
	产品特质	特色产品	品牌	品质分级	包装	界面	结算	物流	文化特质	营销手段
竞争对手（领先或平行）										
本企业										

3.制订模型量表与寻找差异突破点

量表制订首先要对竞争对手做系统调查，收集各变量资料，根据数据的可获得性及代表性等选择产品、消费者、服务、网络营销等变量中的子变量，制订出一个系统的、完整的、较为准确的量表。接着结合量表，寻找可能的差异突破点。

4.制订差异化方案

企业在制订差异化方案时，一般有两个思路：一是跟随战略，即不和竞争对手剑拔弩张，特立独行，试图抢占市场，而是默默跟随竞争对手表现出的优秀特质；二是完全差异化战略，即另辟蹊径，挖掘出新的差异特质，提高市场竞争力。第一种思路并不适用于与平行对手竞争的阶段，模仿平行竞争对手只能原地踏步。也就是说，"跟随战略"一般仅适用于与领先对手竞争的阶段。此时，企业在核心竞争力，如产品特质的表现上可以跟随竞争对手，但在其他变量，如服务、网络营销等的表现上仍可以独树一帜，形成自己独特的记忆点或特色，提高跨境电商平台客户黏度。第二种思路适用于上述任一阶段。

5.选择差异化方案

结合上述分析，企业需要在实践中尝试或模拟可选方案，根据实践表现或模拟情况，选择与企业现有资源、长远发展规划相匹配的方案。

五、结论与建议

在跨境电商平台上已经有一定出口竞争优势的企业,可以从产品、消费者、服务、网络营销、"平台—市场"等多角度出发,利用模型,结合实际数据,制订产品差异化战略。这种差异可以是在现有变量表现基础上做一些即时的调整变化,也可以是细水长流的区别特质的长远规划。如果企业能够在差异化战略后形成自己独有的产品特色,不但能够满足不同市场的需求,有利于企业开拓跨境电商细分市场,提高企业核心竞争力,而且还有利于行业的良性发展,避免低价竞争的持续。退一步说,即便企业实施的产品差异化战略不成功,他们的经验积累都将形成企业的专有知识体系。

课题负责人:方巧云

课题组成员:朱春兰　翁旭青

寿舒舒

[参考文献]

[1] 鄂立彬,黄永稳. 国际贸易新方式:跨境电子商务的最新研究[J]. 东北财经大学学报,2014(2).

[2] 管荣伟,服装出口企业跨境电商贸易面临的问题与转型策略[J]. 对外经贸实务,2015(5).

[3] 迟英庆,万文亮,张文涛. 基于企业核心竞争力的产品差异化实现研究[J].商业经济研究,2014(21).

[4] 王广玲. Hotelling 模型的拓展研究及博弈分析[D]. 郑州:河南大学,2011.

[5] 产品差异化与重复建设引发过度价格竞争的博弈分析[J]. 宁夏大学学报(人文社会科学版),2001(5).

［6］狄昂照. 国际竞争力［M］. 北京：改革出版社，1992.

［7］邹薇. 论竞争力的源泉：从外生比较优势到内生比较优势［J］. 武汉大学学报，2002（2）.

新常态背景下浙江经济
增长和能源消费特征

"十二五"以来,浙江经济逐步进入"新常态",经济增速从高速增长向中高速增长转变,经济结构从中低端迈向中高端,发展方式从规模速度型转向质量效益型,发展动力从要素、投资驱动转向创新驱动。受此影响,支撑经济发展的能源消费呈现新特征,能源利用效率出现新变化,节能降耗动力发生新转变,绿色低碳发展取得新进展。经济新常态是一段较长时期内稳定的经济增长形态,"十三五"浙江仍将处于经济新常态,这一背景下浙江的节能降耗工作既存在不少机遇,但也面临一些挑战,经济发展与能源约束的矛盾仍将长期存在,需要继续全力以赴推动节能降耗工作,切实提高能源利用效率水平,确保经济平稳增长的同时有效控制能源消费总量。

一、浙江"新常态"经济增长特征

1.经济稳定在中高速增长区间

浙江 2015 年人均 GDP 约 1.2 万美元,处于工业化后期并向后工业化转换阶段,随着人口结构变化、生产要素成本上升以及国际国内竞争压力加大,潜在经济增长率呈下移趋势,经济从高速增长逐渐回落到中高速增长区间。2011—2015 年浙江省 GDP 比上年分别增长 9.0%、8.0%、8.2%、7.6% 和 8.0%,平均增速为 8.2%,比"十一五"时期低 3.7 个百分点,比全国更早进入"新常态"。从季度增长看,2012—2015 年各季度 GDP 增长率基本稳定在 7% 至 8.3% 之间,中高速增长区间逐渐清晰。

2.经济增长的质量和效益保持较高水平

尽管经济增速有所放缓,但经济增长的质量和效益明显提高,提质增效成效显现。2015 年,浙江省劳动生产率达 19.3 万元/人,比 2010 年提高 56.4%;从业人员平均劳动报酬 5.6 万元,比 2010 年的 2.8 万元提高一倍。同时,越来越多的制造企业重视引进和开发智能化设备,优化产品设计与生产工艺,制造业信息化、智能化、集约化程度提高,工业附加值率明显提升。2015 年浙江省工业机器人的使用量约占全国的 15%,居各省市区第一位,全年约减少 60 万简单劳动为主的操作工人。

3.产业结构发生趋势性转变

一是三次产业结构明显优化。"十二五"时期,三次产业结构实现了从"二三一"到"三二一"的历史性跨越。2015 年,第三产业增加值增长 11.3%,比 GDP 增速高 3.3 个百分点,对 GDP 增长贡献率达 65.7%;服务业增加值占 GDP 比重达 49.8%,比 2010 年提高 6.3 个百分点,高出第二产业 3.9 个百分点。服务业成为经济运行中最具活力的部分和新的增长动力,从 2008 年开始,第三产业增加值增速已连续八年高于 GDP 和第二产业增速。

二是工业结构调整进程明显加快。"十二五"期间,省委、省政府出台一系列政策措施,推动浙江从工业大省向工业强省、制造大省向"智造强省"迈进,新兴产业加快发展,高耗能行业增长趋缓。"十二五"时期,高新技术产业、装备制造业和战略性新兴产业增加值年均[1]分别增长 9.8%、8.7% 和 8.2%,增幅比规模以上工业分别高 2.2、1.2 和 0.7 个百分点。与此同时,能耗总量和单耗水平均较高的八大高耗能行业增加值年均增长 7.1%,增速比规模以上工业低 0.4 个百分点。

三是服务业结构明显改善。受益于互联网络的发展,信息传输、计算机服务和软件业成为"十二五"以来第三产业中增加值增幅最快的行业,2011

---

[1] 战略新兴产业统计从 2011 年开始,本文所用增速为 2011—2015 年平均增速。

—2016年①年均增长18.7%，比GDP增速高10.5个百分点；批发零售业增加值占GDP的比重为12.1%，仍然是第三产业中占比最高的行业，"十二五"时期增加值年均增幅达11.6%，比GDP增速高3.4个百分点；能源消费相对较高的交通运输业发展平稳，增加值年均增长7.0%，比GDP增速低1.2个百分点。

4. 投资结构开始新一轮调整

经济新常态背景下，传统投资空间缩小，投资增速回落，但投资的精准度和有效性加强，结构优化。

一是基础设施投资比重上升。2015年，基础设施投资、房地产开发投资和制造业投资分别占固定资产投资的27.8%、26.7%和28.4%，但基础设施投资占比比2010年上升0.8个百分点。

二是服务业投资占比提高。2015年，浙江省服务业投资1.8万亿元，比2010年增长2.6倍，比第二产业投资增速高81.1个百分点，服务业投资占固定资产投资由2010年的58.8%提高至2015年的65.7%。

三是工业投资热点向智能制造和高端装备等领域转变。仅2015年一年，浙江省以"机器换人"为重点的工业技术改造投资增长23.6%，占工业投资的76.6%；截至2016年10月底，浙江省规上企业当年实施限上"机器换人"技改项目比例达到20.9%。

二、浙江省"新常态"能源消费特征

1. 能耗总量低位增长，结构优化

随着浙江省经济步入新常态，经济增长稳定在中高速增长区间，且经济增长的质量和效益明显提高，支撑经济发展所需能源消费量有所下降，能源消费增速趋缓，弹性系数逐步降低。2011—2015年，浙江全社会能耗比上

---

① 该细分行业2015年数据需GDP年报数据确定后方能取得。

年分别增长 5.7％、1.4％、4.1％、1.0％和 4.2％,五年平均增长 3.3％,增速比"十一五"时期回落 3.7 个百分点,比 GDP 增速低 4.9 个百分点;"十二五"时期能源消费弹性系数仅为 0.33,比"十一五"时期低 0.26。经济"新常态"背景下,浙江更注重低碳发展,大力推进"煤改气"工程,能源消费结构优化。2015 年,温室气体排放系数较高的煤炭占一次能源消费的比重为52.4％,比 2010 年下降 8.1 个百分点;相对清洁的天然气消费占比 4.9％,比 2010 年提高 2.4 个百分点。

2. 能源利用效率明显提高,工业发挥节能主战场作用

经济新常态背景下,浙江经济增长方式明显转变,科学发展和绿色发展理念逐步体现,节能降耗成效较为显著,能源利用效率明显提高。2015 年,浙江单位 GDP 能耗 0.48 吨标准煤/万元(2010 价),居全国第四位,仅高于北京、广东和上海三地。"十二五"时期单位 GDP 能耗累计下降 20.7％,比"十一五"时期高 0.7 个百分点,年均降幅达 4.5％。工业是国民经济中最大用能部门,浙江大力推动工业领域节能降耗工作,通过实施万吨千家企业节能、严把能评准入关、淘汰落后产能、落实节能技改项目等措施推进工业节能降耗,发挥工业节能主战场作用。"十二五"时期浙江工业单位增加值能耗累计下降 23.7％,比单位 GDP 能耗降幅高约 3.0 个百分点。

3. 结构节能成效显现,贡献提高

经济"新常态"背景下,浙江加快调结构、促转型的步伐,结构节能对全社会节能贡献已有所显现。

一是三次产业结构优化促节能。"十二五"时期,服务业加快发展,第二产业比重有所下降,结构变化有利于节能,对全社会节能的贡献约 8％,其中 2015 年结构节能贡献高达 36.8％。

二是工业内部行业结构变化有利于节能。"十二五"时期,浙江着力实施工业结构优化升级战略,严格控制两高行业发展,取得一定成效。如2016 年和 2015 年工业结构节能贡献率分别约 11 ％和 18％,尽管其余年份结构节能贡献相对较低,但总体而言,工业结构向有利于节能的方向转变。

三是第三产业内部结构变化有利于节能。"十二五"时期第三产业中高

产出、低能耗的信息经济和现代服务业等绿色产业的引领支撑作用进一步显现,单耗水平较高的交通运输业比重有所下降,三产内部结构变化有利于节能。

4.供给侧结构性改革作用显现,主要高耗能行业能耗总量和单耗水平双下降

浙江从 2015 年开始,实施以去产能、去库存、去杠杆、降成本、补短板为重点的供给侧结构性改革,钢铁、水泥等高耗能行业成为"去产能"的重点领域,在此之前,浙江已严格控制高耗能产品生产规模,有效削减主要高耗能行业能耗总量,节能成效极为明显。非金属矿物制品和黑色金属冶炼业为单耗水平最高的两个行业,"十二五"时期,非金属矿物制品业中单耗较高的水泥熟料产量不增反降,累计下降 11.2%,行业能耗累计下降 12.0%,单位增加值能耗降幅高达 34.3%;黑色金属冶炼业主要产品产量有所增长,但产品结构明显改善,单耗较高的粗钢产量增速比钢材低 27.4 个百分点,行业能耗与"十二五"初期持平,单位增加值能耗降幅高达 27.3%。两行业对规模以上工业节能的贡献较低的年份约 20%,较高的年份达 60%左右。

三、新常态背景下"十三五"节能降耗的机遇和挑战

"新常态"为不同以往的、相对稳定的状态,这是一种趋势性、不可逆的发展状态,也是较长时期的一种经济发展状态,预计"十三五"时期浙江经济仍将处于新常态。在这一背景下,经济发展面临新的任务,既给节能降耗工作带来新的机遇,也会带来新的挑战。

(一)主要机遇

1.现代服务业发展带来的机遇

"十三五"时期浙江经济进入工业化发达阶段,以现代服务业尤其是生产性服务业为主导的产业结构调整步伐不断加快。"十三五"规划纲要确定

服务业比重累计提高 3.2 个百分点,根据 2015 年数据测算,服务业比重提高 1 个百分点,拉动单位 GDP 能耗下降约 1.1 个百分点,预计现代服务业快速发展累计拉动单位 GDP 能耗下降约 3.5 个百分点。在服务业内部,电子商务、文化创意、研发设计等创新性、高附加值现代服务业将得到强化发展,这些产业的发展将明显改善服务业内部能耗结构,提高服务业能源利用效率。

2. 制造业优化升级带来的机遇

浙江是制造业大省,“十三五”时期将大力实施工业现代化战略,以网络智能制造为导向,着力把制造业做强做精,强化新一代信息技术、智慧城市关联产业、节能环保、新型建材、高端装备制造等战略性新兴产业和高新技术产业发展,进一步严控高耗能行业发展。根据 2015 年数据测算,浙江八大高耗能行业单位增加值能耗是装备制造业的 5 倍,八大高耗能行业比重每下降 1 个百分点,可以拉动单位工业增加值能耗下降 1.6 个百分点,单位 GDP 能耗下降近 1.0 个百分点。“十三五”时期制造业优化升级措施将明显改善规模以上工业能耗结构,工业内部结构节能贡献将继续加大并逐步成为推动全社会节能的主要动力。

3. 经济发展驱动力转变带来的机遇

改革开放以来特别是“十五”时期浙江经济的快速发展,主要还是依靠增加能源、资源等要素的投入来扩大生产规模,经济增长呈现出高投入、高消耗、高排放的特征。“十三五”时期,继续加大经济转型升级力度,加快推动发展动力转换和发展方式转变,经济发展的质量和效益将得到有效提升。国民经济各行业从要素驱动向创新驱动转变的过程中,行业能源利用效率将继续得到显著提升,“十二五”时期行业能效提升对节能贡献稳定在 70% 左右,预计“十三五”时期随着经济发展方式转变进程的加快,行业能效继续有所提升,在节能降耗工作中继续发挥重要作用。

(二)主要挑战

1.节能空间缩小的挑战

"十一五"以来,浙江已持续 10 年时间大力推动节能降耗工作,能源利用效率大幅提高,技术节能和管理节能的潜力已得到很大程度的挖掘,节能空间明显缩小。"十一五"时期浙江省单位 GDP 能耗降幅约 20%,"十二五"单耗降幅继续扩大,累计下降 20.7%,降幅比节能目标任务值高 2.7 个百分点,"十三五"节能降耗基数明显低于前两个五年规划时期。2015 年,浙江省单位 GDP 能耗仅 0.48 吨标准煤/万元,在全国各省市中仅高于北京、上海和广东,节能降耗空间明显小于全国平均水平。"十三五"节能降耗工作将进入"啃硬骨头"的攻坚阶段,继续挖掘节能潜力的难度逐渐增大,节能的边际成本不断提高。

2.绿色石化基地建设的挑战

石化产业是国民经济重要的基础原材料产业,我国石化产业发展在迫切需要化解产能过剩问题的同时也面临扩大有效供给和中高端供给的问题。"十三五"期间,浙江将规划建设民营控股、国际一流、绿色生态、规模超万亿的"民营绿色石化基地",作为国家补短板的重大战略性项目,对全国推进供给侧结构性改革具有重要意义。但该石化基地建设将给"十三五"节能降耗工作带来重大压力,其中炼化一体化一期项目建成投产即预计拉动浙江省单位 GDP 能耗上升约 8.5 个百分点。

3.城镇化进程加快的挑战

国家"十三五"规划纲要提出加快新型城镇化步伐,浙江规划纲要确定"十三五"末城市化率达 70%,比"十三五"初期提高 4.2 个百分点。研究表明农村人口转入城镇,能源消耗将增加 3.5 倍,用电量增加 3 倍。尽管居民生活能耗占全社会能耗比重仅 11% 左右,但近年来一直呈刚性增长,"十二五"时期居民生活能耗累计增长 19.9%,比全社会能耗增速高 2.3 个百分点,拉动单位 GDP 能耗上升 2.2 个百分点,这部分能耗不直接创造 GDP,

其刚性增长制约全社会能源利用效率的提高。预计"十三五"时期在城镇化进程加快的情况下,居民生活能耗继续保持刚性、较快增长态势,加大能耗"双控"工作难度。

四、"新常态"背景下"十三五"节能降耗政策建议

"十三五"时期,浙江经济新常态背景下,既面临现代服务业加快发展、制造业优化升级和经济发展驱动力转变等机遇,也面临节能空间缩小、绿色石化基地建设和城镇化进程加快等挑战,继续大力提升能源利用效率的难度仍然较大。与此同时,为有效控制全国能耗增长态势,实现中国对国际社会做出的碳排放总量控制承诺,"十三五"时期国家对各省实施能耗"双控"措施,能耗总量和单位 GDP 能耗降幅均为约束性指标,且总量控制措施预计明显严于单耗,浙江经济发展与能源消费约束的矛盾仍将长期存在。因此,需要进一步提高对节能降耗工作重要性、复杂性和艰巨性的认识,在保增长的同时通过调结构、促转型推动能耗"双控"工作,大幅提升能源利用效率,在实现绿色低碳发展的同时确保经济平稳较快增长。

1. 切实加大能源"双控"工作督查力度

尽管"十三五"时期在经济新常态背景下浙江节能降耗工作面临一些有利因素,但也存在不少挑战,完成能源"双控"工作的难度仍然较大。但部分地区由于"十二五"期间超额完成节能降耗目标,对节能降耗工作有所松懈,个别地区对高耗能行业发展的控制力度有所放松,形成较大的能耗反弹压力。今年一季度,浙江省能耗增长 4.2%,比全国平均水平高 3.2 个百分点;单位 GDP 能耗下降 3.5%,降幅比全国平均水平低 1.8 个百分点。更值得关注的是各地节能降耗进展不平衡,宁波、湖州、台州和丽水单位 GDP 能耗不降反升,为"十一五"以来少有的情况。建议省政府加大对能耗"双控"工作的督查力度,督促各地继续加强对能耗双控工作重要性、紧迫性和艰巨性的认识,在保增长的同时通过调结构、促转型推动能耗"双控"工作,确保

经济发展和节能降耗同步进行,顺利完成节能目标任务。

2.着力加快三次产业结构调整

依托经济新常态背景下现代服务业加快发展的有利条件,优化三次产业结构,挖掘结构节能潜力,有效提高结构节能贡献率。顺应信息化发展趋势,加快发展电子商务、文化创意、研发设计和数字传媒等低能耗、创新性、高附加值的现代服务业产业;以制造业和服务业跨界融合发展为目标,加快发展网络经济、信息服务、现代物流、科技教育、商务会展和批发分销等生产性服务业;改造提升商贸流通、旅游和房地产等传统优势服务业,切实提升产业附加值。

3.有效推动制造业优化升级

抢先抓住以互(物)联网技术、生物技术、新能源技术、新材料技术等交叉融合引发的全球新一轮科技革命与产业变革重大机遇,充分利用省内制造业及互联网产业的领先优势,加速推进工业化与信息化的深度融合,抢抓时机重点发展以智慧产业为代表的高延展性、高成长性、低能耗的新兴产业,着力优化制造业内部结构,发挥工业结构节能成效。加快推进低碳绿色节能技术对传统制造业的全面改造换代,从源头上扼制环境和生态破坏,形成经济社会生态良性互动发展新模式。

4.从严控制高耗能行业发展

以供给侧结构性改革为契机,大力推动黑色金属冶炼和非金属矿物制品等高耗能行业"去产能、去库存"进程,积极淘汰高耗能落后生产工艺、产品和设备。同时进一步强化源头控制,把节能评估审查作为审批、核准项目的前置性条件,加大能评审查监管力度,从能耗总量和单位增加值能耗水平两个角度进行能评把关,实行一票否决制,严格控制"两高"行业新增产能。

课题负责人:池　照

课题组成员:沈　曦　王　珍

莫丰勇　张朝英

移动电话抽样在 CATI 调查中的应用与实践

一、当前推广移动电话抽样调查的必要性研究

在政府决策过程中积极开展民意调查工作,倾听民众呼声、吸纳民意,积极引导人民群众参与政府决策和公共服务管理,充分发挥人民群众在建设中国特色社会主义事业中的主体地位和作用,是当前推进服务型政府建设、不断改进政务工作的重要途径;是提高政府决策科学化、民主化程度的重要环节;同时又是提高政府决策透明度和民众参与度的重要举措。近年来,随着居民隐私保护和安全防范意识的增强,入户调查访问的配合程度一直呈下降趋势,特别是城市市区的入户调查,小区保安制度越来越严格,居民楼门禁系统的应用越来越多,居民户的防范意识越来越强,调查员入户难度也越来越大,由此带来了较大的调查样本分布误差。面对入户难问题,各地的统计调查员普遍采用由社区干部或地方工作人员陪同入户的方法来降低拒访率,提高入户成功率。但由此带来的问题是,对于涉及地方政绩考核的敏感性指标,受访者由于顾虑到有当地政府工作人员在调查现场,往往不敢做出真实意愿的表达,从而影响到调查结果的可信度。

CATI 调查是新兴事物,就目前来看,其主要优点是:调查成本低,调查效率高,而且调查全过程由计算机主导,能较好地避免人为因素对调查数据的影响,调查结果客观公正。但电话调查由于自身的特殊性,存在问题内容不能过于深入、问题数量不宜过多等限制,而且从近年来的调查实践来看,

还面临拒访率增加、样本代表性变差等问题,亟待解决。

当前,大多数 CATI 调查出于调查样本定位(通常要求定位到县一级,移动电话抽样定位上暂不支持)和调查样本代表性(通常要求访问者为本地常住居民回答)的考虑,多仅采用固定电话局号抽样的方法。近年来,随着移动电话的快速普及,固定电话普及率一直呈逐年降低趋势,据国家统计局 2016 年 2 月发布的《2015 年国民经济和社会发展统计公报》显示,2015 年末全国电话用户总数达到 153673 万户,其中移动电话用户 130574 万户,固定电话用户 23099 万户,移动电话普及率上升至 95.5 部/百人,固定电话普及率下降至 16.9 部/百人。浙江省统计局、国家统计局浙江调查总队同月发布的《2015 年浙江省国民经济和社会发展统计公报》显示:2015 年末浙江省移动电话用户 7466 万户,比上年增加 95 万户,移动电话普及率为 135.6 部/百人;固定电话用户 1500 万户,减少 142 万户,固定电话普及率 27.2 部/百人。而近十年的统计数据也显示:浙江省的固定电话普及率已由 2006 年的 48.0 部/百人减少到 2015 年的 27.2 部/百人,全国的固定电话普及率由 2006 年的 28.1 部/百人减少到 2015 年的 16.9 部/百人;另一方面,浙江省的移动电话普及率由 2006 年的 60.5 部/百人增加到 2015 年的 135.6 部/百人,全国移动电话普及率由 2006 年的 35.3 部/百人增加到 2015 年的 95.5 部/百人。由此不难看出,固定电话的抽样人群代表性误差正逐年增大,当前仅使用固定电话局号抽样已很难满足 CATI 调查发展的需求,在 CATI 抽样中引入移动电话抽样是当前 CATI 调查的必然趋势。

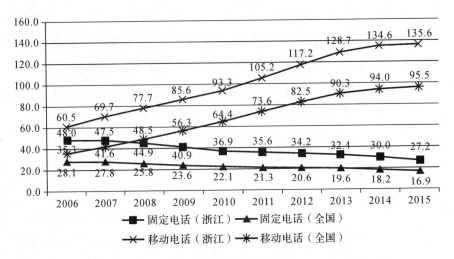

图1　2006－2015年固定电话及移动电话普及率变化情况(部/百人)

二、当前CATI调查抽样技术的研究

(一)CATI调查中常用的抽样方法

根据CATI调查的特点,抽样方法既可以是概率抽样也可以是非概率抽样,然而在实际操作中,严格的概率抽样几乎无法进行,所以非概率抽样一般更具有实践意义。常用的CATI电话号码的抽取方式有以下几种,每种方式的限制条件不同,各有利弊。

1.电话全码抽样

电话全码抽样又称电话号码本抽样(Sampling Telephone Directory),是把合适的、包括完整的电话名录作为抽样框,采用随机抽样或系统抽样的方式随机抽取电话号码。采用该抽样方式,出现所拨号码为空号、停机、传真电话等无效号码的情形比较少。如湖南省统计局联合本地移动运营商建立了覆盖浙江省的移动电话全码资源;浙江省台州市统计局联合台州电信建立了覆盖全市全体电信用户的固定电话全码资源。采用全码抽样方式具有空号率低、执行效率高、样本代表性好等优点,但需要注意的是,当前固定电话和移动电话的普及率正处于快速变化的阶段,如不能及时更新样本框,则会出现新入网的用户因未纳入样本框无法被抽取,停机减少的用户无法在样本框中被剔除而造成抽样效率下降等现象。以浙江省为例,《2015 年浙江省国民经济和社会发展统计公报》显示:2015 年底移动电话用户比上年增加 95 万户,平均每月增加 7.9 万户;而固定电话用户比 2016 年底减少 142 万户,平均每月减少 11.8 万户。如果样本框更新不及时,抽取样本的代表性和抽样的执行效率就会受到影响。因此,如果要利用电话全码进行抽样,为保证抽样人群的代表性、科学性,必须及时更新作为抽样框的电话号码目录,如协调相关通信管理部门或运营商,按半年度或年度更新一次。

需要指出,由于中华人民共和国工业和信息化部 2013 年公布的《电话用户真实身份信息登记规定》中规定:"电信业务经营者及其工作人员对在提供服务过程中登记的用户真实身份信息应当严格保密,不得泄露、篡改或者毁损,不得出售或者非法向他人提供,不得用于提供服务之外的目的。"即便是政府部门出于公益性要求的调查需求,真正能从通信管理部门或者运营商处拿到一个地区完整的电话名录的情况并不多。因此,实际中很少采用这种方法。

2. 固定电话局号随机抽样法

目前,我国的固定电话号码是由区号、局号(四位或三位数字)加后四位数字构成的,如浙江省内的杭州、宁波和温州等城市,区号为四位 0571、0574 和 0577,这三个市内电话号码为八位,局号为四位,后四位是局号后数字;另外还有一些城市如浙江的湖州、舟山和丽水,区号分别为 0572、0580 和 0578,这三个市内电话号码为七位,局号为三位,后四位是局号后数字。就每个地区而言,区号是唯一的、固定的,而局号抽样框可通过与电信部门联系或查找有关资料找到,局号后的四位数字则可通过计算机软件自动随机生成。这种抽样方法的随机性很强,样本的代表性与实际相对较吻合,在国内外的民意调查实践中经常被采用。目前全国统计系统普遍采用的就是这种后四位号码随机生成的抽样方法。浙江省统计局民生民意调查中心自

2008 年开始探索 6 位电话局号抽样方法,从浙江省统计系统基本单位名录库中提取 6 位电话局号作为调查样本框,并按年度进行更新,目前 6 位样本框中浙江省共有不重复局号段 28.86 万条,覆盖浙江省 11 个设区市、90 个县(市、区)。与 4 位电话局号相比,6 位电话局号具有以下特点:

定位信息全。目前 6 位电话局号理论上已可支持定位到社区(村)一级,但定位差错率还较高,但对于定位街道(乡镇)的要求已能较好满足。

定位效率高。监测数据显示,目前 6 位电话局号定位县(市、区)差错率相对较低,定位准确率更高。

空号率低。采用后四位(或两位)号码随机生成的抽样方法随机性非常强,不可避免地出现了较高的空号率,但通过 CATI 系统自带的智能预拨号和空号过滤系统,可以将系统随机生成的空号等无效号码快速过滤,提高执行效率。目前 6 位电话局号抽样抽中的空号率相对低些,相应的抽样执行效率也更高一些。

3. 移动电话局号随机抽样法

目前移动电话号码组成是由局号(前七位数字)加后四位数字构成的,通过七位的移动电话局号已可确定号码归属地、运营商名称等信息,如"1370571"的局号段,定义为杭州市移动通信公司的全球通卡。因此,在配置了浙江省 7 位移动电话局号样本框后,再采用后四位号码随机生成的方法也能对移动电话用户进行 CATI 抽样访问。在移动电话样本框配置方面,2016 年 5 月,浙江省统计局民生民意调查中心在省通信管理局的大力协助下,建立了包含三大移动运营商(移动、联通、电信)覆盖浙江省 11 个设区市的移动电话号码局号段,并按年度进行更新。目前在用的 7 位样本框中浙江省共有局号段 16747 条,覆盖浙江省 11 个设区市、90 个县(市、区)移动电话用户。需要特别注意的是,移动电话局号随机抽样法与固定电话局号随机抽样法相比,目前 7 位移动电话局号只支持定位到设区市一级,如果需要定位到县(市、区)或者街道(乡镇),必须通过访问员人工询问受访者来进行确定。

需要指出,局号后可排列出来的四位数字并不都是有效电话号码,通信管理部门或运营商在发放号码时不会一次把所有电话号码都分配出去,通常考虑到未来的发展,会预留一定的号码;另外由于所处地理位置的不同,每个局号下的电话的数目也是不同的,如商业区局号下办公电话多,住宅电话少;而处于居民区的局号,则是住宅电话多,办公电话少。由于每个局号下所包含的电话数目是不同的,所以不同局号下的电话号码被抽中的机会不同,比如以 135、136、137、138、139 等开头的移动电话局号肯定比 147、157、177、187 开头的局号所包含的有效号码要多。因此,为保证抽样样本近似于自加权样本,理论上此阶段要事后加权,事后加权系数等于每个局号下电话数目占全部电话号码数目的比例,但实际上这个数据没有办法得到,只能利用拨打电话时获得的有关记录(如每个局号下有人接听电话的比例)去估计,并在今后的调查实践中不断完善样本框。

三、移动电话抽样在 CATI 调查中的实践

全国社情民意调查系统对移动电话抽样的官方实践探索起源于 2016 年。2016 年 6 月,国家统计局社情民意调查中心在其组织的 2016 年上半年全国安全感调查中首次使用了移动电话抽样调查。调查中对移动电话的抽样采用全码抽样方式,即根据有关部门提供的移动电话号码库(非全体样本库,是按照设区市样本配额 1∶10 提供的部分样本库),按照分层随机抽样的方法完成规定的样本数量。为保证调查数据前后年度的可比性,2016 年上半年全国安全感调查移动电话样本占全体样本的比例为 12%,下半年为 18%,2015 年上半年为 23%,下半年为 30%,移动电话样本比例占总体样本的比例呈现递增趋势。

我省统计系统对移动电话抽样的探索也开始于 2016 年,浙江省统计局民生民意调查中心在自主组织的浙江省民生改善居民感知度调查中首次尝试使用了移动电话抽样调查,调查采用的是移动电话局号随机抽样调查方法,通过分层抽取移动电话局号,后四位由 CATI 系统随机生成的方式,在定位受访者居住地时,采用人工询问确定的方法。调查中移动电话样本占

总样本量的比例为 25％左右。此后,还在多个省委、省政府及其相关部门的委托调查和自主调查中尝试使用了移动电话抽样,如 2015 年 3 月的浙江省法治建设群众满意度调查,移动电话占社会公众样本量的 10％;2015 年 5 月的浙江省社会道德环境和公共文化服务公众满意度调查,移动电话占总样本量的 15％;2015 年 11 月的平安浙江群众安全感电话调查,移动电话占总样本量的 20％,等等。

四、CATI 调查抽样中存在的误差问题及建议

作为一种调查方法和技术,CATI 已在欧美发达国家使用了 30 多个年头,目前国际上 90％以上的社情民意调查是采用计算机辅助电话调查系统(CATI)开展的。现如今,CATI 理论及技术已经相当成熟,并广泛地应用于多种调查研究领域,如政府公共服务的满意度调查、政府政策的成效评估、企业品牌知名度研究、服务质量跟踪调查及选举支持率民意测验等。虽然 CATI 调查具有其他传统民意调查所不具有的许多优点,但限于 CATI 调查是通过电话进行的,存在访问主题不宜过于深入、访问时间不宜过长等不足。另外,CATI 调查在抽样过程中还存在一些问题,主要是误差问题,应该引起重视。

在 CATI 调查的执行过程中,主要存在两类误差:抽样误差和非抽样误差。抽样误差在统计学上已经有一套比较成熟的理论与方法,这种误差是不可避免的,它会随着抽样规模的增加而减少,并可以根据一定的置信水平来估计抽样误差。而与之相比的非抽样误差就很难测定和评价。实际上,CATI 调查的质量控制主要就是对非抽样误差的控制。非抽样误差包括样本设计误差和计量误差。样本设计误差是在样本设计或样本抽样中而产生的误差,如空号误差,每个 CATI 调查中都会存在相当数量的空号或无效号码,这些号码可能是系统随机生成的空号,也可能是近期才停机的号码,如果这部分号码所对应的个体分布与调查总体分布存在显著差异,则必然出现调查的系统性偏差,但这并不是 CATI 调查误差的主要来源,CATI 调查

的误差主要是来自计量误差。计量误差是所得到的计量结果与原始真实信息不符而引起的差异。与传统的调查方法相比，由于 CATI 调查全过程的智能化设置，可以大大减少调查员由于工作疏忽造成的计量误差和登记、汇总等过程中产生的计量误差，CATI 调查的计量误差主要包括拒访误差和回答误差等。

1. 拒访误差

拒访误差是指由于被调查中部分个体不愿意或者无法完成调查或者被调查者有能力回答而未回答产生的误差，目前拒访现象一直存在并保持在较高的水平，并且拒访个体具有相对同质性，从而又导致样本的代表性问题。拒访的原因一般包括：如由于监管缺位，当前电话诈骗、电话营销等不良现象比较猖獗，受访者在接到电话访问后容易对电话访问产生强烈的防备心理，被调查者很容易把这种情绪转嫁到调查上，从而拒绝配合进行调查；另外对于一些综合性、复杂性比较高的调查主题或者指标设置不合理，指标、选项过长过多的调查，被调查者认为回答问题比较麻烦，不愿意接受调查，等等。

2. 回答误差

如果被调查者在某一特定问题的回答中有特定的偏向，就容易产生回答误差。回答误差的产生有两种基本形式：有意识误差和无意识误差。有意识的误差产生是由于被调查者故意对所提问题做出不真实的回答。他们可能是隐瞒他们认为属于个人隐私的内容，比如，在一个有关政府办事窗口的满意度调查中，被调查者对于过去 3 个月内去过几次办事大厅，他可能记不清了，但对于这类问题，他们可能宁愿进行简单的推断，也不愿意写上"不知道"。无意识误差是指被调查者希望能够给出真实准确的回答，但却给了不正确的答案，这种类型的误差可能是由于问题的格式、内容或概念偏差所造成的。

对于在 CATI 调查过程中存在的误差问题，根本措施还是在于完善调查方案设计的科学性。合理设计调查问卷对于 CATI 调查起到至关重要的作用。为了减少回答误差，对问卷的要求就更为严格，问卷力求能够更易于理解,来保证被调查者填写准确而真实的回答;问卷的内容也需要简明扼要,答题形式要力求简单,方便操作,最好全部使用选择式答题,避免出现开放性问题。同时,要努力争取被调查者的合作,给予被调查者适当的奖励和答谢,比如赠送话费、积分兑换等,这将有利于被调查者参与 CATI 调查的积极性。

课题负责人:杨　飞
课题组成员:何　昊　王冬蓓

大数据背景下的宏观经济分析研究
——以浙江省为例

历史学家黄仁宇在《万历十五年》中有过一个论断：中国人不善于用数目字管理，对古币存世量的讨论，大多含糊其辞。我国的统计法历经 1996 年和 2009 年两次修订，社会各方越来越重视分析比较各类数据。不过，现实表明，我们的宏观经济数据的统计工作仍有大力提升的空间。

随着信息技术的不断普及，政府行政管理和企业生产经营产生了海量的电子化数据，流行的叫法为"大数据"（Big Data）。大数据通常被视为人工智能的一部分，或者被视为一种机器学习。大数据不是要教机器像人一样思考，相反，它是把数学算法运用到海量的数据上来预测事情发生的可能性。在大数据时代，许多现在单纯依靠人类判断力的领域都会被计算机系统所改变甚至取代。如亚马逊可以帮我们推荐想要的书，百度可以为关联网站排序，淘宝知道我们的喜好，而微博、微信可以猜出我们认识谁。当然，同样的技术也可以运用到疾病诊断、推荐治疗措施，甚至是识别潜在犯罪分子上。

大数据的到来，不仅意味着数据处理技术和处理能力的极大提升，而且使得全社会数据资源分布结构也发生深刻改变。对宏观经济分析而言，纷繁复杂的数据实时可得，为时效性和精准性提供了重要机遇。

一、大数据带来革命性变化

大数据开启了巨大的时代转型。正如维克托·迈尔·舍恩伯格在《大数据时代》中提到的："就像望远镜能够让我们感受宇宙，显微镜能够让我们观测微生物,这种能够收集和分析海量数据的新技术将帮助我们更好地理解世界。"对宏观经济分析而言,大数据带来的转变是重大且具有革命意义的。

(一)大数据极大地拓宽了信息来源

信息总量正以空前的速度爆炸性增长,人类社会进入一个以"ZB"为单位的数据信息新时代。国际数据公司 IDC 研究表明,2011 年全球产生的数据量为 1.82ZB,预计到 2020 年,这一数据量会达到 40ZB 之多。1ZB 有多大?以目前的蓝光电影为例,如果用 1080P 的格式存储视频,1 小时大概有 10GB 的数据量,1ZB 容量录制的视频长度可达 1200 万年。从大数据存在的形态看,主要有两类,一类是结构化数据,即可以通过二维表形式反映的数据,另一类是非结构化数据,如文本、音频、视频、图片等,这类数据占比在 75%—90% 之间。从数据产生的主体看,目前可以直接处理应用于经济分析与预测的数据可归为行政记录数据、商业记录数据、互联网数据三大类(见表 1)。从这个意义上讲,传统经济分析依靠的数据主要是样本,而在大数据时代,得到的数据可能就是总体本身,这是传统经济分析无法想象和实现的。

表 1　大数据来源分类

来源分类	数据信息类型	数据归属
行政记录数据	个人信息记录数据	公安、卫生、教育、交通、人力资源和社会保障等部门
	单位信息记录数据	工商、税务、民政和编办等部门
	自然和资源记录数据	国土、环保、气象、地震、海洋、测绘等部门
	其他管理记录数据	知识产权、海关、出入境管理及资质评定等部门
商业记录数据	电子商务交易数据	各网上商城、网店
	企业生产经营管理数据	国民经济各个行业的企业
	信息咨询报告数据	专业数据库工商、中介咨询等机构
互联网(包括搜索引擎)数据	社交网数据	社交网站注册的博客、微博、微信等
	媒体数据	新闻媒体、广播电台、电视台和出版机构等
	搜索引擎数据	百度、谷歌等

(二)大数据让信息获得的速度大大加快

传统的经济分析主要依靠统计部门公开的结构化数据,这些数据的调查频率有月报、季报和年报等。其最明显的缺陷就是具有很强的时滞性,这对及时了解宏观经济形势、预测与预警都是非常不利的。以人口普查为例,大部分国家采用每 10 年调查一次的频率,且需要投入大量的人力、财力和物力。如 2010 年我国的人口普查花费成本高达百亿元,历时半年之久。对于一个发展中的大国而言,10 年一次的调查频率滞后性非常明显。随着信息技术的发展,物联网、云计算、网络化管理广泛存在于城市运行当中,尤其是物联网和网格化的应用使得对流动人口和常住人口的监测变得相对容易,网格员通过手持终端可以随时记录社情民意日志和人员流动情况,保存了大量人口数据,提高了人口信息的更新频次。大数据经济模型可以充分利用数据的实时性,提高分析或预测的时效性,为经济预警和政策制定提供最快速的资料和依据。

(三)大数据带来宏观经济分析的方法论变革

传统经济计量模型建立在抽样统计学基础上,以假设检验为基本模式。随着信息量的极大拓展和处理能力的极大提高,经济分析可能从样本统计走向总体普查。如果能对整体宏观变量的分析,建立在尽可能多的关于经济主体行为的信息以及其他诸多经济变量信息的基础上,甚至抛弃原有的假设检验模式,无疑会极大提高宏观经济分析的准确性和可信度。同时,大数据分析将相关性作为首要任务而非假设检验。在复杂的宏观经济系统中,当许多宏观经济的因果关系难以准确检验、因果结论广受质疑时,更重视可靠相关关系的发掘,充分利用相关关系对于经济预测、政策评估的作用,无疑为宏观经济分析打开了另一片广阔空间。

(四)大数据促进了宏观经济分析技术的革新

传统的分析技术基于结构性宏观经济数据和统计公报数据,而用大数据进行宏观经济分析,有必要借鉴计算机领域已经出现,但在现有经济领域还少有应用的数据处理技术,例如机器学习。简单地说,机器学习就是让计算机经过"训练"在输入变量和输出变量间建立起某种"最佳"的匹配关系。机器学习的主要算法包括线性模型、拓展的线性模型、决策树、支持向量机、人工神经网络、自组织映射网络、遗传算法等,并仍在蓬勃发展,比如2016年战胜韩国棋手李世石的 AlphaGo 就是谷歌公司机器学习的一个产品。机器学习已经在图像识别、语音识别、自然语言处理、智能机器人等诸多领域取得了巨大成功,是当前进行数据挖掘和大数据分析的基本手段。此类技术的应用会极大地提高经济分析的能力。

二、大数据的应用现状

尽管国内外学者和机构对大数据与宏观经济趋势之间的关系进行了一些有益的探索研究,但真正利用大数据进行宏观经济分析的实践仍然较少。这里列出一些典型案例,但大部分依然是对结构性数据的收集整理。

(一)国外应用现状

1. 利用网上商品信息预测物价

美国麻省理工学院承担的一项"十亿价格项目"(Billon Price Project),是基于学术研究方法对全世界海量网上零售价格进行价格指数计算。研究人员每天要在网上抓取多于 50 万条商品价格信息,然后通过计算得到"每日网上价格指数",以反映年度和月度的通货膨胀程度。由于不用访问数千座实体商店,因此成本很低。官方公布的月度通胀数字往往有一周的滞后期,而"每日网上价格指数"每天更新,且月度滞后期只有三天。这使得研究人员和政策制定者在官方数据发布之前就能够判断价格涨幅。2008 年 9月,当雷曼公司倒闭时,"每日网上价格指数"很快显示出价格下降的趋势,而官方统计的 CPI 直到 11 月数据公布后,才显示出下降的趋势。

2.利用搜索引擎数据预测失业

谷歌全球搜索解析平台是提供每日搜索统计分析数据的大数据平台，搜索信息可以在国家间进行比较，甚至可以在城市间进行比较。搜索统计采用广泛匹配的方式。搜索被分为若干种类，一级分类有 30 个类别，二级有 250 个类别。搜索分类采用概率分配法，如"苹果"可部分分配给"计算机及电子产品""食品和饮料"以及"娱乐"。Askitas 和 Zimmermann（2009）研究发现，基于某些关键词的预测比官方数据更高更早显示趋势变化。如 2008 年 10 月至 12 月期间，基于某些关键词的预测在官方失业率公布前提前出现了拐点。

3.利用新闻媒体信息进行预测

瑞士苏黎世大学的 Sulkhan Metreveli 教授通过不间断处理和分析约 300 家媒体的数据流来分析媒体信息对股票和外汇交易价格变化的影响，结果显示媒体情绪与市场价格之间具有重要的关联性。英国伦敦学院大学 Rickard Nyman 等人提出，可以采用社会心理学的信念叙事理论作为理论框架，利用定向算法的文本分析法对路透社的日常新闻反馈、公司邮件、内部备忘录、经纪人报告等数据进行文本分析，提取相关情绪变化的时间序列，用以预测经济发展趋势，这种方法可以大大改善"密歇根消费者指数调查"在经济预测方面的准确性。

4.利用社交媒体数据进行预测

联合国全球脉冲与一家叫作 Crimson Hexagon 的社会媒体分析公司合作，分析了美国和印度尼西亚 1400 万 Twitter 用户中与食物、燃料和住房相关的数据，以更好的理解人们关注点。分析中以"负担（afford）"等为关键词，根据人们交谈主题和关键词数量的变动研究人们的行为特点。有趣的是，他们发现在印度尼西亚 Twitter 用户提到大米价格的数量变化与实际食品价格通胀指数密切相关。

(二)国内应用现状

1. 学者研究现状

国内学者研究主要集中在电子商务、CPI、股票市场以及汽车预测等方面。例如杨欣、吕本富、彭赓等(2013)以"7·23"重大交通事故为例,分析对股票市场中相关板块交易量的影响,模型拟合度高达 88%。袁庆玉、彭赓等(2011)通过研究关键词搜索数据与汽车销量之间的相关关系,运用综合赋权法对关键词进行提取,并对不同价格区间的汽车销量进行了预测,与传统模型相比则取得了很好的效果。张崇、吕本富、彭赓(2012)以均衡价格理论为理论基础,揭示了网络搜索数据与 CPI 之间存在一定的相关关系和先行滞后关系。梅国平、刘珊、封福育(2014)运用阿里数据平台,通过最可能最大流算法测度文化产业和国民经济其他产业间的关联系数,结果显示文化产业每增加投入 1 个单位能带动其他产业增加 8.13 个单位产出。

2. 企业应用现状

阿里巴巴、百度公司和腾讯公司(BAT)走在前列。阿里巴巴基于覆盖阿里电商平台数百万种商品的数据,提供了中国县域电商发展指数 aEDI、阿里巴巴网购价格系列指数 aSPI、中国淘宝村分布图以及阿里指数,并支持按照地域细分,是监测消费和企业行为的重要渠道。百度开发了宏观经济指数和中小企业景气指数,可以对先行指数、一致指数、PPI、PMI 等关键指标进行未来三个月的先行预测。腾讯公司尚未开放大数据免费接口,但依托强大的社交平台,可以帮助政府了解用户的消费习惯、就业信心甚至性格禀赋,正全面布局和介入健康大数据、智慧城市等领域。另外,华为、浪潮、中兴等国内领军企业和一些专业的大数据公司也都在数据采集、数据存储、数据分析、数据可视化以及数据安全等领域展开激烈的市场争夺。

3. 政府应用现状

早在 2012 年 10 月,国家统计局就在人口、农业、投资、交通统计等领域,着力研究利用遥感 RS、地理信息系统 GIS、全球定位系统 GPS 为代表的空间信息技术和物联网技术，提高了统计信息化水平。2013年11月，国家统计局与百度、阿里巴巴等11家企业签署了大数据战略合作框架协议，就建立大数据应用的统计标准，完善政府统计数据的内容、形式和实施步骤等方面达成合作。在经济预测方面，国家统计局已经与网络公司、科研单位开展合作，探索利用网络搜索数据建立相关统计分析和计量模型进行预测。除国家统计局外，国家发改委互联网大数据分析中心、国家信息中心大数据管理应用中心等机构先后成立，为大数据在经济预测上的应用提供了智力支撑。北京、上海等地统计系统开展了以先行指数为重点的大数据在宏观经济预测上的应用，并建成了经济走势监测预警系统，为预判经济走势、应对经济变化起到了重要作用。

(三)浙江应用现状

浙江省发改委率先开展了工业和服务业企业监测工作，目前监测样本总量已突破1万家，产值(营业收入)约占浙江省的30%，样本覆盖11个设区市和90个县(市、区)。同时，各个设区、市及部分区、县均依托浙江省统一的信息化平台开展自主监测。省商务厅从2009年起建立了"浙江省外经贸运行调查监测(外贸景气指数调查)系统"，目前共有49个监测点，5000多家样本企业，每月发布"出口订单景气指数"和"企业对后期出口信心指数"。省经信委建立省经济和信息化数据服务平台，对产值超10亿元重点企业进行监测，每月形成监测分析。人民银行杭州中心支行也开展了对工业企业财务监测和银行家问卷调查。省经济信息中心以新增贷款、PMI指数、PPI、全社会用电量、地税收入等指标为基础构成，编制形成"浙江指数"，对经济趋势有3个月的先行性。省发展和改革研究所根据百度中小企业景气指数、义乌小商品指数、阿里指数、海宁皮革指数等，目前正在探索建立反映经济走势的预测指数。

三、用大数据验证新常态下的经济走势

总的来讲,社会各界对经济运行 L 形已基本形成共识。从统计数据看,经济增长总体平稳,结构调整稳步推进,新生动力加快孕育,是官方对于当前我国经济运行的总基调。这里,我们运用一些行业和商业大数据对这个总基调进行验证。

(一)运用大数据观测到的就业形势总体平稳,经济运行总体平稳的判断可以成立

按照宏观经济学的基本原理,任何一个国家的宏观经济,只要把握住 GDP 增长率、失业率、通货膨胀和国际收支平衡状况四个指标就可以了。而其中,又以失业率最为关键。遗憾的是,我国的失业率长期使用城镇登记失业率指标,存在明显的局限性。

1. 调查失业率远没有 2008 年、2009 年那样严峻

观察就业的最佳指标是调查失业率。事实上,国家统计局一直在调查失业率,但直到 2013 年才不定期通过各种途径向外界透露了一部分数据,目前调查失业率大概在 5.1%。有报告披露,国家确定的调查失业率警戒线为 8%,因此我国的失业状况尚在可承受范围内。由于官方未公布 2013 年之前的数据,所以我们无法直接比较现在和 2009 年的情况,但个别地区公布了更完整的数据,可以提供相当有价值的参考。例如,据四川省公布的数据,2008 年末、2009 年 6 月、2009 年末的调查失业率为 9.5%、8% 和 7.5%。考虑到四川是劳动力输出大省,其就业情况比较有代表性,从这一点看,当前的就业形势远未到 2008 年、2009 年那样严峻。2016 年一季度参与调查的杭州、宁波、温州、台州等 4 市失业率也基本稳定在正常区间,并呈逐月走低态势,显示当前我省的就业形势较为平稳。

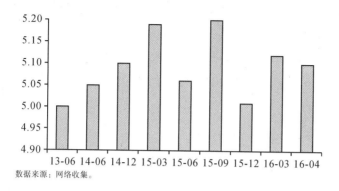

数据来源：网络收集。

图1　中国31个大城市月度调查失业率(%)

2. 求人倍率验证了劳动力市场供不应求的长期趋势

求人倍率是另一个反映劳动力市场供求状况的重要指标,指一个统计周期内对劳动力的有效需求人数与有效求职人数之比,由人社部通过100个城市调查获得。由于调查行业主要分布在制造业、批发零售、住宿餐饮等相对容易引发社会压力的大众行业,因此该指标非常有参考价值。从长期趋势看,自2010年首次出现职位空缺数大于求职人数以来,我国大城市求人倍率已连续22个季度在1以上,反映现在就业市场不仅不用担心失业,反而要担心供不应求,这一趋势与我国劳动年龄人口的结构性变化是一致的。从短期看,求人倍率自达到2016年底的1.15的历史高点后有所回落,2016年一季度是1.07。尤其是,2015年以来,制造业求人倍率同比环比大幅回落,反映工业经济的疲软态势不容乐观。

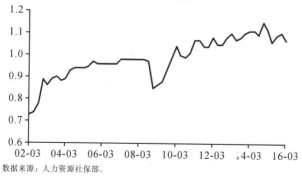

数据来源：人力资源社保部。

图2　人社部100个城市求人倍率调查

3.传统制造业用工需求有所减少,但新兴行业展现出良好的就业形势

PMI 指数中的就业分项以及一些人才招聘网站进行的调查同样具有较大的参考价值。以中采 PMI 指数中的从业人员分项观察,我国制造业和非制造业从业人员指数分别自 2010 年、2013 年起急剧下降,目前只有 48 左右,远低于 50 的荣枯线,反映面对复杂的经济形势,企业的用工量在减少。但由于失业率是个相对数字,用工量减少并不代表失业率升高,需要结合其他指标一起加以分析。智联招聘和前程无忧是我国最大的两个招聘网站,两者在网络招聘市场上的占有率目前接近 80%。数据显示,2012 年以来,两个招聘网站人均单日访问次数呈增加态势。综合分析,用工量减少而求职愿望在增加,似乎反映就业市场不容乐观。但考虑到年轻人求职习惯的改变,以及就业转创业的可能性,这些数据是否真的能够反映我国就业市场的真实情况,还值得商榷。

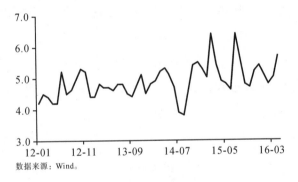

数据来源:Wind。

图3 智联招聘和前程无忧人均单日访问次数总和(次)

智联招聘与中国人民大学联合推出的中国就业市场景气指数(CIER)在社会上具有较高的认可度。CIER 指数以 1 为分水岭,指数越大景气程度越高。数据显示,CIER 指数由 2015 年一季度的 2.44 回落至 2016 年一季度的 1.71,但依然在"1"的预警线之上。分行业看,传统加工制造业人才存量及供给量较多,就业形势相对较差,但互联网、电子商务、金融等新兴服务业,特别是新兴小微企业展现出良好的就业形势,这与我国经济结构的调整方向也是基本一致的。分地区看,西部城市用工需求持续下降,而东南沿海城市保持相当大的就业吸引力,以互联网为基础的新兴产业城市,如北京、

上海、深圳、杭州等地就业市场一片繁荣。

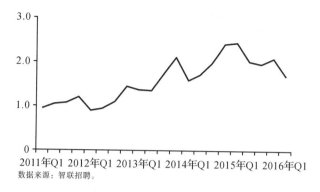

数据来源：智联招聘。

图4   2011—2016年中国就业市场景气指数

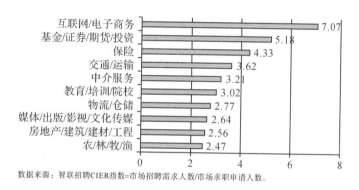

数据来源：智联招聘CIER指数=市场招聘需求人数/市场求职申请人数。

图5   2016年一季度就业形势较好的十个行业

(二)运用大数据观测到的产业和需求升级趋势激烈,结构调整稳步推进的判断可以成立

观察经济结构调整主要有三个维度,一是从三大产业看三产和二产的比例关系,二是从三大需求看消费和投资之间的比例关系,三是从产业内部结构看落后产业和新兴产业的比例关系。

1.服务业表现好于工业,但实体店铺和电子商务走势严重分化

中采PMI指数显示,尽管制造业PMI在50上下徘徊,但服务业商务活动持续大幅高于荣枯线,两者差距已拉大到2个多点。以批发零售业为例,商务部调查的国内重点零售企业零售指数自2011年以来持续回落,到

2016年一季度末已跌去八成。如联华超市店面数量在2012年上半年达到5233个的峰值后扭头向下,到去年底仅存3883个,降幅达1/4。但另一方面,艾瑞咨询提供的网络购物规模同期增长6倍以上。阿里巴巴网购价格指数(aSPI)同比增幅总体维持在6%以上,2017年高于统计局公布的CPI及绝大部分分项数据,"双十一"交易量更是连破纪录,网络销售的火爆很大程度抵消了实体店铺的萧条,这是服务业经济的重要特点。

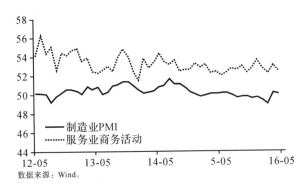

数据来源:Wind。

图6 制造业和服务业PMI比较

2. 旅游、电影等休闲娱乐活动高涨,大众消费崛起势不可当

从携程网提供的数据看,2013年以来国内酒店在线预订价格随着淡旺季变化表现出周期性波动态势,但中位数并未出现明显回落。除春节期间外,星级宾馆出租率也并未出现较大下滑,且四星、五星等高档酒店的入住率持续好于三星以下酒店,反映越来越多的人开始追求享受型的消费体验。

出境旅游的高涨也许更能反映消费升级趋势。尽管居民收入增长受到影响,但出国旅游依然保持年均15%左右的增长态势,出境旅游与国内旅游之比持续提高,目前已经在3.2%左右,分别比2000年、2008年提高1.8和0.5个百分点。娱乐休闲是大众消费的另一个爆发点。中国电影发行放映协会的数据显示,影片数量、放映场次、观影人次和票房收入一年跨一个台阶。以票房收入为例,2012年初周票房收入仅在2亿元左右,而目前平均周票房已突破6亿元。电影票房纪录持续被打破,今年春节黄金周甚至一度突破30亿元,增长态势惊人。

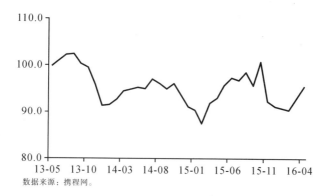

数据来源：携程网。

图7　携程网在线酒店预订价格指数

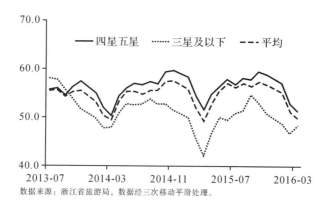

数据来源：浙江省旅游局，数据经三次移动平滑处理。

图8　浙江省星级宾馆平均出租率(%)

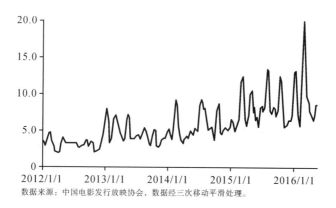

数据来源：中国电影发行放映协会，数据经三次移动平滑处理。

图9　国内电影市场周票房(亿元)

3.结构升级正成为各行业自我革命的风潮

尽管经济受到国内外环境的拖累整体表现不佳,行业内部参差不齐,但部分行业展现出产销两旺的良好态势。从制造业内部结构来看,百度中小企业景气指数显示,当前浙江全行业景气指数为98.5,其中节能环保和服装鞋帽业仅为81.1和89.6,大幅低于全行业平均水平,而机械装备、电子电工景气指数均在荣枯线以上,分别达到101.6和105.4,尤其是化工原料制品业高达117.1,为2010年调查以来最高。从服务业内部结构看,信息服务业景气指数较高,而住宿餐饮业、交通运输业、房地产业相对低迷,这与去产能、去杠杆的政策导向也是一致的。中国科学技术发展战略研究院和中采咨询联合发布了战略性新兴产业采购经理指数(EPMI),2016年1季度末的数据为60.1,高于荣枯线10.1个百分点,也大幅高于制造业PMI指数,结构调整正在全社会加速铺开。

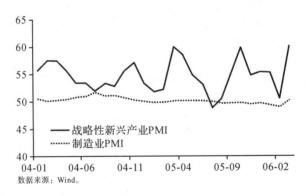

数据来源:Wind。

图10 战略性新兴产业 PMI 和制造业 PMI 比较

(三)运用大数据观测到的浙江创业创新活动高涨,新生动力加快孕育的判断基本可以成立

当前正处于新旧动能转换时期,经济能否保证健康运行,很重要的因素是能否依靠新的增长动能来取代旧的动能。传统的分析方法一般用工商登记的新设市场主体、发明专利的授权量以及网络销售额等少数几个指标,来反映创业创新的后劲。大数据背景下,互联网 App 是我们了解未来的重要

渠道。

1.杭州成为国内创业项目增长最快的城市

由杭州市科技创新服务中心和全国最大的创业社交平台微链联合推出的调查显示,自 2013 年起,杭州累计创立的创业项目以年均 32.4% 的增长率增加,而北京、上海、深圳的项目年均分别增长 30.2%、27.1%、29.3%,杭州公开披露的获融资项目以年均 100 个的数量增加,年均增长率达到 160% 以上,也高于北京(121%)、上海(119%)和深圳(143%),杭州创业生态环境遥遥领先。如果聊硅谷,永远离不开的是惠普和英特尔,谈起杭州创业,避不开的则是阿里巴巴和浙江大学。公开披露的创业者中,有将近 60% 的杭州创业者曾有过阿里巴巴的工作经历,33% 的创业者毕业于浙江大学,帮派式创业图谱成为杭州创业生态中一个重要特点。

2.以"互联网＋"为代表的新业态蓬勃发展

新服务、新的商业模式不断涌现,比如网络约车、餐饮 O2O、在线医疗、远程教育等快速增长,全面改变了消费者体验。如 2012 年底成立的嘀嘀打车注册用户近 3 亿,日均订单超过 1100 万,其平台上的司机人数达到 1330 万。又如网上订餐 App"饿了么"已覆盖超过全国 300 个城市,日订单量超过 330 万单,在外卖 O2O 行业的市场份额占到 1/3。"互联网＋"的风靡直接带来了支付方式的革命,支付宝提供了网购担保交易、网络支付、转账、信用卡还款、手机充值、水电煤缴费、个人理财等多项免费服务,并为零售百货、电影院线、连锁商超和出租车等多个行业提供支付服务。目前支付宝钱包活跃用户超过 2.7 亿,单日手机支付量超过 4500 万笔,一个新的时代已经来临。(见表 2)

表 2　部分移动 App 月活跃用户数(万人)

	2016 年 12 月	2016 年 4 月	增幅(%)	备注
淘宝	12349	27449	222	在线购物
京东	1670	5806	348	在线购物
大众点评	1687	5325	316	第三方消费点评

续　表

	2016 年 12 月	2016 年 4 月	增幅(%)	备注
美团	2130	9189	431	团购
饿了么	655	1105	169	网上订餐
58 同城	1295	2207	170	社区服务
滴滴打车	1309	3704	283	网络约车
去哪儿旅行	718	2374	331	在线旅游
美柚	384	988	257	备孕育儿服务
下厨房	157 *	663	422	家庭美食服务
掌阅 iReader	3355	4074	121	在线阅读
支付宝钱包	6592	27238	413	第三方支付

注:数据来源于 Wind, * 为 2015 年 6 月数据。

3. 浙江上市公司的创新活动逐渐成为自觉行为,但与先进地区相比依然有较大差距

以 Choice 资讯 A 股上市公司数据库为例,2012 年至 2015 年我省上市公司研发费用占营业收入的比重从 4.1% 提高到 4.4%,每年提高 0.1 个百分点。其中恒生电子研发费用占比高达 38.9%,居省内第一位,全国第五位。

但另一方面,上市企业习惯于跟踪仿制,创新能力落后态势没有根本转变。纵向看,我省上市公司研发费用 2009 年至 2012 年年均增长 28.3%,而 2012 年至 2015 年大幅回落 11.6 个百分点至 16.7%。横向看,2015 年全国上市公司研发费用占比为 4.7%,比浙江高 0.3 个百分点,较 2012 年差距扩大了 0.1 个百分点,与广东等地的差距值得高度警惕。(见表 3)

表 3　上市公司研发费用占营业收入比重变化(%)

	2012 年	2015 年
浙江	4.1	4.4
全国	4.3	4.7
差距	0.2	0.3

数据来源:Choice。

四、运用大数据分析宏观经济的困难和挑战

尽管大数据的迅速发展和大数据技术的不断进步为宏观经济分析提供了前所未有的机遇。但是,由于大数据的数据来源和数据机构复杂,技术尚未成熟,利用大数据进行宏观经济分析还面临多方面挑战。

(一)数据清洗难度较大

利用大数据分析宏观经济形势面临的首要问题就是数据的可靠性,即数据是否是真实准确的。一方面,大数据具有多源性,其中很多数据来自网络,价值密度低,真实性和准确性未经证实和考究,数据噪声多;另一方面,除了结构化数据之外,大数据更多的是包含文字、视频、图片等不同格式的半结构化数据和非结构化数据,难以加以整合。这都增加了数据清洗和解读的难度。

(二)数据安全难以保障

大数据面临的最大挑战就是数据的安全问题。从宏观经济分析方面来看,一是大数据的采集和处理使得相关更敏感更有价值的数据高度集中,对潜在攻击者的吸引力更大,更容易被不法分子利用,为国家、企业和个人安全带来隐患;二是大数据依托的基础技术非关系型数据库在维护数据安全方面还存在缺陷,有待进一步完善;三是由于数据的多源性和多样性,增加了定位和保护机密数据的困难。

(三)拥有大数据技术的宏观经济分析人才缺乏

尽管大数据的概念在1980年就提出来了,但大数据在近几年中才得到快速发展。尤其是2013年以来,大数据的研究和应用受到了政府、企业和学者的广泛关注。但是,从全球来看,目前能够熟练掌握大数据分析和处理

技术的人员并不多,可以利用大数据技术进行宏观经济分析的人才更是缺乏,这是用大数据进行宏观经济分析的主要障碍。

(四)针对宏观经济分析的大数据处理平台有待开发

不同行业具有不同的特点,因此采用的数据基础和数据处理方法也不同,这就需要不同的大数据分析工具和开发环境。近年来,随着信息技术的发展,已经出现了 MapReduce、Hadoop 等多个大数据技术平台,但是缺乏针对不同行业的大数据挖掘分析工具和开发环境,尤其是适合宏观经济分析的大数据采集和处理平台还有待进一步开发。

五、大数据应用于浙江经济预测的若干建议

(一)构建良性的大数据发展环境

高度重视大数据及其在宏观经济分析中的应用,贯彻落实《浙江省促进大数据发展实施计划》,从政策、法制、资金等多方面给予大力支持,切实做好大数据的安全保障工作,引导政府、企业、研发机构和个人共同努力,构建良性的大数据发展环境。

(二)建立浙江省经济运行监测分析平台

统计部门应拓宽宏观经济数据采集渠道和采集数据类型,整合各类统计数据资源,强化互联网相关数据资源和经济运行主管部门数据资源的关联分析、融合应用,加强数据仓库模型和数据应用模型研究,实现各地、各部门分散建设的经济运行监测分析系统的信息共享,为浙江省经济运行动态监测、产业安全预测预警以及转变发展方式分析决策提供信息支持。

(三)完善宏观经济监测预警数据库及分析系统

发改委要扩大企业监测样本,完善统分结合的监测平台和监测预警数

据库,采用基于大数据分析技术的动态监测和预警模型等手段,深化对重点行业的结构性分析,加强对浙江省宏观经济结构平衡性、经济运行状态、经济发展周期、应对气候变化规律及其趋势等做出定量分析研判,强化对潜在风险的跟踪预警预测,为政府经济调节提供科学、准确的决策辅助信息。

(四)提高大数据技术研发水平

鼓励计算机算法研究人员与宏观经济分析人员密切合作,在了解宏观经济分析特点和全面掌握宏观经济分析人员需求的基础上,为宏观经济分析领域定制研发适用于宏观经济分析的大数据采集、分析和处理平台,优化相关大数据挖掘分析工具和开发环境,提高大数据去冗降噪技术水平,为宏观经济分析人员创造一个友好的大数据利用环境。

(五)加强宏观经济分析领域的人才培养

鼓励高等院校设置数据科学和数据工程相关专业,重点培养具有统计分析、计算机技术、经济管理等多学科知识的跨界复合型人才。推动各级政府部门、公用企事业单位、行业龙头企业为浙江省高等院校、科研院所批量提供数据资源,支持大数据科研和人才培养。完善配套措施,积极引进海外高层次大数据人才和领军团队来浙江就业创业。

课题负责人:明文彪

课题组成员:孙　娜　杨博野

吕　淼　潘哲琪

浙江省战略性新兴产业
创新政策评估研究

　　近年来浙江经济运行呈现出新变化,一些重要指标下行压力加大,各种迹象表明,浙江已开始从高速增长阶段向中速增长阶段转换,需要寻求增长的新动力。经济调整期正是创新发展的重要机遇窗口期,新能源、生物医药技术、3D打印等各类技术突破和商业模式创新,对传统经济模式正形成潜移默化的颠覆,如何形成政策合力、营造良好的创新环境,推进我省战略性新兴产业发展是转型发展的关键。国务院在2010年发布《关于加快培育和发展战略性新兴产业的决定》确立了战略性新兴产业七大重点领域,2011年浙江省经济和信息化委员会发布《关于加快推进战略性新兴产业培育发展工作的实施意见》中明确指出浙江省培育的战略性新兴产业重点领域还包括海洋新兴产业和核电关联产业,共九大重点关键领域。战略性新兴产业是结合新一轮的产业革命,以重大技术突破和重大发展需求为基础,最终形成战略性"支柱"产业,2012年浙江省战略性新兴产业增加为2520.8亿元,同比增长9.2%,占规模以上工业增加值的23.7%,2013年战略性新兴产业增加值为2744亿元,同比增长8.2%,新材料、新能源汽车和核电关联增速超过10%,2016年1—5月,增加值达到1119亿元,同比增长7.8%,面对经济下行压力,发展战略性新兴产业是我省创新驱动、转型升级的必然选择,也是拉动我省经济持续增长的重要力量。同时,也需清楚地认识到,我省战略性新兴产业发展面临价值链低端嵌入及锁定、过于依赖政府补贴和国际市场、市场竞争激烈和国内产能过剩等一系列挑战,如何完善和优化我省促进战略性新兴产业发展的创新政策,对政策的科学评估是重要课题。需要我们在理论和实践方面进行探索,不断研究新情况、解决新问题。本课题基于以下发展背景而提出,研究设计也将以此为基础展开。

一、浙江省战略性新兴产业发展现状

(一)经营状况总体向好

2015 年数据显示,战略性新兴产业相关企业经营总体状况良好。如表 1 所示,64 家上市公司的净利润、净资产收益率和资产负债率三个指标中看出,企业经营状况整体向好。具体来说,有 33 家企业净利润达到 1 亿元,有 20 家左右企业净资产收益率达到 10%,海康威视甚至净利润达到 58 亿元以上,大部分企业经营状况良好。

表 1　2015 年浙江省战略性新兴产业上市公司经营状况

公司名称	注册年份	产业分类	资产总计(企业规模)(单位:亿元)	净利润(单位:亿元)	资产负债率(负债/总资产)(%)	净资产收益率(净利润/净资产)(%)
GQY	1992	物联网产业	11.202	0.049	6.88	0.46
百隆东方	2001	新材料产业	111.048	3.24	37.76	4.89
慈星股份	2003	新材料产业	40.971	1.027	9.38	2.70
大东南	2000	新材料产业	35.446	0.081	23.27	0.33
大华股份	2002	物联网产业	60.275	11.301	30.75	27.11
大立科技	2001	物联网产业	7.822	0.339	38.28	7.04
帝龙新材	2000	新材料产业	13.338	0.858	18.63	8.40
东方日升	2002	新能源产业	40.997	0.752	50.00	3.74
东方通信	1996	物联网产业	37.173	1.70	19.63	5.83
东晶电子	2004	新材料产业	13.841	−2.747	60.53	−47.36
栋梁新材	1999	新能源产业	15.490	1.173	23.31	9.95
盾安环境	2001	节能环保产业	103.527	0.821	63.96	2.28
方正电机	2001	高端装备制造业	27.609	0.573	24.11	6.23
菲达环保	2000	节能环保产业	34.603	0.401	62.35	3.09

续　表

公司名称	注册年份	产业分类	资产总计（企业规模）（单位：亿元）	净利润（单位：亿元）	资产负债率（负债/总资产）（%）	净资产收益率（净利润/净资产）（%）
海康威视	2001	物联网产业	303.164	58.690	33.78	35.28
海利得	2001	新材料产业	36.379	1.955	40.22	9.52
海正药业	1998	生物产业	191.744	0.136	57.42	0.19
杭氧股份	2002	节能环保产业	97.307	1.441	57.95	4.00
士兰微	1997	物联网产业	43.410	0.399	44	1.67
航天通信	2002	物联网产业	84.680	0.108	58.22	0.65
恒生电子	2000	物联网产业	39.753	4.537	34.51	20.98
横店东磁	1999	新材料产业	43.917	2.778	32.48	9.43
华峰氨纶	1999	新材料产业	53.850	2.541	33.83	7.82
华海药业	2001	生物产业	55.155	4.425	30.31	13.06
宁波华翔	1988	新能源产业	105.286	1.605	44.91	3.80
华仪电气	1998	节能环保产业	45.609	0.456	56.88	2.38
华谊兄弟	1994	物联网产业	72.124	6.731	45.12	17.07
晶盛机电	2006	高端装备制造业	23.628	1.046	13.19	5.94
久立特材	2004	新材料产业	31.002	2.208	40.06	12.36
聚光科技	2002	节能环保产业	41.135	2.470	35.09	11.18
开尔新材	2003	新材料产业	8.760	0.662	31.74	11.87
凯恩股份	1998	新能源产业	16.505	0.067	27.60	0.60
康强电子	2002	物联网产业	14.292	−0.573	51.27	−8.41
联化科技	2001	节能环保产业	63.452	6.381	34.10	16.61
南都电源	1997	新能源产业	42.319	1.513	28.49	5.36
宁波韵升	2000	新材料产业	39.412	3.721	21.75	12.53
钱江生化	2001	生物产业	11.410	0.359	51.60	6.74
钱江水利	1998	新能源产业	52.390	0.412	64.62	2.56
日发精机	2000	高端装备制造业	24.316	0.396	36.21	5.86
闰土股份	2004	节能环保产业	75.903	7.338	20.44	12.60
三变科技	2001	节能环保产业	10.806	0.195	57.24	4.23

公司名称	注册年份	产业分类	资产总计(企业规模)(单位:亿元)	净利润(单位:亿元)	资产负债率(负债/总资产)(%)	净资产收益率(净利润/净资产)(%)
三花股份	2001	新能源产业	80.395	6.054	46.38	15.20
杉杉股份	1999	新能源产业	74.501	1.550	33.93	4.82
上风高科	1993	新能源产业	24.509	0.566	61.51	7.08
生意宝	2000	物联网产业	5.936	0.339	16.69	6.97
数源科技	1999	物联网产业	43.952	0.282	81.31	3.92
水晶光电	2002	物联网产业	30.859	1.393	15.18	7.72
天通股份	1999	新材料产业	43.600	0.732	30.33	2.45
万安科技	1999	高端装备制造业	18.246	0.347	61.73	5.17
万向钱潮	1994	新能源产业	97.427	6.036	60.56	17.48
伟星新材	2007	节能环保产业	29.009	4.679	17.40	21.46
卧龙电气	2004	新材料产业	88.888	4.065	56.33	11.35
向日葵	2005	新能源产业	31.225	0.876	60.70	7.18
新安股份	2002	新材料产业	72.390	4.367	34.17	9.95
新和成	1999	新材料产业	97.243	4.021	25.36	5.74
新嘉联	2006	物联网产业	22.321	0.109	10.38	2.43
鑫富药业	2000	生物产业	10.610	0.256	52.15	5.04
阳光照明	1997	新能源产业	50.489	3.716	39.72	13.30
银轮股份	1999	新能源产业	39.247	2.004	43.68	11.03
浙大网新	2004	物联网产业	49.790	0.527	60.50	2.89
浙富控股	2008	核电关联产业	52.123	0.709	39.65	2.46
浙江医药	1997	生物产业	75.564	4.526	14.24	7.01
浙江震元	1993	生物产业	19.382	0.362	33.14	2.93
正泰电器	1997	新能源产业	121.111	17.433	41.28	26.37

资料来源:从深圳证券交易所、上海证券交易所、企业官网和巨潮咨询等官方网站下载各企业的年度报告整理而得。

(二)产业布局相对集中

根据本文所随机采集的 64 个浙江省战略性新兴产业分布情况表来看，主要分布在环杭州湾地区。如表 2 所示，64 家上市公司中，杭州有 19 家，绍兴有 15 家，宁波有 8 家，台州 6 家，嘉兴 5 家，其他地区都在 4 家上市公司之内。这种分布状况与战略新兴产业占浙江省及各市区的比重具有一致性，据浙江省规划发展规划研究院公布数据统计，2011 年，杭州、嘉兴、绍兴和宁波四个市的战略性新兴产业增加值占了浙江省的 65%。四个市的总量位居前四。其中杭州占 23.2%。其他 7 个市的战略性新兴产业增加值占整个浙江省的比重都未超过 10%。2012 年，宁波市战略性新兴产业产值为 3030.94 亿元，杭州为 2955.37 亿元，绍兴为 2074.73 亿元，嘉兴为 1232.62 亿元，四个市的产值合计占了整个浙江省的 67.2 个百分点。战略性新兴产业的分布表现出比较明显的区域集聚性。同时，各市区也具有自身特色的产业，如海洋新兴产业被舟山独占鳌头，新能源产业则是嘉兴位居第一，宁波、杭州等地则聚集了很多的新一代信息技术产业和物联网产业。

表 2　样本公司所在地分布情况表

杭州市	绍兴市	宁波市	台州市	嘉兴市	金华市	温州市	湖州市	丽水市
鑫富药业								
新安股份								
万向钱潮								
南都电源								
东方通信	银轮股份							
帝龙新材	新和成							
浙江医药	三花股份							
浙大网新	日发精机							
生意宝	阳光照明							
数源科技	浙江震元							
钱江水利	向日葵							
聚光科技	卧龙电气	杉杉股份						
杭氧股份	上风高科	宁波韵升						
士兰微	闰土股份	康强电子	伟星新材					
航天通信	晶盛机电	宁波华翔	水晶光电	浙富控股				
恒生电子	万安科技	东方日升	三变科技	新嘉联	开尔新材			
海康威视	菲达环保	GQY	联化科技	天通股份	华谊兄弟	正泰电器		
大华股份	盾安环境	百隆东方	华谊药业	钱江生化	横店东磁	华仪电气	久立特材	凯恩股份
大立科技	大东南	慈星股份	海正药业	海利得	东晶电子	华峰氨纶	栋梁新材	方正电机
杭州市	绍兴市	宁波市	台州市	嘉兴市	金华市	温州市	湖州市	丽水市

资料来源：从深圳证券交易所、上海证券交易所、企业官网和巨潮咨询等官方网站下载各企业的年度报告整理而得。

(三)优势产业贡献显著

在调查的 64 家上市公司中,生物产业占 6 家,节能环保产业占 9 家,新材料产业占 14 家,新能源产业占 15 家,物联网产业占 15 家,高端装备制造业占 4 家,核电关联产业占 1 家。浙江省战略性新兴产业主要集中在三大产业上,分别是生物产业、节能环保产业、新材料产业。据浙江省发展规划研究院公布数据统计,2011 年这三大产业增加值占浙江省战略性新兴产业的增加值比重分别为 13.6%、31.1%、18.8%。其利润总额占浙江省战略性新兴产业的利润总额比重分别为 15.9%、26.0%、21.8%。其他产业的增加值、利润总额占浙江省战略性新兴产业相应的指标比重都不到 10%。2012 年节能环保产业和新材料产业的产值总计占浙江省战略性新兴产业产值的 57.3%。生物产业处于第三位。

二、浙江省战略性新兴产业创新政策评估实证研究

(一)随机前沿模型

以我省战略性新兴产业上市公司为研究对象,运用优于数据包络分析(DEA)的随机前沿分析(SFA)对近几年间创新政策对企业创新效率影响程度进行测评,SFA 不仅能够评价个体技术效率,还能定量分析要素变量对个体效率差异的影响。并在 Murray(1998)提出的"刺激—反应"机理上构建"要素变动刺激-研发创新反应-绩效水平计量"的因素模型,充分考虑政府投入要素直接的影响,规范模型函数形式的确立。结合本课题研究目的和因素模型,观测值主要包括政府资金补助、共建实验室、科技项目、专利、新产品收益、企业市值等指标。模型如下:

$$\ln f(x_{it}, \beta) = \beta_0 + \sum \beta_i (\ln x_{it}) + \sum \beta_{ii} (\ln x_{it})^2 + \sum \sum \beta_{ij} (\ln x_{it})(\ln x_{jt}) +$$

$$(v_{it} - u_{it})$$

$$m_{it} = \delta_0 + \delta_i x_{it} + \delta_j x_{jt} \tag{1}$$

t 时期，$f(x_i, \beta)$ 是创新产出，x_i、x_j 代表两组不同的投入要素，β_0、β_i、β_{ii}、β_{ij} 是待估参数，对于不同企业 i 和时间 $t(T)$，有 $i = 1, 2, \cdots, n$ 及 $t = 1, 2, \cdots, T$，参数 $\beta(t) = \exp\{-\phi.(t-T)\}$，创新效率 $TE_{it} = \exp(-u_{it})$，当 $TE_{it} = 1$ 时表示技术有效，否则技术无效，随机误差 v_{it} 服从正态分布 $iid N(\sigma_v^2)$，技术无效项 $u_{it} = \beta(t) \cdot u_i$ 服从半正态分布 $iid N(m_i, \sigma_u^2)$，最大似然法估计的参数（模型适用性判别参数）$\gamma = \sigma^2/(\sigma_v^2 + \sigma_u^2)(0\gamma1)$，服从 χ^2 分布，当 γ 趋近于 1 时适用 SFA 模型，反之不能用 SFA 方法。

(二)变量选取

本文的相关数据样本来源于深圳证券交易所、上海证券交易所、企业官网和巨潮咨询等官方网站下载的 64 家上市公司的年报，采用 2010—2015 年的相关数据，由于部分上市公司上市年限较晚，许多数据缺失，最终选择了 34 家上市公司作为考察对象，选取了包括政府资金补贴、税收优惠、研发投入、创新人才、R&D、当年专利申请量、总资产、资产负债率、净资产收益率等指标（见表 3）。

表 3　变量说明

变量类型	变量名称	变量指标	代码	变量说明
自变量	政府资金补贴	政府补贴额度	X_1	政府资金补助有利于企业降低创新成本，提高创新积极性
	创新人才	专科以上学历人员/总人数的比重	X_2	高学历人才有利于创新能力提升
	研发投入	研发投入金额	X_3	研发投入金额直接影响研发成果
	研发投入比例	研发投入占营业收入比例	X_4	研发投入比例反映企业对研发的重视程度
因变量	专利	当年专利申请量	F	专利是研发创新生成科技知识的具体体现
控制变量	总资产	报告期内资产总量	Z_1	企业中资产反映企业的规模状况
	资产负债率	当年资产负债率	Z_2	资产负债率反映企业经营状况

(三)模型结果

在进行分析之前,检验数据样本的可靠性是十分必要的,避免数据本身或量纲差异导致信度不足。通过 Cronbach 系数作为可靠性检验指标,可以看出数据具有可靠性。

表 4　描述统计量

变量	均值	方差	最小值	最大值
f	2.773896	1.212041	0	5.886104
x1	16.46416	1.334233	11.6852	20.96562
x2	3.655253	0.4427637	2.302585	4.59512
x3	18.08339	1.153817	15.87797	21.26712
x4	1.478931	0.8302987	−2.71659	4.454347
z1	21.83683	1.024624	13.77143	24.13496
z2	3.470972	0.7003222	−0.91629	4.411707

根据随机前沿模型,明确超越对数形式,基于 Stata 平台、采用最大似然估计法,得出模型分析结果。

表 5　随机前沿模型的估计结果

变量(ln)	专利	
	系数	标准差
x1	2.751665	1.544769
x1 * X1	0.018653	.0855716
* x1 * X2	−0.4355	.3271277
x1 * X3	−0.09998	.1538318
x1 * X4	−0.01818	.1736699
x2	−8.7333	4.829758
x2 * X2	0.156028	.4445472
x2 * X3	0.870896	.4111718
x2 * X4	−0.85968	.3685473

变量(ln)	专利	
	系数	标准差
x3	−4.74157	2.91612
x3 * X3	0.109505	.1031511
x3 * X4	−0.18323	.1819793
x4	6.770337	2.312909
x4 * X4	0.000713	.0538198
z1	−0.00343	.1203949

注:统计结果中 x1,x2,x4 在 5% 显著水平上显著,其他变量不显著。

　　从模型结果中可以看出,企业每多获得 1% 的资金补助,专利数量可以提升 2.75%,研发投入每增加 1%,专利数量可提升 6.77%。从外部支持来看,政府的资金补助效果会较明显,从企业内部而言,研发投入比重对创新绩效影响显著。

　　从交叉要素影响项来看,继续增大资金补贴,对专利申请数量的影响会下降,而不断增加创新人才会对专利申请数量产生积极影响;每增加 1% 的创新人才和创新投入,专利申请量会增加 0.87%,不断提高创新投入和创新比例对专利申请量的影响是积极的。综上所述,政府的创新补助等供给侧支持对浙江省战略性新兴产业创新绩效影响显著。

三、基于文本分析的战略性新兴产业创新政策比较

(一)战略性新兴产业创新政策分析框架

　　本文依据已有研究,拟从政策工具、产业领域和创新活动三个维度构建战略性新兴产业创新政策分析框架。

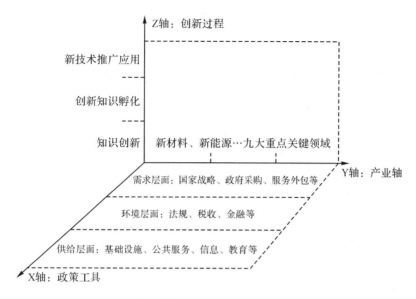

图1 战略性新兴产业创新政策分析维度

资料来源:根据樊霞,吴进.基于文本分析的我国共性技术创新政策研究[J].科学学与科学技术管理,2014(8):71适当修正而得。

1.政策工具维度

基于Rothwell和Zegveld(1985)提出的创新政策分类和公共科技政策分析框架,将战略性新兴产业所涉及的政策工具分为供给、需求和环境三种基本类型,需求层面政策工具包括政府采购、贸易管制、服务外包等;环境层面政策工具主要包括税收政策、金融支持、知识产权保护等法律法规管制;供给层面政策工具主要包括共性技术实验室等基础设施建设、公共服务、信息支持等。

2.产业领域维度

我国战略性新兴产业分七大产业,浙江战略性新兴产业包括九大重点关键领域,除国家包括的七大产业之外,还包括海洋新兴产业和核电关联产业。根据我省的产业特征,对创新政策进行产业归类分析。

3.创新活动维度

从科学发现和知识创新—创新的知识孵化—新技术的采用、推广及市场化角度对我省战略性新兴产业创新政策分析。

(二)浙江省战略性新兴产业创新政策内容分析

1.创新政策工具维度

基于 Rothwell 和 Zegveld(1985)的经典创新政策分类思想,将创新政策工具分为供给面、需求面和环境面三种类型。供给面创新政策包括基础设施、公共服务、信息支持等;需求面包括政府采购、服务外包等;环境面包括税收政策、金融政策、法律法规等。从表 6 中看出,在供给、需求和环境面,政府都出台了相关政策促进战略性新兴产业的发展。从供给面而言,以政府主导的项目拉动,新兴产业园区的培育是重点;从需求面而言,主要运用的是政府采购拉动产业需求;环境面而言,涉及财税和金融政策的支持力度较大。

表 6 创新工具维度的政策梳理

创新政策工具		政策内容
供给面创新政策	基础设施	重点支持购置技术开发仪器、测试设备、小试设备及配套开发软件的相关项目
		设立新兴产业高新园区
		优先保障战略性新兴产业发展用地
	公共服务	实施"十百千万"科技型企业培育工程
		省财政设专项资金 50 亿元扶持战略性新兴产业领域科技创新和人才引进培育
		开展"432"战略(400 个项目、300 名科技特派员、200 亿元产值),共谋发展战略性新兴产业
	信息支持	依托国家专利、商标、版权等数据库资源,完善浙江省知识产权信息公共服务平台

创新政策工具		政策内容
需求面创新政策	政府采购	战略性新兴产业的产品进入政府采购目录
		建立首购首用风险补偿机制,给首购首用单位以风险资助
		加大政府采购首购和订购力度
	服务外包	——
环境面创新政策	财税政策	省财政设战略性新兴产业财政专项资金共5亿元,专项用于扶持战略性新兴产业发展
	金融政策	成立创业投资引导基金及股权运营中心,为中小企业信用担保提供财政扶持
		鼓励金融机构对节能环保产业集聚区的信贷投放力度,鼓励和支持符合条件的节能环保企业在银行间市场发行短期融资券和中期票据
	法律法规	战略性新兴产业企业增加注册资本的,无须限制增资部分非货币出资比例

资料来源:根据浙江省公开发布的相关文件整理。

2.产业领域维度

浙江省战略性新兴产业包括九大行业:物联网、高端装备制造、新能源、新材料、节能环保、生物产业、新能源汽车、海洋新兴产业、核电关联产业。由表7所示,浙江省陆续出台了涵盖九大战略性新兴行业的规划,针对浙江省具有比较优势的行业如新能源、新材料等又出台了实施意见。除了专项规划及意见之外,积极以科技项目带动、新兴产业园区及基地建设升级为平台、信息经济发展和产业转型升级为保障的战略性新兴产业创新政策体系。

表7 产业维度的创新政策梳理

产业分类	政策文件
物联网	《浙江省物联网产业发展规划(2010—2015)》
高端装备制造	《浙江省高端装备制造业发展规划(2010—2015年)》 《浙江省人民政府关于推动现代装备制造业加快发展的若干意见》
新能源	《浙江省新能源产业发展规划(2010—2015年)》 《浙江省人民政府办公厅关于加快光伏等新能源推广应用与产业发展的意见》

续　表

产业分类	政策文件
新材料	《浙江省"十二五"重大科技专项——新材料技术专项实施方案》 《浙江省新材料产业发展规划(2010—2015年)》
节能环保	《浙江省节能环保产业规划(2010—2015)》
生物产业	《浙江省"十二五"生物产业发展规划》
新能源汽车	《浙江省新能源汽车产业发展规划(2012—2020)》 《关于加快节能与新能源汽车产业发展的实施意见》
海洋新兴产业	《浙江省海洋新兴产业发展规划(2010—2015)》 《浙江省海洋经济和渔业新兴产业补助项目与资金管理办法》
核电关联产业	《浙江省核电关联产业发展规划(2010—2015)》
其他相关文件	《关于加快推进战略性新兴产业培育发展工作的实施意见》 《浙江省"十二五"重大科技专项实施办法》 《浙江省科学技术"十二五"发展规划》 《浙江省人民政府关于加快发展信息经济的指导意见》 《浙江省人民政府关于加快工业转型升级的实施意见》 《"浙江省外商投资新兴产业示范基地"和"浙江省开发区特色品牌园区"认定管理暂行办法》

资料来源:政府官方网站整理而得。

3.创新活动维度

一般处于发展起步期的产业重点加强关键技术突破和知识积累,注重供给侧创新政策的运用;处于快速发展期和成熟期的产业一般更注重产业集群形成、应用技术的推广应用,注重需求侧创新政策运用。浙江省的物联网、生物医药等产业处于发展的起步期,新能源等产业处于快速发展期,新能源汽车处于技术成熟期。由表8可以看出,浙江省的物联网、新材料、生物医药、海洋产业和核电关联主要加强关键技术研发制造,还处于知识积累创造阶段,高端装备制造、新能源和节能环保处于研发与推广并重阶段,新能源汽车主要加强创新技术的推广和应用。

表8　创新活动维度的政策梳理

产业分类	创新活动
物联网	关键技术研发:完善物联网感知层、网络层、应用层三层网络构架体系,不断加强感知层和应用层关键技术的研发,逐步优化提升网络层数据传输、存储和分析能力,大力推动物联网产业链纵向延伸和横向扩展。
高端装备制造	研发制造领域:确定清洁高效发电设备,电子、生物和医药等高技术装备,高档数控机床关键基础零部件及大型铸锻件等14个大类产品作为我省高端装备制造业研发制造的重点领域。 先进技术应用领域:将信息技术、自动化技术、现代管理和质量控制技术等先进技术与传统装备制造技术相结合,带动装备制造研发设计方法创新、制造工艺创新、管理控制模式创新、技术协作路径创新。
新能源	围绕关键领域,突破关键技术、优化产业布局,推进重点项目。
新材料	出台新材料技术专项实施方案:突破新材料高性能化、绿色制造、工程化及规模化、高效利用及循环利用等多项核心技术。
节能环保	应用推广:推进产业基地建设,推进工业锅炉改造、绿色照明、清洁生产示范等工程建设。
生物产业	突破关键技术:围绕酶工程和发酵工程、农业生物技术、农业新品种选育等省重大科技专项,支持省内科研院所以及企业技术研发平台发展,建设一批重点(工程)实验室、工程(技术)研究中心、企业技术(研发)中心。 产业成果转化:围绕成果产业化的薄弱环节,推动建设以企业为主体的产学研合作(技术)联盟,加强对产业重大共性技术的联合攻关。
新能源汽车	促进产业做大做强:建设杭州、金华两大产业基地,强化重点骨干企业培育。 加快示范推广应用:加大公共服务领域推广应用力度,鼓励商业租赁模式创新示范,积极推动纯电动汽车在景区的示范运营。
海洋新兴产业	聚力发展海洋工程装备和高端船舶等海洋新兴产业,加大海洋新兴产业科研投入、科技成果转化及相关体制机制创新力度,加大领军科研机构、龙头企业培育。
核电关联产业	在核电高端服务业、核电关键设备研发及产业化上取得重要突破。

资料来源:根据官方网站资料整理而得。

四、完善浙江省战略性新兴产业创新政策的建议

第一,加强需求侧创新政策的支持力度。在战略性新兴产业的成长期和发展期,需求侧创新政策都起到关键的作用,除了我国的生物医药产业还

处于孕育期之外，新能源、新能源汽车、高端装备制造的关键技术已突破、处于多种技术路线并存阶段，新一代新兴技术的主导设计已形成，进入创新扩散阶段。在此阶段需要强有力的需求拉动才能促进产业的壮大发展，京粤浙三地的战略性新兴产业发展成功也证实了此道理，三地都出台了一系列需求政策，例如"感知北京"示范工程建设、绿色照明示范城市、政府采购政策、在需求层面引导居民消费模式改变等，这些政策取得良好效果，值得借鉴。

第二，支持地方金融创新供给模式、构建多层次的金融支持体系。战略性新兴产业在每个不同的发展阶段的融资需求和途径具有一定的差异，在成熟期之前的企业由于风险较大，很难从商业银行获得信贷支持，需适当引导商业银行创新业务范围，为初创期的战略性新兴产业提供资金支持。战略性新兴产业属于知识密集型的产业，一些企业处于产业的高端，如研发阶段，有形资产少，无形资产如专利所占比重高，因此，鼓励商业银行创新金融产品适应战略性新兴产业的发展特征。在成熟期之后的战略性新兴产业的盈利能力增强，可抵押的资产增多，在此阶段的融资方式应趋于多样化，如证券融资、企业并购等方式，政府积极鼓励企业上市融资，优化企业公司治理结构。

第三，增强地方政府在税收优惠政策的制定与实施的自由裁量权。从地方规划及意见中可以看出，有关税收政策多是贯彻落实国家政策意见，地方政府在通过税收优惠减免方面权力有限，无法根据地区产业发展需求有针对性地构建税收优惠体系。在地方政府制定税收优惠政策方面，首先，需要进一步优化激励对象和激励环节，增强政策的引导性。战略性新兴产业是技术创新强的产业，科技投入比例相对较高，投资的风险较大，在产品及项目的研发、中试环节就需要给予政策激励，而现行的优惠政策主要作用于产业化阶段。可采用补偿企业研发投入、对研发、中试阶段所用仪器设备实施差别的折旧政策等方式。第二，加大对科技型中小企业的扶持力度，降低企业享受优惠政策的门槛。从京粤浙三地的创新政策可以看出，三地都非常重视大型企业的培育，但对科技型中小企业的关注度不足，科技型中小企业也是技术创新和成果转化的重要载体。应给予创投企业一定的税率优惠,新创办企业实施减半的税率优惠等措施。

课题负责人:张银银

课题组成员:黄　彬　赵　峰　李国志

黄艳娴　张　敏　刘若霞

张仁枫

[参考文献]

[1] [美]约瑟夫·熊彼特. 经济发展理论——对于利润、资本、信贷、利息和经济周期的考察[M]. 北京:商务印书馆,1990.

[2] [挪]詹·法格博格,等. 牛津创新手册[M]. 2版. 柳卸林,等,译. 北京:知识产权出版社,2012.

[3] 薛澜,柳卸林,穆荣平,等,译. OECD中国创新政策研究报告[M]. 北京:科学出版社,2011.

[4] 陈劲. 协同创新[M]. 杭州:浙江大学出版社,2012.

[5] 贺俊,吕铁. 战略性新兴产业:从政策概念到理论问题[J]. 财贸经济,2012(5).

[6] 徐芳,杨国梁,等. 基于知识创新过程的科技政策方法论研究[J]. 科学学研究,2013(4).

[7] 徐剑锋. 浙江经济增长趋势与应对策略研究[J]. 浙江学刊,2014(1).

[8] Atkeson, A. ,Burstein, A. T. Policies to Stimulate Innovation[J]. Economic Policy Paper. 2011(11).

[9] 吴金希. 创新生态体系的内涵、特征及其政策含义[J]. 科学学研究,2014(1).

[10] 樊霞,吴进. 基于文本分析的我国共性技术创新政策研究[J]. 科学学与科学技术管理,2014(8).

[11] 李晨光,张永安. 区域创新政策对企业创新效率影响的实证研究[J]. 科研管理,2014(9).

[12] 王娟娟. 创新政策工具框架下的工业设计产业政策研究[J]. 宏观经济研究, 2014(9).

[13] 赵莉晓. 创新政策评估理论方法研究——基于公共政策评估逻辑框架的视角[J]. 科学学研究, 2014(2).

[14] 汪凌勇, 杨超. 国外创新政策评估实践与启示[J]. 科技管理研究, 2010(15).

[15] 唐德祥, 李京文, 孟卫东. R&D对技术效率影响的区域差异及其路径依赖——基于我国东、中、西部地区面板数据随机前沿方法(SFA)的经验分析[J]. 科研管理, 2008(3).

[16] 曹勇, 苏凤娇. 高技术产业技术创新投入对创新绩效影响的实证研究——基于全产业及其下属五大行业面板数据的比较分析[J]. 科研管理, 2012(9).

[17] 韩晶. 中国高技术产业创新效率研究——基于SFA方法的实证分析[J]. 科学学研究, 2010(3).

[18] 戴小勇, 成力为. 财政补贴政策对企业研发投入的门槛效应[J]. 科研管理, 2014(6).

[19] 卢超等. 新能源汽车产业政策的国际比较研究[J]. 科研管理, 2014(12).

[20] 张信东, 贺亚楠, 马小美. R&D税收优惠政策对企业创新产出的激励效果分析——基于国家级企业技术中心的研究[J]. 当代财经, 2014(11).

[21] 吴思康, 刘穷志. 财政对企业创新的资助应该是无偿的吗?——来自深圳市的证据[J]. 财贸研究, 2014(5).

报表优化设计路径下的科技
统计数据质量提升研究

党的十八大报告提出要实施创新驱动的发展战略,各级地方政府也纷纷出台指导性文件。与此同时,当前全国经济发展进入新常态,经济发展需要新的动力,科技创新被寄予厚望。在此背景下,科技创新的相关统计数据越发受到社会各界关注。作为科技统计的主要载体,科技年报因其指标内涵过于专业、填报取数烦琐而成为统计系统最难填报的报表之一,在一定程度上影响了科技统计数据的质量,使得科技统计数据生产与需求的矛盾日益突出。本文分析了科技报表填报的难点,从基层填报操作的角度对报表进行优化设计探索,并对如何完善科技统计调查制度、提升科技统计数据质量提出对策建议。

一、我国的科技统计调查制度

作为统计的一大分支,科技统计是用统计的方法对科学技术活动的规模和结构等进行定量的测定,科技统计对认识科技发展的规律和特征起着重要的作用,并且是制订科技发展规划和政策的重要科学依据。

国际上,科技统计的标准化工作始于 1963 年,OECD(经济合作与发展组织)在意大利的弗拉斯卡蒂市举行成员国会议,并通过了《弗拉斯卡蒂手册》,首次提出了科技统计中 R&D 调查的国际规范和国际分类标准。到 20 世纪末,OECD 连续推出五种有关科技活动统计的手册,统称为《弗拉斯卡蒂系列手册》,包括《研究与发展调查手册》《TBP 手册》《奥斯陆手册》《专利手册》和《科技人力资源手册》，成为国际上科技统计的权威标准。目前《弗拉斯卡蒂手册》已经发行到第 6 版，由于 OECD、联合国教科文组织（UNESCO）、欧盟（EU）和许多区域性组织共同的倡导，该手册已经成为世界范围内进行 R&D 统计调查的标准。

我国的科技统计工作起步较晚，1985 年国家科委、国家统计局、国家教委等部门共同实施了"全国科技普查"，首次将联合国教科文组织（UNESCO）《科学技术统计工作手册》引入我国。在此基础上，我国初步构建了一套科技统计指标体系，并确定了实施部门分散管理的科技统计调查体系，由科技、教育和统计部门分别建立对政府属研究机构、普通高等学校和企业的科技统计年报制度。

目前，我国统计部门实施的科技统计调查制度主要包括科技统计年报制度、企业创新调查制度和 R&D 资源清查制度，其中年报制度每年实施一次，企业创新调查制度每两年实施一次，R&D 资源清查制度每十年实施一次。2015 年修订后的科技统计年报制度全称为"企业（单位）研发活动统计报表制度"，统计范围为年主营业务收入在 2000 万元及以上的工业法人单位，统计表式包括基层表、过录表和汇总表，其中企业直接填报的为 2 张基层表：规模以上工业法人单位研发项目情况和规模以上工业法人单位研发活动及相关情况。根据 2009 年第二次全国 R&D 资源清查公报的数据，全社会 R&D 经费支出的 82.2% 来源于企业和政府属研究机构，而科技部门实施的政府属研究机构统计报表与企业研发统计报表内容相同，故本文所讨论的科技统计主要指统计部门实施的科技统计调查，所讨论的科技统计报表具体是指 2015 年科技统计年报表式（基层表表式），包括"规模以上工业法人单位研发项目情况表"和"规模以上工业法人单位研发活动及相关情况表"（详见附录一和附录二）。

二、影响科技统计数据质量的原因分析

(一)报表设计不佳导致的填报难是主要原因

报表填报操作难已经成为影响科技统计数据质量的主要原因,而填报难主要是因科技报表设计不佳引起的,具体表现在以下几方面。

1.指标名称不够直观,造成统计人员误解

部分报表指标的名称不够直观,容易造成统计人员的误解,从而影响了数据的准确性。如"规模以上工业法人单位研发项目情况表"(以下简称"项目表")的指标3"项目成果形式",当该项目是跨年项目时,应填报该项目在当年所处的主要成果形式,但实际操作中,很多统计人员误填报成该项目最终的成果形式。指标7"跨年项目所处主要进展阶段",是指该项目在当年所处的主要进展阶段,很多统计人员也会误填报成项目最后所处的研发阶段。

2.指标选项区分过细,降低填报准确性

项目表中的部分指标选项设置过细,使得选项之间的区别不明显,对于企业统计人员而言过于专业,往往不能有效区分,从而降低了填报的准确性。如项目表中的指标3"项目成果形式"有10个选项,其中02选项"自主研制的新产品原型或样机、样件、样品、配方、新装置"、03选项"自主开发的新技术或新工艺、新工法"和07选项"带有技术、工艺参数的图纸、技术标准、操作规范"这三个选项难以区分,很多企业统计人员表示太专业、看不懂具体含义,也分不清选项之间的区别。项目表中的指标4"项目技术经济目标"有9个选项,其中01选项"科学原理的探索、发现"和02选项"技术原理的研究"的区别也过于专业,非专业人员也难以准确区分。

3.指标计算过于烦琐,填报操作难度大

科技报表中许多涉及费用的指标不能直接从企业财务报表中取数,需

要根据指标含义分解成构成细项进行计算加总,操作过程烦琐,给企业填报带来了极大难度。不同指标表面上看比较相像,实际的构成细项却大不相同,极易出差错。如项目表的"项目经费内部支出"、活动表的"企业内部的日常研发经费支出"和"机构经费支出",都是涉及研发活动的费用支出,企业统计人员不明白细项构成的差异,常常误填成同一个数据。未对研究开发费用进行单独核算的企业,计算项目表中的"项目经费内部支出"时,需要分项目归集整理资料,先求出每个项目的人员人工费、原材料费、使用非基建资金购买的设备费、其他费用等细项费用,然后加计得出"项目经费内部支出"。统计人员如未能准确理解构成细项及内涵,只要一个环节出错,就会造成该指标的填报错误。

4.指标取数来源不明确,缺乏填报统一标准

除高新技术企业、部分大中型企业外,相当大一部分的企业在财务上没有对研究开发活动进行单独核算,造成取数来源难的困境。如活动表中的指标11"原材料费"和指标12"其他费用"的数据就难以准确填报。原因在于,用于科技研发的原材料往往与用于生产的原材料同时采购,企业未对研发活动进行单独核算,只能掌握全部原材料费的总金额,不能准确分离出用于科技研发部分的费用,造成了这部分数据的填报往往只能进行估算。同样,活动表中的"其他费用"(包括其他日常支出、外协加工费等),也常和企业日常经营支出费用混杂在一起,难以准确统计。对于这种情况,现行制度缺乏统一、明确的填报标准,影响了这部分指标的数据质量。

(二)影响科技统计数据质量的其他因素

除了报表设计的原因造成填报难外,在实际的年报实施过程中,由于企业对科技统计不重视、统计人员业务素质不佳等情况都在一定程度上影响了科技统计的数据质量。

1.企业对科技统计不重视

长期以来,企业的负责人对统计工作一直不够重视,认为统计工作无法给企业带来效益,只要应付过去就行。而科技报表属于年报,对企业统计人

员来说,一年才报一次,统计人员主观上不够重视,填报过程中不像工业月报那样严谨、细致。同时,科技报表的填报涉及企业的财务、人事和研发等多部门,需要跨部门取数,对统计人员的跨部门协调能力提出了更高的要求。一旦缺乏企业领导的支持,科技报表的填报工作就难以有效开展。

2.企业依法统计观念不强

一方面,科技报表填报复杂,对企业来说,科技研发项目越少,所产生的费用也越简单,填报就越容易,因此有些企业统计人员就图方便少报、漏报;另一方面,有些企业担心研发项目填报后会泄露企业机密,尤其是技术差异性小、竞争较为充分的行业,往往从项目名称中就可以看出研发的具体内容,企业研发的新技术、新产品容易被模仿,使得企业对科技报表心存忌惮。

3.企业统计人员业务不精

除了报表设计原因造成的理解困难外,企业统计人员对业务知识掌握不到位,也是造成填报错误的原因。如将试生产阶段的车间生产人员计入项目人员,将非直接服务人员计入科技管理和服务人员等。科技统计实行年报制度,统计人员一年才接受一次培训,是对科技报表业务不熟练的主要原因。

4.企业基础台账资料不规范

从走访企业检查、调研的情况来看,企业基层的科技统计基础仍不扎实。很多企业对于内部自行立项的科技项目,存在较大随意性,没有正式的项目立项书、项目合同书,更没有详细的项目台账,项目研发过程中发生的费用无法准确反映。企业上报的科技统计数据缺乏出处依据,无法佐证数据的真伪。造成这种现象的原因是,企业观念没有跟上、对常规的科技研发活动重视不够、管理不到位。这类企业的研发活动形式比较简单,通常是由技术骨干带着几个技术人员边干边研究,在研发前期没有进行详细的经费预算、没有对研发的进度和阶段性成果进行预期计划;在研发中期没有对费用发生进行实时归集、整理;在研发后期没有进行正式的项目验收和资料整理。这类企业的研发活动仍处于较粗放、低级的阶段,研发的成果往往没有突破性、重大独创性，但这类研发活动仍较为普遍，也是当前中国企业研发活动的重要组成部分。

5.地方政府考核压力的影响

当前各级地方政府越发重视科技创新工作，科技统计的相关核心指标也纳入考绩考核。县(市、区)的科技部门和乡镇(街道)受考核压力，对部分辖区企业的填报行为进行干扰，对于不够明确的指标数据，诱导企业进行虚报。目前这样的现象不多，但在对企业的检查中仍有发现，需要引起重视。

三、台湾地区科技统计实施中的优秀经验

亚洲四小龙之一的台湾能成功跨越"中等收入陷阱"的一个重要原因，在于高度重视科技创新在推动经济发展中的作用。当前台湾是世界上具有较强科技创新能力的地区之一，世界经济论坛(WEF)发布的《2016年全球经济竞争力报告》中，台湾的创新指数列全球第13位。台湾的科技统计工作始于20世纪80年代初期，是参照OECD的统计规范建立起来的。目前台湾和OECD建立了合作机制，每年分两次向OECD提供科技统计数据，包括提供一些中国仍无法提供的统计数据，如政府R&D预算数据、包括服务业在内的国民经济分行业研发投入数据等。与其他经济体相比，台湾的科技统计工作非常出色。结合当前我国科技统计中存在的问题，台湾在以下两方面的做法尤其值得我们参考借鉴。

(一)报表优化设计方面

台湾的科技统计数据采集工作具体由台湾经济研究院承担，采集分为两类：一是向"行政院"各组成部门调查研发预算及执行情况；二是向包括研究机构、大专院校、企业在内的单位发放调查问卷采集统计数据。台湾经济研究院十分重视报表设计，通过对报表指标及指标解释的精心设计，既精简报表，保证填报单位对报表内容的准确理解，又让报表方便填报操作，减少

人工操作误差。在此前提下,台湾每5年才召开一次报表填报培训说明会,解答填报单位在统计中遇到的问题,通过报表的优化设计极大提升了工作效率、节约了行政成本。

(二)减少重复统计方面

台湾十分重视科技统计与专业数据检索的结合,对科技报表中的指标,能通过其他途径获取数据的就不在统计报表中出现。如专利、论文等指标不再要求企业填报,对于专利数据,通过"经济部智慧财产局"的现有数据库抓取;SCI论文和EI论文数据则从论文数据库公司进行检索、统计。这样做虽然在数据匹配和加工方面工作量很大,但好处是减少了基层单位的填报压力,也减少了数据差错的发生。

四、科技统计报表的优化设计探索

(一)科技统计报表优化设计的原则

为更加合理地开展科技统计,根据统计指标的特点和科技统计工作的要求,结合当前科技统计报表设计中存在的不足,在对科技统计报表进行优化设计时应遵循以下原则:

1. 目的性原则

所谓目的性原则,是指科技统计报表的设计要围绕统计研究的目的进行,报表指标的设置要方便数据的处理、汇总等操作。

2. 统一性原则

所谓统一性原则,是指统计指标要从定量分析的全局出发,不同指标能从不同侧面来反映统计对象的特征,相互配合,形成有机的体系。

3. 不重复性原则

所谓不重复性原则,是指所建立的报表中各指标间应不存在信息重叠,以免影响数据分析的准确性和科学性。

4. 可操作性原则

所谓可操作性原则,是指所设置的报表指标要具有现实性,对其指标值的测量要方便、容易操作。

(二)科技统计报表的优化设计思路

根据上述科技报表优化设计的原则,科技统计报表的设计要为最终的统计研究服务,因此指标的设置必须要方便数据的过录、汇总。要杜绝报表中重复性统计的现象,对于项目表和活动表跨表间的指标也应遵循此原则。此外,报表指标的设置要易于统计员理解,并且根据会计实务操作,要让各项指标的数据有明确、统一的出处,尽量减少因统计员理解偏差而引起填报错误的现象。最终使得新的科技统计报表既方便填报对象理解、填报,又能根据统一、明确的规则准确填报,且易于数据的汇总、分析。

(三)科技统计报表的优化设计

1. 优化部分指标名称,便于统计人员理解

部分指标的名称不够直观,不仔细看指标解释的话,常常容易理解错误。为减少这种不必要的差错,可对指标名称进行优化调整。

(1)项目表中的指标3"项目成果形式"更改为"项目当年主要成果形式"。当所填报的研发项目是跨年项目时,所填报的"项目成果形式"应为此项目在报告期内的主要成果形式,而非该项目最终的成果。实际操作中,企业统计人员往往不能准确把握填报的要点,因此常常将跨年项目的成果形式填错。将名称更改为"项目当年主要成果形式"后,虽只增加了"当年主要"四字,却变得更加直观、易懂,有利于统计人员准确填报。

(2)项目表中的指标7"跨年项目所处主要进展阶段"更改为"跨年项目当年所处主要进展阶段"。企业统计人员对于指标"跨年项目所处主要进展阶段"常常感到费解,不能明白指标的含义。而如果在指标名称中增加"当年"二字,将有助于统计人员更好理解指标内涵,从而有利于准确填报。

2.优化部分指标选项,提升填报的准确性

大部分企业统计人员都是由会计人员兼着,对研发情况的理解往往停留在较浅显的状态,科技报表的指标及选项设置不宜过细,否则对填报准确性会大打折扣。现行项目表中部分指标的填报选项过多,分类过细,不利于统计人员的准确填报,可以对部分选项进行合并。但合并也有条件,不能为了减少选项数目而盲目合并,应该在不影响数据的过录、汇总和分析、研究的前提下进行。

(1)项目表中的指标 1"项目来源"的选项可以进行合并。该指标有 6 个选项,分别是"1.国家科技项目""2.地方科技项目""3.其他企业委托研发项目""4.本企业自选研发项目""5.来自境外的研发项目""6.其他研发项目"。其中选项 1 和选项 2 可以合并为"政府部门立项项目",无论是国家火炬计划项目、自然科学基金项目还是地方科技部门立项的项目,都可以归入此选项。合并后字面含义更易理解,有利于统计人员准确填报,而且合并不影响汇总表对基础研究项目、应用研究项目的判断,合并操作具有可行性。

(2)项目表中的指标 4"项目技术经济目标"的选项可以进行合并。该指标有 9 个选项,分别是"1.科学原理的探索、发现""2.技术原理的研究""3.开发全新产品""4.增加产品功能或提高性能""5.科学原理的探索、发现提高劳动生产率""6.减少能源消耗或提高能源使用效率""7.节约原材料""8.减少环境污染""9.其他"。其中选项 1 和选项 2 可以合并为"科学技术原理的研究",因分类过细,从报表的指标解释中无法直接区分两者的差别,合并后更易统计人员填报,而且不影响汇总表对"基础研究项目"的划分。选项 3 和选项 4 可以合并为"开发新产品",因产品功能和性能发生改变后,也可视为"新产品",而且这样合并,也不影响汇总表对"应用研究项目"和"新产品开发项目"的划分。从目的性原则来看,这两次合并都不影响汇总表的汇总,即不影响后续的统计研究,完全具有可行性。

3.优化部分指标设置,提升填报的可操作性

科技统计报表中涉及经费的几个指标最为关键,填报的准确与否直接关系到核心指标"R&D经费支出"是否准确。这几个指标也是科技统计报

表的填报难点所在,难填的主要原因在于这些指标不能直接从会计报表中取数,要先列出构成细项,计算出每个细项的经费数据,再进行加计,而且项目表中项目经费的构成细项与活动表中研发活动经费的构成细项有直接关联。在此情况下,考虑将经费指标拆分成构成细项的指标,统计人员只需填报各构成细项的数据,取数更明确,操作更容易;同时对项目表和活动表经费中交叉重复的构成细项进行简化、去重,有利于统计人员减少计算差错、提高填报精准度。

(1)将项目表中的指标 10"项目经费内部支出"进行拆分。根据报表填报说明,项目经费内部支出由 4 个细项构成,分别是项目人员人工费、原材料费、使用非基建资金购买的设备费、其他费用。因此在报表中直接列出指标 10 的 4 个细项,并对 4 个细项进行明确的指标解释,其中"项目人员人工费"是指参加本项目人员的劳务费和工资薪金;"原材料费"是指投入到本项目研发中产生的原材料费用;"使用非基建资金购买的设备费"是指运用非基建资金购买的用于本项目研发的设备费用;"其他费用"是指项目研发中日常支出的费用、外协加工费等。更改后,企业统计人员只需填报 4 个细项的数值,就能自动加计生成指标 10"项目经费内部支出"的数值。虽然报表的指标数增多了,但企业统计人员的填报更有明确的出处,能大大提升该项指标的填报准确性。

(2)将活动表中的部分指标进行拆分、简化。一是指标 10"人员人工费"改成"项目管理和服务人员人工费",原指标"人员人工费"包括参加研发项目人员人工费,也包括项目管理和服务人员人工费,考虑到"项目人员人工费"已经在项目表中进行填报,基于不重复性原则,简化后的操作更加清晰、明确。二是删减指标 11"原材料费",因此处的原材料费就是指为实施研发项目而购买的原材料费用,该费用在项目表中已经进行过填报,根据不重复性原则予以删除。三是指标 14"其他费用"改成"企业分摊的研发管理和服务费",因原指标包含"项目中的其他费用"和"企业分摊的研发管理和服务费"两部分,而前者已经在项目表中进行填报,基于不重复性原则,将此指标进行简化。四是指标 19"当年形成用于研发的固定资产支出"简化为"企业科研基建费用中形成的固定资产",因原指标包含"企业科研基建费用中形成的固定资产"和"使用非基建资金购买的设备费"两部分,其中后者已经在项目表中进行填报,基于不重复性原则进行简化。以上4个指标进行拆分、简化后,原报表的表内审核关系也发生了变化,只需删除对应的审核关系即可。优化后,企业统计人员只需填报简化后的指标,项目表的指标和活动表的指标将不再交叉、重复,便于统计人员理解和实际操作,同时该优化操作不影响原指标数据的获得,原指标可以移到过录表或者汇总表中,只需根据原指标的范围,从优化设计后的项目表和活动表中选取相应的细项数据并进行加计即可。

4.优化部分指标解释,明确指标填报依据

指标解释是企业统计人员填报报表的主要操作指南,指标解释中除了对该指标的范围、内涵进行表述外,如指标有明确取数来源或依据的,应对这部分信息进行表述,提高企业统计人员操作性并减少差错。

(1)活动表中的指标21"使用来自政府部门的研发资金"。实践操作中,政府部门的资金常常未及时拨付到位,造成企业统计人员的填报困难。可在指标解释中增加"当年度政府资金还未拨付到位的,可参照上年数据进行填报",这样既明确了取数原则,又提高了填报的操作性。

(2)活动表中的指标32"当年专利申请受理数"。原指标解释为"报告期内企业作为第一申请人向境内外知识产权行政部门提出发明专利申请并被受理的件数",该解释虽较清晰,但并没有告知企业统计人员如何取数。实践操作中,专利申请受理数是以知识产权行政部门下发的"专利申请受理通知书"的数量为依据。因此,可以在指标解释后面加上这部分信息。

(3)活动表中的指标33"其中:发明专利"。指标33是指标32的其中项,相应的也在指标解释中增加"以知识产权行政部门下发的报告期内发明专利申请受理通知书数量为准",明确取数标准。

(4)活动表中的指标38"新产品产值"。该指标同工业产值月报中的指标"新产品产值"相同。为便于企业统计人员理解,可在指标解释中增加这样的表述:"新产品产值的统计与工业产值月报中的'新产品产值'相同,只需按照工业报表的要求填报全年的数值即可。"

(5)活动表中的指标45"研究开发费用加计扣除减免税"。实践操作中,企业申请加计扣除减免税后,国税部门常常未能及时返还,为便于企业统计人员操作,可在指标解释中增加"如当年申请的减免税未及时返还,可参照上年数值填报",统一明确取数原则,有效提高填报的操作性。

(6)活动表中的指标46"高新技术企业减免税"。同样的道理,在指标解释中增加"如当年申请的减免税未及时返还,可参照上年数值填报",统一明确取数原则。

5.优化报表报送频率,增加业务熟练程度

现行的科技统计报表是年报制度,企业一年才填报一次,是造成统计人员业务生疏的重要原因。在当前国家和地方政府高度重视创新发展,对科技统计数据的使用也越来越频繁的情况下,年报制度已经无法满足经济管理需要。因此,可考虑将年报制度更改为季报制度,增加上报的频率,促使企业增加重视程度,也促进统计人员增加业务熟练程度。

五、提升科技统计数据质量的建议

科技统计不仅能反映当前的全社会研发水平和科技发展趋势,更是各级政府制定科技创新政策、确定科技发展规划的重要科学依据。在当前全国实施创新驱动发展战略的背景下,提升科技统计数据质量迫在眉睫。结合当前科技统计的现状和存在的问题,应着力加强以下几方面工作。

(一)提升科技统计使用价值,促进企业加强重视程度

各级政府部门要加强涉企优惠政策的导向性,税务、财政部门出台的惠企政策要与企业的研发投入情况关联;经信、科技等部门评选的科技型、创新型企业要将研发投入作为重要的参考指标;各行业主管部门评选的先进企业、优秀企业要将研发投入数据作为评选依据之一,并且所有涉及研发投入的数据均以上报到统计部门的数据为准,从而提升科技统计数据的使用

价值。此外,还要加强政策的宣传和引导力度,鼓励企业申报研究开发费用加计扣除减免税,让企业真正享受到研发投入的好处,享受到做好科技统计的益处。

(二)引导企业独立财务核算,提升科技报表填报便利

实施新《企业会计准则》(2006 年颁布)或在财务上单独核算研究开发费用的企业,填报科技统计报表时,尤其是涉及经费的指标时,可以直接抄取相关会计科目的实际发生额,能极大提升填报的便利性和准确性。财政和税务部门应该鼓励企业加快实施新《企业会计准则》或者对研究开发费用进行单独核算,并要求企业做好项目台账的建设,使得经费核算和报表填报有据可依。

(三)加强基层业务培训力度,提升统计人员业务素质

科技统计的基层基础较弱,许多县(市、区)统计局的科技专业人员由其他专业人员兼着,乡(镇、街道)统计中心这种现象更为普遍。而企业的统计人员对科技报表更是云里雾里,凭感觉填报。省、市统计局应加强对基层统计局的业务培训力度,培养一支业务素质过硬的科技统计队伍。县(市、区)统计局和乡(镇、街道)要加强对企业统计人员的业务培训,除了常规培训,还要多下基层、进企业面对面指导,及时解答企业统计人员的疑问,在实践指导中帮助企业人员加深理解、提升业务水平。

(四)加大科技统计执法力度,杜绝瞒报漏报虚报现象

针对民营企业老板因担忧泄露企业研发机密而瞒报的问题,通过执法检查进行纠正,并加强宣教,不断纠正企业主的思想观念;针对企业统计人员业务不精、怕麻烦或大意疏忽而造成的漏报问题,通过执法检查进行纠正,并提升统计人员依法统计的法制意识;针对考核压力下基层企业出现的虚报问题,通过执法检查进行纠正,并及时对违法人员进行依法处理,正风肃纪,提升政府统计的公信力。

(五)探索建立数据共享机制,减少企业重复填报困扰

探索建立部门间的数据共享机制,利用大数据技术,对于报表中其他部门已经掌握的数据进行抓取,直接生成相关数据,如活动表中的专利申请受理数、期末拥有注册商标数、形成国家或行业标准数、研究开发费用加计扣除减免税等指标,可以从知识产权、工商、质监、国税等部门取数,减少企业重复填报的负担,也减少了差错的发生几率,有效提升了数据准确性。

课题负责人:吕步奖

[参考文献]

[1] 邓庆平. 我国科技统计工作之国际比较研究[D]. 中南大学,2007.

[2] 刘静颐,周衍琪,朱桂玲,王越. 国内外科技统计指标体系的研究现状[J]. 商,2015(5):120-121.

[3] 玄兆辉. 台湾地区科技统计体系及特征[J]. 台湾研究集刊,2014(4):63-69.

[4] 李佳,郑文范. 关于扩充现行科技统计指标体系的探讨[J]. 中国科技论坛,1999(4):37-42.

附录一

2015 年科技统计年报表式(一)

规模以上工业法人单位研发项目情况表

序号	项目名称	项目来源	项目合作形式	项目成果形式	项目技术经济目标	项目起始日期	项目完成日期	跨年项目所处进展阶段	参加项目人员(人)	项目人员实际工作时间(人月)	项目经费内部支出(千元)	#政府资金	#仪器设备
甲	乙	1	2	3	4	5	6	7	8	9	10	11	

单位负责人: 　统计负责人: 　填表人: 　联系电话: 　分机号: 　报出日期:20 年 月 日

说明:

1."项目来源"目录及编码:

　1 国家科技项目　　　　2 地方科技项目

　3 其他企业委托科技项目

　4 本企业自选科技项目　5 来自境外的科技项目

　6 其他科技项目

2."项目合作形式"目录及编码:按重要程度选择其中最主要的 1 项填报。

　1 与境外机构合作　　　2 与境内高校合作

　3 与境内独立研究机构合作

　4 与境内注册的外商独资企业合作

　5 与境内注册的其他企业合作

　6 独立研究　　　　　　7 其他

3."项目成果形式"目录及编码:按重要程度选择其中最主要的 1－2 项填报。

　01 论文或专著

　02 自主研制的新产品原型或样机、样件、样品、配方、新装置

　03 自主开发的新技术或新工艺、新工法

　04 发明专利　　　　　05 实用新型专利　　　　06 外观设计专利

07 带有技术、工艺参数的图纸、技术标准、操作规范

08 基础软件　　　　　　　09 应用软件　　　　　　　10 其他

4."项目技术经济目标"目录及编码:按重要程度选择其中最主要的 1 项填报。

1 科学原理的探索、发现　2 技术原理的研究

3 开发全新产品　　　　　4 增加产品功能或提高性能

5 提高劳动生产率　　　　6 减少能源消耗或提高能源使用效率

7 节约原材料　　　　　　8 减少环境污染　　　　　9 其他

5."跨年项目所处进展阶段"目录及编码:按重要程度选择科技项目当年所处最主要的进展阶段填报(非跨年项目免填)。

1 研究阶段　　　　　　　2 小试阶段　　　　　　　3 中试阶段

4 试生产阶段

附录二

2015 年科技统计年报表式(二)
规模以上工业法人单位研发活动及相关情况表

指标名称	计量单位	代码	数量
甲	乙	丙	1
一、研发人员情况	—	—	
研发人员合计	人	3	
其中:女性	人	6	
其中:全职人员	人	8	
其中:本科毕业及上人员	人	53	
二、研发经费情况	—	—	
研发经费支出合计(9+19+15)	千元	54	
其中:使用来自政府部门的研发资金	千元	21	—
(一)企业内部的日常研发经费支出	千元	9	
人员人工费(包含各种补贴)	千元	10	
原材料费	千元	11	
折旧费用与长期费用摊销	千元	12	
无形资产摊销	千元	13	
其他费用	千元	14	
(二)当年形成用于科技活动的固定资产	千元	19	
其中:仪器设备	千元	20	
(三)委托外单位开展科技活动的经费支出	千元	15	
对境内研究机构支出	千元	16	
对境内高等学校支出	千元	17	
对境内企业支出	千元	55	
对境外支出	千元	18	
三、企业办(境内)研发机构情况	—	—	
期末机构数	个	24	—

续　表

指标名称	计量单位	代码	数量
甲	乙	丙	1
机构人员合计	项	25	
其中:博士毕业	人	26	
硕士毕业	人	27	—
本科毕业	人	28	
机构经费支出	千元	29	
仪器和设备原价	千元	30	
其中:进口	千元	31	
四、研发产出及相关情况	—	—	
(一)自主知识产权情况	—	—	
当年专利申请受理数	件	32	—
其中:发明专利	件	33	
期末有效发明专利数	件	34	
其中:境外授权	件	35	
其中:已被实施	件	52	
专利所有权转让及许可数	件	36	
专利所有权转让及许可收入	件	37	
(二)新产品生产及销售情况	—	—	
新产品产值	千元	38	—
新产品销售收入	千元	39	
其中:出口	千元	40	
(三)其他情况	—	—	
发表科技论文	篇	41	—
期末拥有注册商标	件	42	
其中:境外注册	件	43	
形成国家或行业标准	项	44	
五、其他相关情况	—	—	
(一)政府相关政策落实情况	—	—	

续 表

指标名称	计量单位	代码	数量
甲	乙	丙	1
研究开发费用加计扣除减免税	千元	45	——
高新技术企业减免税	千元	46	
(二)技术获取和技术改造情况	——	——	
引进境外技术经费支出	千元	47	——
引进境外技术的消化吸收经费支出	千元	48	
购买境内技术经费支出	千元	49	
技术改造经费支出	千元	50	

浙江省"两化"融合政策绩效：
结构维度的研究

根据中国电子信息产业发展研究院发布的《2016年中国信息化与工业化融合发展水平评估报告》全国评估报告，2016年浙江省"两化"融合的指数达86.26，仅次于江苏、上海，居全国第3位。根据浙江省经信委发布的《2015年浙江省区域两化融合发展水平评估报告》，2015年浙江省11个地市中除舟山市"两化"融合指数下降7.62个百分点外，有3个地市提升超过4个百分点、有4个地市"两化"融合指数提升超过5个百分点，其余地市"两化"融合指数也均有不同程度提升，由此推断，浙江省2015年"两化"融合水平在2016年86.26的基础上又有显著提高。

对照工信部《信息化和工业化深度融合专项行动计划（2013－2018年）》，《行动计划》提出的总体目标是："到2018年，……全国两化融合发展水平指数达到82。"浙江省2016年"86.26"的"两化"融合指数水平，已经超过了《行动计划》全国2018年"82"的目标水平。这意味着《行动计划》所描述的"两化深度融合取得显著成效，信息化条件下的企业竞争能力普遍增强，信息技术应用和商业模式创新有力促进产业结构调整升级，工业发展质量和效益全面提升"总体下已经实现。进一步对照工信部《关于加快推进信息化与工业化深度融合的若干意见》的目标，"信息化与工业化深度融合取得重大突破，信息技术在企业生产经营和管理的主要领域、主要环节得到充分有效应用，业务流程优化再造和产业链协同能力显著增强，重点骨干企业实现向综合集成应用的转变，研发设计创新能力、生产集约化和管理现代化水平大幅度提升；生产性服务业领域信息技术应用进一步深化，信息技术集成应用水平成为领军企业核心竞争优势；支撑"两化"深度融合的信息产业创新发展能力和服务水平明显提高，应用成本显著下降，信息化成为新型工业化的重要特征"，也应该在浙江基本实现。

然而，浙江目前工业劳动者的人力资本水平等，与"两化"融合指数数据所展示的"高层次"现象，似乎并不一致。

根据浙江统计信息网发布的《浙江人口发展与沿海省份的比较研究》报告，2010年浙江非农产业就业平均受教育年限只有9.57年，比全国平均水平低0.9年，而广东、上海、北京、江苏、山东等省市都超过了10年；高中及以上文化程度比重，浙江仅为30.00%，比全国平均水平低10.32个百分点，上述其他省市都比浙江高出不少；未上过学比重，浙江（2.02%）比全国平均水平高出1.27个百分点，上述其他省市都在1%以下。与此相对应，中国电子信息产业发展研究院发布的《中国区域"两化"融合发展水平评估报告》中，2010年浙江"两化"融合指数63.51，比全国平均值52.73高出10个百分点，在全国各省中位列第7名。浙江工业相对较高的信息化程度如何与浙江相对于全国显著更低的劳动力素质相匹配？

根据《浙江统计年鉴》（2011、2013、2015），浙江省制造业年末专业技术人员总数2010—2016年间分别为41.2、44.23、47.54、43.46、43.21万人，专业技术人员总数在最近5年间没有显著增加，占制造业年末从业人员总数的比重分别为2.7978%、2.9469%、3.1630%、2.9873%、2.9939%，专业技术人员在制造业全部从业人员中的占比也没有显著的变化。由此可以推断，《浙江人口发展与沿海省份的比较研究》报告所展示的浙江从业者人力资本素质水平在最近的五年间不会有显著的提升。

产业结构的升级本质上是要素结构的升级，而人（人力资本）是生产要素中最活跃的部分。我们很难想象，一群低人力资本劳动者能在一个高度信息化的工业体系中运行，"两化"融合指数数据所展示的浙江工业化与信息化的"高度融合"现象，似乎并未与来自从业者人力资本水平等相关信息存在偏离。

本文关注"两化"融合指数的结构信息，结合"信息化指数"数据、"信息经济指数"数据以及第三次经济普查企业层面信息化数据，深入研究浙江省"两化"融合政策推进中的优势和短板，为提高未来"两化融合"效率提供基础决策信息。

一、从"两化"融合指数的结构看浙江"两化"融合推进中的效率

本部分基于中国电子信息产业发展研究院于 2012—2016 年开展的全国区域"两化"融合发展水平评估提供的基础信息①开展分析。三次评估所使用的指标体系和计算方法基本保持一致,指标体系包括基础环境、工业应用和应用效益三大类。

1. "两化"融合发展总水平分析

浙江省"两化"融合整体高水平的同时,工业应用相对不足。2010 年浙江"两化"融合总指数 63.51,比全国 52.73 高出 10 个百分点,在各省市中排名第 7 位,这一相对高水平的优势持续保持并提升,到 2016 年浙江"两化"融合总指数 86.26,比全国 66.14 高出 20 个百分点,在各省市中排名第 3 位。

与此同时,基础环境、工业应用、应用效益三个维度中,浙江在工业应用维度上的优势则显得相对弱。2010 年浙江工业应用维度的指数水平 52.94,比整体水平低 10.57 个百分点,相对于全国的优势仅有 2.68 个百分点,即便到 2016 年,浙江工业应用维度的指数水平仍比整体水平低 10.93 个百分点,相对于全国(59.70)的优势(15.63)也仍然低于整体水平。浙江省工业应用维度的指数水平在各省市中的排序,2010—2016 年分别为 13、14、9、6,也是三个维度中领先优势相对较弱的。

---

① 包括中国电子信息产业发展研究院(赛迪研究院)2013 年 1 月发布的《中国区域"两化"融合发展水平评估报告(摘要)》、2013 年 12 月发布的《2013 年度中国信息化与工业化融合发展水平评估报告》、2015 年 1 月发布的《2016 年中国信息化与工业化融合发展水平评估报告》,以及《中国信息化与工业化融合发展水平评估蓝皮书(2012)》和《中国信息化与工业化融合发展水平评估蓝皮书(2014)》。

表1　浙江省"两化"融合指数水平与全国的比较

指标	省份	2010年	排名	2011年	排名	2013年	排名	2014年	排名
总指数	浙江省	63.51	7	70.73	7	78.69	5	86.26	3
	全国均值	52.73		59.07		61.95		66.14	
基础环境指数	浙江省	65.90	5	74.25	5	79.05	6	93.01	1
	全国均值	52.93		58.36		64.87		71.71	
工业应用指数	浙江省	52.94	13	57.84	14	68.27	9	75.33	6
	全国均值	50.26		56.13		57.34		59.70	
应用效益指数	浙江省	82.27	6	93.00	5	99.18	5	101.37	5
	全国均值	57.47		65.65		68.27		78.43	

因此,无论是从"两化"融合的指数排名还是指数水平看,浙江省"两化"融合在基础环境指数、工业应用指数、应用效益指数三个维度上的发展不均衡。基础环境水平、应用效益水平领先全国的优势明显且高于浙江省总指数水平,工业应用水平领先全国的优势相对弱且低于浙江省总指数水平,工业应用水平相对基础环境水平、应用效益水平弱。

2."两化"融合发展基础环境水平分析

浙江省基础环境条件呈现均衡的高水平。从指数排名看,2016年浙江省基础环境指数构成指标的排名均处于全国前列。其中,固定宽带普及率指数、中小企业信息化服务平台数指数、重点行业典型企业信息化专项规划指数排名上升到2016年的第1名;城(省)域网出口宽带指数、固定宽带端口平均速率指数分别上升至第2、第6名;移动电话普及率指数则保持着全国第4的排名;互联网普及率指数排名略向下调整,仍保留着全国第6的位置。从指数水平变化趋势看,浙江省"两化"融合基础环境指数构成指标在调查年份内均呈现稳步上升,尤以中小企业信息化服务平台数指数和重点行业典型企业信息化专项规划指数增加明显。基础环境指数构成中,除"两化融合专项引导资金"指标没有连续变化外,浙江省基础环境指数构成中的其他子指标均表现为逐年上升。其中,中小企业信息化服务平台数指数较2013年有了飞跃式的进展,从上一年的77.22增加到150,几乎翻了一倍,对应指数排名从第 19 位跃升至第 1 位；重点行业典型企业信息化专项规划指数从 2010 年的 48.9 上升至 2016 年的 78.77，对应指数排名从第 17 名上升到第 1 名。

表 2　基础环境指数

	2010 年		2011 年		2013 年		2014 年	
	指数	排名	指数	排名	指数	排名	指数	排名
基础环境指数	65.9	5	74.25	5	79.05	6	93.01	1
城（省）域网出口带宽	79.23	4	110.76	3	141.91	2	141.91	2
固定宽带普及率	79.25	3	87.74	3	92.9	3	97.71	1
固定宽带端口平均速率	52.79	9	52.79	12	54.9	14	72.2	6
移动电话普及率	66.52	4	70.13	3	75.17	4	79.43	4
互联网普及率	69.36	4	71.24	5	73.54	5	74.93	6
"两化"融合专项引导资金	100	—	100	—	100	—	100	—
中小企业信息化服务平台数	50	16	72.97	13	77.22	19	150	1
重点行业典型企业信息化专项规划	48.9	17	66.34	12	72.21	6	78.77	1

3."两化"融合发展工业应用水平分析

工业应用相对滞后，主要表现为集成应用不足。2010—2016 年浙江省工业应用指数水平低于基础环境水平，且增长速度相对小。从横向比较来看，浙江省 2010—2016 年基础环境指数水平分别为 65.90、74.25、79.05、93.01，较相应年份的工业应用指数水平分别高出 12.96、16.41、10.78、17.68。从纵向比较来看，浙江省基础环境指数在 2010—2016 年间上升了 27.11 个点，工业应用指数在 2010 年相对低水平的基础上也只上升了 22.39 个点，工业应用指数水平的增长速度整体低于基础环境指数水平。结合表 2，浙江省基础环境指数在保持高水平的同时保持着相对较高的增长速度，为工业应用提供了良好的技术支撑；但工业应用指数水平在绝对值和增长速度上都要滞后于基础环境指数，基础环境的改善没有完全在工业应用中发挥出应有的效果。

构成"两化"融合工业应用指数的八项指标中，指数水平持续较低的方面是：①反映工业企业供应链信息和协作管理、供应链业务执行等功能基本实现程度的"重点行业典型企业 SCM 普及率"，2016 年降低到 43.16，在全国各省市中排名第 27 位；②反映工业企业生产装备信息技术应用水平的"重点行业典型企业装备数控化率"，2016 年较前几年有跳跃式提升但水平也不到 67；③PLM 作为一种产品全生命周期管理系统，用以集成与产品相关的人力资源产品生命周期管理、流程、应用系统和信息，浙江省"重点行业典型企业 PLM 普及率"指数在 2010－2013 年分别为 38.75、43.58、54.20，2016 年大幅度提升后也仅为 67.52。指数水平较低的方面均是涉及信息技术和管理集成运用的领域，说明浙江工业企业在信息化进程中尚处在"单项应用"为主的阶段。

表 3 工业应用指数水平

	2010 年	2011 年	2013 年	2014 年
工业应用指数	52.94	57.84	68.27	75.33
重点行业典型企业 ERP 普及率	50.00	54.76	75.83	65.76
重点行业典型企业 MES 普及率	45.44	52.82	77.14	81.59
重点行业典型企业 PLM 普及率	38.75	43.58	54.20	67.52
重点行业典型企业 SCM 普及率	57.25	59.78	62.48	43.16
重点行业典型企业采购环节电子商务应用	52.90	62.41	76.90	101.74
重点行业典型企业销售环节电子商务应用	69.35	75.33	85.06	110.03
重点行业典型企业装备数控化率	48.56	51.57	52.03	66.92
国家新型工业化产业示范基地两化融合发展水平	60.72	62.67	65.67	68.45

4."两化"融合发展应用效益水平分析

工业应用不足必然延伸到应用效益。虽然浙江"两化"融合的"应用效益指数"2010 年已达 82.27，此后持续提升，到 2016 年达到了 101.37。但是，从具体指标的表现看，浙江"两化"融合的"应用效益"值得关注。构成"应用效益指数"的七项指标中，除"工业增加值占 GDP 比重"这一可能不适合评估浙江工业化贡献的指标①、"单位地区生产总值能耗"指标数据存在异动现象外，其余指标指数稳定地表现为两类极端。

指数水平排名领先的是"单位工业增加值工业专利量""电子信息制造业业务收入""软件业务收入"，在各省市中分别排名第2、5、7位。然而，以"工矿企业专利申请受理数/工业增加值"计算、作为反映"当地工业企业创新能力"的"单位工业增加值工业专利量"指标，一方面没有区分发明专利与其他形式的专利数量，同时没有考虑专利申请与获得、专利获得与专利技术转化之间的不对称。对于"电子信息制造业"和"软件业务"，2010－2016年排名稳定靠前，但历年《浙江统计年鉴》显示这两大领域的增长轨迹近十年来并无显著改变，同时浙江近年来快速增长的是第三产业而非工业，"电子信息制造业业务收入"和"软件业务收入"快速增长是否对当地"两化"融合带动信息产业发展的能力的客观反映，尚需更深入的观察。

指数水平排名落后的是"第二产业全员劳动生产率"和"工业成本费用利润率"，2010－2016年前者的指数排名分别为28、30、30、31位，处各省市倒数第一，后者的指数排名分别为29、27、27、24，接近各省市倒数第一。从指数水平看，2010－2016年"第二产业全员劳动生产率"的指数水平分别为40.91、42.68、47.46、45.22，"工业成本费用利润率"的指数水平分别为42.28、40.25、36.83、37.90。对照工信部《区域"两化"融合发展水平评估指标体系及评估方法》"第二产业全员劳动生产率"和"工业成本费用利润率"，说明浙江这项指标始终未达到2010年全国各省数据的中值水平（50）。无论用以反映"生产效率"的"全员劳动生产率"还是用以反映"盈利能力"的"成本费用率"，其水平高低取决于产业结构以及技术、装备、人员素质三大要素，浙江"第二产业全员劳动生产率"和"工业成本费用利润率"持续低水

---

① 按《区域"两化"融合发展水平评估体系及评估方法》，"工业增加值占GDP比重"用来反映当地工业发展对GDP增长的贡献率。根据《中国统计年鉴》的数据，浙江省2000－2016年第二产业增加值占GDP的比重整体表现为下降的走势，第三产业增加值占GDP的比重逐年上升，2016年第三产业增加值占GDP的比重超过第二产业增加值占GDP的比重。第三产业增加超过第二产业恰恰是产业结构升级的重要内容，但按现行评估方案却表现为指数下降，工业增加值作为第二产业增加值中的主要项目，使用工业增加值占GDP比重衡量"两化"融合的应用效益相对片面。

平,至少反映信息化尚未对工业化进程的效率产生实质性影响。这与浙江
工业企业信息化应用尚处在初级的"单项应用"为主阶段现象相吻合。

表4　应用效益指数排名①

	2010 年		2011 年		2013 年		2014 年	
	指数	排名	指数	排名	指数	排名	指数	排名
应用效益指数	82.27	6	93	5	99.18	5	101.37	5
工业增加值占 GDP 比重	45.47	25	41.66	27	39.18	27	50.07	15
第二产业全员劳动生产率	40.91	28	42.68	30	47.46	30	45.22	31
工业成本费用利润率	42.28	29	40.25	27	36.83	27	37.9	24
单位工业增加值工业专利量	116.1	1	164.1	1	181.4	1	162.88	2
单位地区生产总值能耗	68.85	4	78.02	3	78.02	3	83.36	22
电子信息制造业主营业务收入	156.89	5	158.84	5	161.67	5	166.42	5
软件业务收入	133.47	7	153.2	8	180.32	7	200.2	7

二、从信息化发展指数看浙江"两化"融合推进中的效率

信息化发展水平情况,全国层面有中国电子信息研究所根据其设计"信
息化发展水平评估指标体系"发布的《中国信息化发展水平评估报告》,浙江
则有浙江省统计局根据其设计的"浙江省信息化发展指数(IDI)指标体系"

---

① 应用效益指数构成中的"单位地区生产总值能耗"指标的排名在 2010—2013 年分
别为第 4、3、3,但是到 2016 年突然下降到第 22 名。浙江省 2013—2016 年"单位地区生产总
值能耗"指数水平分别为 78.02、83.36,2016 年较上一年上升了 5.34,但排名却下降了。对
比全国和其他省市的情况,全国平均水平由 2013 年的 58.04 上升到 87.16,增加了 29.12,
远大于浙江省的增长幅度;其他省市中 2013—2016 年,只有青海省的增幅(3.11)相对小,其
他省市的增幅都远大于浙江省。值得注意的是"单位地区生产总值能耗"指数水平高,不一
定工业能耗指数水平就高,还要取决于浙江(即当地)工业与其他产业的结构、工业及其他
产业各自的能耗水平,还取决于其他省市工业与其他产业的结果、其他省市工业及其他产
业各自的能耗水平。通常,工业能耗高于其他产业,而浙江工业占比相对低,2016 年第 22
名的排序更说明浙江省工业能耗这一指数水平相对非常落后。

（Ⅰ、Ⅱ、Ⅲ）发布的《浙江地区信息化发展指数报告》。根据历年《中国信息化发展水平评估报告》和《浙江地区信息化发展指数报告》提供的数据进一步观察浙江"两化"融合推进中的绩效，浙江良好的信息化基础和相对不足的应用水平也得到了佐证。

1.从信息化发展看"两化"融合的基础环境

浙江"两化"融合进程中良好的信息化基础也从信息化自身发展中得到佐证。《浙江地区信息化发展指数报告》中显示 2006—2015 年浙江省信息化基础设施、信息产业的技术、信息制造业在工业中的份额、民众的信息消费水平等均持续提升，2015 年上述四方面的发展指数分别达到 0.814、1.029、0.899、0.903。与此同时，反映"人们应用信息通信技术必要条件"的知识支撑指数，2015 年也达到 0.934。说明"两化"融合进程中浙江已经具备良好的信息化基础条件，并且将持续拥有这一良好的基础条件。《中国信息化发展水平评估报告》也同样显示，浙江信息化发展在全国各省市中具有显著的领先优势。

2.从信息化发展看"两化"融合的企业应用

浙江信息化在工业企业中应用相对不足同样从信息化自身发展中得到佐证。《中国信息化发展水平评估报告》显示，信息通信技术应用指数中"企业应用指数"水平，2012—2013 年分别为 63.22 和 61.57，在各省市中分别排名第 13 和 16 位。2016 年"企业应用指数"水平跳跃上升至 90.01，相应地排名跃为第 2 名。对照该"企业应用指数"的指标与"两化"融合评估体系的指标构成、对照历年《中国信息化与工业化融合发展水平评估报告》提供的"电子商务应用"高普及率和 2016 年浙江省"中小企业平台数"激增 210家的信息，可推测，构成"企业应用指数"的其中两大指标"企业 ERP 普及率"和"生产装备数控化率"，浙江持续处于相对低水平。

三、从信息经济指数看浙江"两化"融合推进中的效率

信息经济是一种以信息产业、融合性新兴产业，以及信息化应用对传统产业产出和效率提升为主要内容的新型经济形态。根据浙江省经济和信息化委员会和浙江省统计局联合发布的《2015浙江省信息经济发展综合评价报告》，浙江信息经济发展的结构特征同样表现为良好的基础环境条件和相对滞后的融合应用程度。

1. 从信息经济发展看"两化"融合的基础环境

浙江"两化"融合进程中良好的信息化基础也从信息经济发展评估中得到佐证。《2015浙江省信息经济发展综合评价报告》显示，"两化"融合指数构成中浙江省基础环境水平位居全国前列，各项子指标均衡发展，为"两化"融合提供了有力支撑。2013—2016年信息经济指数构成中的基础设施不断优化，再次论证了浙江省具备"两化"深度融合的良好基础。根据浙江省统计局资料，浙江省基础设施二级指标较上一年有不同程度的提升，其中，城域网出口宽带指标和固定宽带端口平均速率增长幅度最大，前者从2013年的8322.4上升到了11939，增长了43.46%，后者则增长了60%。

2. 从信息经济发展看"两化"融合的企业应用

浙江省信息化在工业企业中应用相对不足也从信息经济发展评估中得到佐证。《2015浙江省信息经济发展综合评价报告》显示2016年浙江省信息经济发展指数116.9，其中企业应用发展指数106.7，是各评价维度中最低的。具体指标进一步显示，2016年"工业企业应用信息化进行购销存管理普及率"56.5%，且比2013年下降2.2个百分点，"工业企业应用信息进行生产制造管理普及率"38.7%，且比2013年下降2.3个百分点，"工业企业应用信息化进行物流配送管理普及率"仅为12.5%，也比2013年下降1.4个百分点。工业企业信息化技术应用尚低且没有快速改善的显著趋势。

四、从企业信息化水平看浙江"两化"融合推进中的效率

第三次经济普查面向辖区内大中型工业、有资质的建筑业、大中型批发和零售业、大中型住宿和餐饮业、房地产开发经营业、重点服务业法人单位,全面调查了企业"信息化情况"。针对工业取得了 39552 家企业数据,从这一企业数据看,浙江省"两化"融合发展水平评估中的基础环境、信息化指数构成中的网络就绪度和信息经济下的基础设施的总体发展水平在全国范围内居于前列,为浙江省信息化在工业化中的应用提供了有力支撑,信息化对企业经营产生的实质性影响尚不普遍。

1. 从企业信息化水平看"两化"融合的基础环境

截至 2013 年,被调查企业中有 38753 家企业在使用互联网,占总样本的 97.98%,互联网几乎在工业企业中实现了全面覆盖。同时,有 28608 家工业企业有自己的局域网,这部分企业在总样本中的占比也达到了 72.33%。网络在工业企业中的普及进一步说明了浙江省具备良好的"两化"融合发展环境。

从硬件设施看,调查样本中有 39190 家工业企业正在使用计算机,在总样本中的占比为 99.08%,几乎所有的企业都配置了计算机。其中,计算机使用数量大于 100 台的有 2590 家,占总样本中的比例为 6.55%;大于 50 台小于 100 台的企业有 4162 家,占总样本比例 10.52%;有超过一半的工业企业使用的计算机数量在 10 到 50 台之间。这部分调查数据直接反映了浙江省工业企业计算机配备和使用广泛,间接反映了浙江省"两化"融合信息化基础条件良好。

2. 从企业信息化水平看"两化"融合的工业应用

与优越的网络软环境和计算机配备硬条件不相一致的是,工业企业互联网和计算机使用频率并不高。在接受调查的工业企业中,11585 家(29.29%)工业企业因为工作需要每周至少使用一次互联网的员工比例小

于10%，只有1742家(4.40%)企业因工作需要每周至少使用一次互联网的员工比例在70%以上。与互联网的使用状况相似，有8036家(20.11%)工业企业在工作中每周至少使用一次计算机的员工比例小于10%，只有2044家(5.12%)工业企业在工作中每周至少使用一次计算机的员工比例在70%以上。在互联网和计算机几乎全覆盖的工业企业中，企业员工在工作中使用互联网和计算机的频率相对较低，直观地反映了在良好的信息化基础环境下，信息技术在工业企业中的应用不足。

工业企业信息技术应用不足，最核心的表现是集成度偏低。在调查的"财务""购销存""生产制造""物流配送""客户关系""人力资源"等六个方面均没有采用信息化管理的企业已经不多，仅占调查企业数的1.22%，而财务管理中信息化技术应用率已达90.18%。但是，作为商流、物流、资金流紧密结合的集成度相对更高的"物流配送"管理，仅有13.55%的企业采用信息技术得以实现。上述六个方面中，全面运用信息技术管理的企业7.46%，有五个方面运用信息技术管理的企业10.01%，两类合计不足两成。

信息技术人员不足能够在一定程度上解释导致工业企业信息化应用不足的问题。信息技术人员是信息化推进的关键要素，信息技术人员不足，将直接导致良好的信息化宏观基础难以被企业所运用。浙江省工业企业从业人员中信息技术专职人员占比只有1.2%，有超过三分之一的企业没有信息技术专职人员，超过一半的企业中信息技术专职人员占企业总从业人员数不足1%。人（人力资本）是生产要素中最活跃的部分，我们很难想象一群相对低人力资本劳动者能在一个高度信息化的工业体系中运行，这为解释浙江省工业企业在良好的信息化基础环境下企业信息技术应用不足现象提供了线索。

五、结论与启示

作为全国第一个"信息化与工业化深度融合国家示范区"，浙江信息化及信息化推动工业建设正在全面推进，总体水平在全国各省市领先。但在整体领先的进程中，信息技术的工业应用相对滞后。

工业应用相对滞后体现在"重点行业典型企业SCM普及率""重点行业典型企业装备数控化率""重点行业典型企业PLM普及率"等指标水平偏低或在全国各省市中的排名靠后。同时，应用效益评估显示，2010—2016年浙江"第二产业全员劳动生产率"指数水平分别为40.91、42.68、47.46、45.22，在各省市中排名分别为28、30、30、31位，处各省市倒数第一；2010—2016年浙江"工业成本费用利润率"指数水平分别为42.28、40.25、36.83、37.90，指数排名分别为29、27、27、24，接近各省市倒数第一。这反过来说明浙江工业发展中信息化应用尚未发生根本性推动。

浙江信息技术工业应用相对滞后问题最核心的是集成度偏低。第三次经济普查形成的工业企业数据显示，在"财务""购销存""生产制造""物流配送""客户关系""人力资源"等六个方面均没有采用信息化管理的企业已经不多，部分领域如财务管理中信息化技术应用率已达90.18%。但是，作为商流、物流、资金流紧密结合的集成度相对更高的"物流配送"管理，仅有13.55%的企业采用信息技术得以实现。

企业信息化建设一般经历基础建设阶段、单项应用阶段、综合集成阶段、协同创新阶段。目前浙江信息化宏观基础条件良好，企业信息化基础环境也初步具备，且单项应用普及率高，"两化"融合正处于从单纯的"量"开始向"质"转换的综合集成阶段。

2015年10月在2015年省"两化"深度融合示范区建设会议上，李强省长强调，两化深度融合是"浙江智造"升级的关键环节，必须进一步明确"一大目标"、丰富"三个内涵"、突出重点，主攻智能制造。其中"三个内涵"之一是互联集成：通过生产线、工厂、供应商、产品、客户的互联互通，实现企业间的横向集成、企业内部的纵向集成、端到端的集成。互联集成应该成为"两化"融合下一阶段谋求突破的着力点。

课题负责人：钱雪亚

课题组成员：胡　琼

[参考文献]

[1] 浙江省统计局课题组.浙江省地区信息化发展指数报告[J].统计科学
与实践,2012(4).

[2] 徐海彪,劳印.2013 年浙江省信息化发展指数(II)统计监测报告[J].统
计科学与实践,2013(12).

[3] 周剑.两化融合管理体系构建[J].计算机集成制造系统,2015(7).

[4] 周剑.企业两化融合管理体系构建研究[J].现代产业经济,2013(25).

[5] 周剑,陈杰.制造业企业两化融合评估指标体系构建[J].计算机集成制
造系统,2013(9).

[6] 王杰.浙江人口发展与沿海省份的比较研究[EB/OL].http://www.zj.
stats. gov. cn/ztzl/dxdc/rkcydc/ktxb _ 2024/201409/t20140905 _
144443.html,2014.

[7] 中国电子信息产业发展研究院.中国信息化与工业化融合发展水平评
估蓝皮书(2012)[M].北京:人民出版社,2012.

[8] 中国电子信息产业发展研究院.中国信息化与工业化融合发展水平评
估蓝皮书(2014)[M].北京:人民出版社,2014.

[9] 统计科研所信息化统计评价研究组."十一五"时期中国信息化发展指
数(IDI)研究报告——中国信息化发展水平的监测与评估[J].中国信
息界,2010(12).

[10] 中国电子信息产业发展研究院.中国区域"两化"融合发展水平评估报
告(摘要)[EB/OL]. http://www. xgjmw. gov. cn/home/2013326/
n615423614.html,2013.

[11] 中国电子信息产业发展研究院.2013 年度中国信息化与工业化融合发
展水平评估报告[EB/OL]. http://www. hengshan. gov. cn/main/
zfxxgk/xxgkml/gzdt/tjsj/images/1647e5e7 — 1d43 — 47d5 — b60c —
8469703e48fc. pdf,2013.

[12] 中国电子信息产业发展研究院.2016 年中国信息化与工业化融合发展

水平评估报告［EB/OL］. http://wenku. baidu. com/link? url＝fvKF2bZRH9nGAFtwgy90fZM6VTFUZU5JgsdDfpXCubk0uK_J5F9ROULNUGWxwVqlXCqL071htCSv9QThOgCKRwX3CbQfLjYvZ16Hur1uj_a,2015.

完善统计数据质量的保障机制研究
——基于统计业务流程视角

随着大数据时代的到来，统计应用的日益广泛，社会各界对数据质量的关注也日益加强。数据质量的好坏直接决定着社会经济发展的监测与评价效果，进而影响以此做出决策的科学性与正确性，也决定着统计部门的形象和公众对统计的信任度。

国内外学者对于如何保障统计数据质量这一问题从不同角度开展了大量研究，也提出不少的对策建议，但鲜有从统计业务流程视角来加以探讨。联合国统计委员会于 2013 年 12 月发布通用统计业务流程模型（GSBPM，V5.0），GSBPM 描述和定义生产官方统计数据的 9 大业务流程，为统计机构提供一个标准专业术语的协议基础，为统计过程质量评估和完善提供一个完整框架。中国政府统计机构正以"四大工程"为抓手，大力推进统计改革与创新，通过建立企业一套表工作业务流程来提高统计工作的标准化、规范化，提高数据质量。鉴于此，在借鉴联合国及其他国家统计业务流程模型成功经验的基础上，结合我国企业一套表的统计业务操作实际，从统计业务流程的视角提出统计数据质量评估及保障机制显得必要而迫切。

一、国际上统计业务流程模型及质量管理经验

联合国统计委员会 2013 年 12 月发布通用统计业务流程模型（GSBPM V5.0），描述和定义生产官方统计数据的几大业务流程，为过程质量评估和完善提供了一个参考框架。美国、比利时、挪威、新西兰、荷兰、加拿大、丹麦

和韩国等国家相继提出或修正本国统计业务流程架构的设想和目标,这对于构建中国统计业务流程和完善数据质量保障机制具有启示意义。

(一)国际通用统计业务流程模型

GSBPM 适用于官方统计数据生产所涉及的所有活动,可用于对调查、普查、行政记录和其他非统计或多种来源基础上的业务流程进行描述和质量评估,还可用于对现有数据进行修订、对时间序列进行再计算等。

1. GSBPM 模型的结构

GSBPM 模型(V5.0)总体上由三层组成:

第零层:统计业务流程;

第一层:统计业务流程的 8 个阶段;

第二层:每个阶段中的子流程。

GSBPM 模型还包括应用于所有 8 个阶段的跨越式流程,可归为两类:一类是具有统计学内容的流程,一类是更通用的流程,被应用于任何形式的组织。

2. GSBPM 模型的阶段与子流程

第一阶段:确定需求。

确定需求阶段包括所有与用户接触以明确其具体统计需求,提出总体解决思路,以及准备实现这些需求的业务文件活动。确定需求阶段可细分为 6 个子流程,通常按次序发生,但也可能同时出现或重复出现。

第二阶段:设计。

该阶段描绘开发和设计活动,并需要定义统计产出、概念、方法、采集工具及操作流程的实际调查工作。它包括定义或改进业务文件中确定的统计产出或服务所涉及的元素,对所有相关的元数据进行说明,以供后期的统计业务流程和质量保证程序使用。设计阶段可分为 6 个子流程。

第三阶段:开发。

该阶段的主要任务是在"真实"环境中开发和测试生产解决方案。对于定期产生统计输出结果的统计活动,开发阶段通常发生在第一次执行过程中,而不是每一次执行中,且通常由方法或技术的变更引起。开发阶段可分为7个子流程。

第四阶段:采集。

这一阶段应用不同的采集模型(包括从统计数据、行政记录、其他非统计的登记记录和数据库中提取数据),收集所需的信息(数据和元数据),并加载到相应的处理环境以供进一步处理。采集阶段可分为4个子流程。

第五阶段:处理。

该阶段描述数据清理和分析准备的工作,包括子流程数据检查、数据清理和数据转换,使得数据能作为统计产出被分析和发布。处理阶段可分为8个子流程。

第六阶段:分析。

这一阶段产生统计产出结果,详细校对检查以做好准备将其向外发布,并准备相关的评论及技术说明等,且在向用户发布前确保统计输出"符合目的"。分析阶段可分为5个子流程。

第七阶段:发布。

发布阶段意在管理统计产出面向用户的发布过程,包括通过一系列渠道向用户发布统计产出的活动,这些活动使用户能够访问和使用统计组织发行的统计产品。发布阶段可分为5个子流程,通常按次序发生,但也可能同时出现或重复出现。

第八阶段:评估。

评估阶段包括评估一个特定统计业务流程的成功执行,关注一系列定性和定量的投入,并对潜在的改进进行识别和优先排序。对于定期产生统计输出结果的统计活动,理论上评估阶段在每一次执行中都发生,以决定后续的执行是否发生,是否应该实施改进。评估阶段可分为3个子流程。

3. GSBPM 模型的跨越式流程

跨越式流程贯穿于 GSBPM 模型的多个阶段,主要包括质量管理、元数据管理、数据管理、数据处理管理、知识管理、统计架构管理、统计项目管理、供应者管理、用户管理等。更通用的跨越式流程还包括人力资源管理、资金管理、项目管理、法律架构管理、组织架构管理、战略规划等。

4. GSBPM 模型的适用性

GSBPM 模型适用于国家和国际层面的官方统计数据生产所涉及的活动,独立于数据来源,可对建立在抽样调查、普查、行政记录和其他非统计或混合性数据来源基础之上的业务流程进行描述和质量评估。典型的统计业务流程包括对数据的收集和处理,也包括对已有数据的修改和对时间序列的再计算,或对源数据进行改进及方法的变更。

GSBPM 模型建立的最初目的是为统计机构提供一个标准专业术语的协议基础,以便于机构内部开展统计元数据系统和流程的探讨。然而,随着发展,模型逐渐被拓展并适用于其他目的,特别是与官方统计现代化相关的方面。

(二)可供借鉴的有益经验

通用统计业务流程模型(GSBPM)作为建立和重构统计生产流程的通用标准模型,描述了统计业务流程的基本逻辑框架,为设计统计业务流程提供了一个普遍适用的模型和框架参考。从世界主要发达国家统计工作和统计业务管理的基本方式看,可以发现一些共同的特点,并从中得到一些经验借鉴(王萍,2013)。

1. 采用全流程的设计理念,有利于统计业务工作的一体化

在 GSBPM 理论模型和统计业务流程建设实践中,许多国家均采取全流程的设计理念,将统计业务涉及的所有活动纳入统计业务流程设计范畴,实现了统计业务工作的一体化,有利于统计业务各环节的集成管理和顺畅衔接,有利于对整个统计过程进行全过程的质量控制,从而提高统计生产能力,提升统计数据质量。

2. 业务机构设置与业务流程相对应,有利于统计生产效率的提高

将统计机构内部各业务部门的设置与统计数据生产流程相对应,是世界主要发达国家的通行做法。这种将相同业务环节的统计工作集中在一个

部门完成的方法,既可以保证技术标准与工作要求等方面的协调统一,符合专业化生产的要求,又使各部门间呈现相互承接、递进式的工作关系,有效避免工作内容的重叠和工作职能的交叉,降低统计工作成本。

3. 数据采集由某个部门集中完成,有利于减轻调查对象的统计负担

面向调查对象(企业或社会机构)的统计数据采集任务统一由某个部门集中完成,是上述国家统计生产方式的又一突出特点。这种数据采集方式不会形成统计机构内部各部门多头向调查对象采集统计数据、实施统计管理的现象,可以有效避免重复统计,有利于减轻调查对象的统计负担。

4. 以现代信息技术为依托推进统计流程一体化,是当今世界的普遍趋势

从目前看,基于元数据标准的系统建设是解决统计业务一体化的主要方法,是消除"信息孤岛"、实现信息共享的有效途径之一。在统计生产方式改革、推进统计流程重构的过程中,要特别关注和积极应用现代信息技术,通过先进技术引领和推动改革。

当然,因统计业务流程模型涉及的不同机构和不同调查之间存在较大差异,不可能一蹴而就地找到一个"完美而适用"的模型。参与实践的各国都采用逐步推进方式,渐进实施统计业务流程。在保持相对稳定的基础上,不断增强与通用统计业务流程模型的协调统一,保证国际比较与合作的可行性(王萍,2013)。

二、大数据对统计业务流程及质量管理的影响

(一)大数据对统计生产流程的冲击

大数据条件下,政府统计推行的"联网直报"系统、手持 PDA 采集系统、电子记账系统、地理信息系统和遥感测量技术在统计调查中的应用,将促进政府全面统计和抽样调查制度的改进,必将改造统计业务流程以适应大数据需求(许小乐,2013)。

1. 制度设计多样化

大数据背景下的制度设计面对已经存在或通过一定手段可以获取的大量数据,需要明确数据从哪里来的问题,弄清楚已经存在的相关数据是通过什么方式产生的,从哪些领域产生的,会对研究目的产生哪些影响,进而确定采用什么样的数据来反映统计目标。统计制度设计者要从各种数据来源中甄别出反映统计对象的属性指标。

2. 数据采集智能化

在大数据时代,数据来源于信息技术记录下的原始数据,数据采集往往依赖于测量方法,而不需要调查对象长期、认真的配合。大量数据的传输中,也难以篡改数据,数据质量大大提高,而互联网、物联网、云计算等技术也有利于提高数据采集的智能化水平。

3. 数据分析专业化

大数据背景下的数据分析,面临存储于各处的大量非结构化或半结构化数据,需要将这些无法识别和运算的信息转化为结构化数据,还要洞察出语义、态度、情感、社会关系、效果等传统统计难以解决的问题。即使针对结构化的海量数据,也需要挖掘数据之间的内在关系,寻找更多有价值的信息。

4. 统计发布透明化

大数据的背景下,数据的获取分析将全社会共享,而非统计部门一家独享。统计数据的产品属性会更加突出,面临的市场竞争压力会更大。由于数据的大量存储和共享,统计数据发布的公开透明程度将会更高,没有公开详细、公允计算方法的数据将会被其他数据替代。

(二)大数据下统计业务流程的变革

大数据对于统计业务的再造、数据质量的提高都有帮助,带来的革命性冲击已波及现行的统计制度。统计业务应当借助于大数据所带来的有利条件,主动顺应数据社会化的趋势,加快统计业务流程变革(马亮,2015)。

1.基本业务环节的变化

大数据下的统计业务流程与传统模式相比,总体上有两个明显变化:(1)数据融合代替数据收集,并成为数据来源的主要模式。大数据模式下,统计机构自身能力和资源有限,将更多通过非采集方式获得分析所需的数据。(2)数据管理能力成为一个新的要求。大数据场景下,数据规模大、类型多样,且较分散,对其进行统一的管理能力是后续业务环节顺利进行的基础。

2.具体业务流程的变化

为便于对照分析,将传统模式与大数据模式下的业务流程统一规范为五个环节。

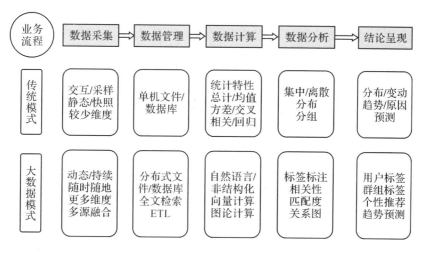

图1 两种模式下业务流程的环节比较

通过各个环节的比较可以发现:在大数据业务生态下,统计业务流程各环节的方式和支撑方法都将发生较大的扩展/变化,数据管理与专业数据计算分析能力将成为大数据业务实现过程中重要的推动因素。

(三)大数据对统计质量管理的影响

在大数据时代,要想保证大数据的高质量并非易事,很小的、容易被忽视的数据质量问题在大数据环境下会被不断放大,甚至引发不可恢复的数据质量灾难。因此,如何保证大数据的数据质量,以及如何有效地挖掘隐藏在大数据中的信息,成为各界日益关心的问题(宗威和吴锋,2013)。

在数据收集方面,大数据的多样性决定了数据来源的复杂性。在数据获取阶段保证数据定义的一致性、元数据定义的统一性及数据质量是大数据面临的重要挑战。另外,由于大数据的变化速度快,一些数据的"有效期"非常之短,如果没有实时地收集所需的数据,有可能收集到的就是过期、无效的数据,一定程度上影响大数据的质量。数据收集阶段是整个数据生命周期的开始,对后续阶段的数据质量起着直接的决定性的影响。因此,需要高度重视源头上的大数据质量问题,为大数据分析和应用提供高质量的数据基础。

在数据存储阶段,由于大数据的多样性,单一的数据结构已经远远不能满足大数据存储的需要,应采用专门的数据库技术和专用的数据存储设备进行大数据的存储,保证数据存储的有效性。大数据背景下,结构化数据只占到互联网整体流动数据的10%,剩余90%都为视频、图片、音频等非结构化的数据,这就对传统数据存储架构的可靠性及有效性构成了挑战。因此,要充分挖掘大数据的核心价值,必须完成传统结构化数据存储处理方式向同时兼具结构化与非结构化数据存储处理方式的转变,不断完善大数据环境下的数据库建设,为保证大数据质量提供基础保障。

在数据使用阶段,数据价值的发挥在于对数据的有效分析和应用,大数据涉及的使用人员众多,很多时候是同步、持续地对数据进行提取、分析、更新和使用,任何一个环节出现问题,都将严重影响信息系统中的大数据质量,影响最终决策的准确性。从这个角度来讲,数据及时性也是大数据质量管理的一个重要方面,如果不能快速地进行数据分析,不能从数据中及时地提取出有用的信息,就将会丧失先机。

三、中国统计业务流程模型及质量管理体系构想

(一)中国统计业务流程的设计思路

以现有统计工作业务流程为基础,结合通用统计业务流程模型,确定建立中国统计业务流程模型的基本思路:

1.反映统计工作全过程,完善业务流程环节

一是将"确定需求"的环节纳入流程,在设计阶段前增加"确定需求"环节作为业务流程的起点。二是增加"数据发布、存档和评估"3个环节,完整反映统计工作的全过程。将"评估"的结果反馈至"确定需求"阶段,可形成一个流程的循环,保证流程在每一个循环周期中得到改进完善。

2.结合中国统计工作实际,调整工作环节设置

第一,将"开发阶段"独立设置。借鉴通用业务流程模型设计理念,在业务流程中加强对开发阶段的重视,将其作为一个独立的阶段设置,对其涉及的内容加以详细说明和规定。第二,充实"数据加工汇总"内容。补充对数据进行分析、核实等方面的内容,强化对数据质量的控制。

3.增加跨越式流程设计,向立体化流程体系过渡

结合中国统计工作实际,目前已存在的相关管理工作也应纳入业务流程,如元数据管理、质量管理、统计调查项目管理、统计标准和分类管理、调查单位管理、数据管理、资金管理和人员管理等内容。这样可以更系统和全方位地描述统计工作的全貌,定义政府统计工作业务操作的基础框架和分工职责。

(二)中国统计业务流程模型的总体框架

在现有统计业务流程的基础上,借鉴通用统计业务流程模型及其他国

家的经验,定义中国统计业务流程基础框架,目标要反映统计工作的全过程,规范各阶段的业务内容。中国统计业务流程总体框架大致包括两个层面:

1.基本统计业务流程

基本统计业务流程包括确定需求、设计、开发及任务部署、采集、审核上报、数据分析及汇总、数据发布、存档、评估等9个阶段。

2.跨越式统计业务流程

跨越式统计业务流程包括质量管理、元数据管理、统计项目管理、统计标准和分类管理、调查单位管理、数据管理、资金管理和人员管理8个方面。

以上是中国统计业务流程的总体框架构想,具体实施时需要结合实际情况,进一步细化流程,给出具体规定操作规则和要求。

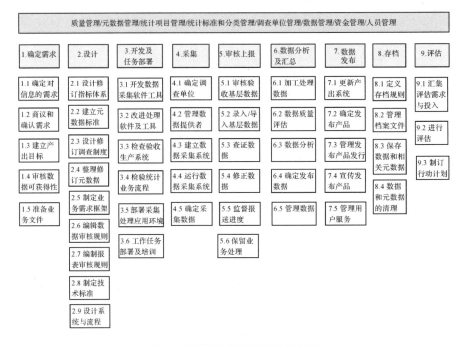

图2　中国统计业务流程模型框架

3.统计业务流程管理系统的架构

坚持以信息化手段为依托,大力推进"统计业务流程管理系统"建设,对统计设计、项目审批和质量评估等环节实行全过程一体化管理,实现真正意义上的统计流程再造,推进统计的改革创新、规范统一和公开透明(刘志,2013)。

统计业务流程管理系统是充分利用现代信息技术,以元数据管理框架为基础,建立的统计调查项目设计、审批和管理、调查的具体实施、数据的评估以及数据发布的一体化工作平台,能够从统计设计、项目管理、数据采集、数据处理、数据评估和数据发布六个阶段对整个调查进行全过程质量控制,具体框架见图 3。

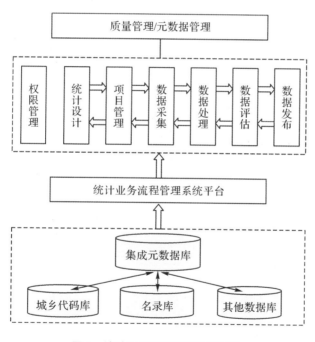

图3 统计业务流程管理系统架构

(三)基于全过程的统计质量评估架构

以联合国统计委员会提出的国家统计质量保证框架和 OECD 的质量保证框架为基础,根据全面质量管理理念,结合中国政府统计的具体情况及特征,提出基于统计业务全过程的质量评估框架,如表1所示。

表1 基于全过程的中国统计质量评估框架

阶　段	统计业务流程	质量要求或维度	评估方式
第一阶段	用户数据需求的定义	相关性、一致性等	定性为主、统计产品评估
第二阶段	评估现有可用数据、整合数据集	一致性、及时性、准确性、可得性等	定量为主、统计产品评估
第三阶段	统计活动设计与规划	准确性、可信性、可解释性等	定性为主、统计过程评估
第四阶段	元数据库建设和基础数据使用	准确性、可得性、可解释性等	定量为主、统计产品评估
第五阶段	实施具体的数据收集	准确性、及时性、有效性等	定性定量并重、统计过程评估
第六阶段	数据的审核、存储与分析	准确性、可得性、一致性等	定量为主、统计产品评估
第七阶段	数据的专项及综合性评估	准确性、相关性、一致性、可得性等	定性定量并重、过程与产品评估
第八阶段	数据和元数据发布	及时性、可得性、可解释性、可信性	定性为主、统计产品评估

基于全过程的中国统计质量评估框架将统计业务流程分为用户数据需求的定义、评估现有可用数据并整合数据集、统计活动设计与规划、元数据库建设和基础数据使用、实施具体的数据收集、数据的审核存储与分析、数据的专项及综合性评估、数据和元数据发布等八个阶段,每一阶段提出相应的质量要求或维度,给出对应的评估方式。

在实际实施过程中还包括明确质量概念及理念、拟订描述质量状况的单项指标、确定相应的质量整体框架、给出质量评估方法、制定综合质量指标,并在预算有限的条件下平衡各方面的质量要求等内容。

四、浙江省企业一套表业务流程及质量控制体系

"企业一套表"在我国统计年报中已正式实施,联网直报后企业数据"直达"国家,减少了统计业务层级,减轻了调查对象的负担,此时企业能否及时

做出真实、准确、完整的原始报表就成为决定统计数据质量的关键因素。

(一)浙江省企业一套表的统计业务流程设计

开展企业一套表调查,应按照一体化的理念,将涉及企业的若干调查项目进行整合,统一设计,统一采集数据,因此建立规范的业务流程成为企业一套表改革的核心。

1. 企业一套表的业务流程设计理念

设计浙江省企业一套表的统计业务流程将遵循以下几个基本理念,参考通用统计业务流程模型及各国的经验,结合浙江省统计工作现状,总结试点的经验,渐序推进。

(1)从全系统和全流程角度设计统计业务流程。统计业务流程重构基于统计业务全流程和全系统的设计理念,在流程设计上打破以往以专业为主、分专业实施的封闭循环,依托信息化技术,将统计业务过程全面整合。

(2)将统计业务流程设计和权限管理相结合。受统计管理体制制约,在统计机构尚未实现按照统计流程设置的情况下,通过流程管理和权限管理,从逻辑上实现4级统计机构和各专业部门在一级平台上的业务操作。

(3)将统计业务流程设计与规范管理相结合。在统计业务流程重构中注重对统计业务过程的规范化管理。围绕统计制度的构成要素建立元数据标准,使元数据管理贯穿于统计业务的各个环节;明确统计业务流程各个环节的具体工作流程和管理规定,根据各级统计机构业务人员和统计调查单位的不同职责。

2. 企业一套表业务流程的具体框架

根据统计调查的内容和要求,结合统计业务模型,浙江省企业一套表业务流程的总体架构可分为三层,第一层包括6个工作环节(见表2),即统计设计、调查单位确定和管理、任务部署、数据采集、数据审核验收和数据加工汇总;第二层包括详细的工作节点,即在每一个环节中包括若干工作节点;第三层是对每个工作节点的具体描述。

表2 企业一套表工作流程与通用统计业务流程模型对应关系

通用统计业务流程模型	关系	企业一套表工作流程
1. 确定需求		1. 统计设计
2. 设计		2. 调查单位确定与管理
3. 开发		3. 任务部署
4. 采集		4. 数据采集
5. 处理		5. 数据审核验收
6. 分析		6. 数据加工汇总
7. 发布		
8. 存档		
9. 评估		

资料来源:根据王萍(2013)适当修改而得。

企业一套表业务流程与通用统计业务流程模型的基本思路相同,均按照统计工作的开展步骤进行设计,流程中都包括设计、采集和加工处理等具体环节(阶段),但两者在定位、总体架构、涵盖范围和阶段划分上又有所不同(王萍,2013)。

(三)基于统计业务流程的浙江省企业一套表质量管理

企业一套表数据全流程质量管理是指从统计调查设计到汇总生成综合数据、从统计调查任务布置到事后数据质量检查的整个流程各个环节的工作质量、数据质量的管理及控制,内容涵盖企业一套表业务流程中的统计设计、调查单位确定和管理、任务部署、数据采集、数据审核验收和数据加工汇总6个环节。

1. 统计设计环节的质量管理

在设计阶段,事先要对调查的必要性、可行性、数据指标的可获得性和不受干扰性、反映社会经济情况的准确性等方面进行充分认证,科学规划和统一设计统计制度方法。

制度设计要保证统计标准统一,指标概念清晰、口径明确、体系规范,调查方法科学,切实降低因制度设计缺陷导致的系统性误差。同时,要力求调查内容与现行企业财务制度及行政记录相衔接,以易于理解、便于收集,减轻基层统计人员计算和填报难度。

2.调查单位确定和管理环节的质量管理

严格执行基本单位名录库统一管理制度,基本单位名录库管理部门要按照统计单位划分标准及使用规定,通过协调相关专业统计、充分利用行政记录资料、定期清查和实地核查等措施,确保各类调查单位的真实性并及时更新维护。

名录库管理部门要根据企业一套表制度要求,核实和确认完整统一的调查单位,及时、准确地提供给各专业统计使用。软件系统要实现与基本单位名录库的对接,满足企业一套表统计和基本单位名录库更新维护的业务需求。

3.任务布署环节的质量管理

企业一套表任务部署应按照统计调查制度的规定,通过统一的软件系统将调查任务逐级布置到各级统计机构和调查对象;同时,要使用经名录库管理部门确认的统一的调查单位,确保在软件系统上按制度规定的调查频率准确地向调查对象分配统计报表任务。

设计管理部门负责统筹和协调,数据管理部门负责软件系统培训和技术支持,各专业部门负责实施相关专业的业务培训,各相关部门按照职责分工通力合作,确保培训效果。

4.数据采集环节的质量管理

要求统计调查对象建立健全企业原始记录、统计凭证及统计台账的管理和使用制度,建立健全统计资料的审核、签署、交接、归档等管理制度,统计资料的审核、签署人员应对其审核、签署的统计资料的真实性、准确性和完整性负责。

要求调查对象按照规定的内容和时限进行网上填报,保证原始数据真实可靠,并即时进行数据审核。统计机构要合理规划不同报表的上报时间和频率,通过软件系统及时监控数据上报情况,并对已上报数据的审核和验收情况进行反馈,对未按规定时间上报数据的调查对象进行催报。

5.数据审核验收环节的质量管理

运用软件审核功能及其他辅助审核手段及时对企业报表进行全面审核,发现差错及时查询,确保基层数据准确无误。各级统计机构不得修改调查对象填报的原始数据,防止人为对基层统计数据的干扰,杜绝篡改、虚报、瞒报基础统计数据的行为,确保收集到的是来自调查对象的真实数据。

数据在不同部门、不同软件间进行交换和转换后,必须再次审核,必要时要进行复核,以防止数据网络传输和内部整合过程中发生差错,确保数据流转稳定可靠。

6.数据加工环节的质量管理

各级统计机构业务人员按照相应的汇总权限,对本专业调查数据进行汇总,确保数据处理准确无误。数据汇总完成后,要根据已设定的汇总表评估规则对汇总数据进行审核。

基层数据自上而下逐级确认,其间下级统计机构可以随时汇总,但经上级统计机构确认后方能使用汇总数据。

五、统计业务流程视角的数据质量保障措施

统计数据质量是长期困扰我国政府统计的一个难题,影响数据质量的因素很多,统计业务流程不健全是一个不容忽视的原因。构建统计业务流程框架,开展企业一套表业务流程设计,能够为统计生产过程、统计产品的质量改进提供基本保证,有利于提高统计生产能力、统计数据质量和政府统计公信力。为使基于统计业务流程的数据质量控制体系切实发挥作用,应采取以下保障措施。

(一)推进统计制度改革,理顺统计业务流程

1.按照统计业务流程设置职能机构

按照统计业务流程分别设立制度设计部门、数据采集部门、数据管理部门、数据发布部门、数据质量评估中心等职能机构,真正构建起以专业和闭循环流程为主的大循环。

2.扎实推进统计业务数据化

加快行政数据的共享,投资、房地产、服务业统计等数据可从税务、工商、银行等部门的行政记录中获取,实现多部门数据的交叉验证,保证数据的准确与真实;"联网直报"采取 IP 定位控制、修改痕迹保留等方式进行监测。

3.建立新型"一套表"统计报表制度

将需要向调查对象采集的全部统计内容集中统一的布置,消除不同统计调查制度对同一基层调查单位的重复布置、重复统计,实现按调查对象实际情况"量身定做"统计调查内容。

(二)推动统计管理模式创新,提高统计生产效率

1.实施质量管理标准化

在业务流程管理的每一个环节制定相关标准,强化各流程质量控制,逐步实现统计生产流程和统计服务的质量管理标准化,实现统计管理由"规范化"向"标准化"跨越。

2.流程管理与权限管理相结合

按照统计生产流程,逐步形成"统计设计—数据采集—数据分析—数据发布"的一条龙纵向管理流程;明确横向的各流程权限管理,使不同层级、部门的工作人员各司其职,从而保证统计工作各阶段的有序性,避免跨越环节的无序操作和重复遗漏,提高生产效率。

(三)结合大数据应用,重塑政府统计业务流程

面对大数据的冲击,政府统计应积极应对,打造政府统计数据来源的"第二轨",以统计业务流程模型为基础,统一统计标准,规范统计指标,改革调查方法,完善采集方式,改进数据处理,丰富分析手段,完善数据发布,并结合大数据的实际应用,实现政府统计业务流程的革新与再造,提高数据质量。

(四)依托"四大工程"建设,建立高效的统计信息系统

以企业一套表为核心的"四大工程"建设是对统计数据生产方式的重大变革,未来应继续以推进"四大工程"建设为抓手,打破政府统计传统工作流程,建立高效的统计信息系统。

1.建立统一的元数据库系统

根据数据大集中环境的体系结构,建立相应的制度元数据、技术元数据和管理元数据,通过元数据属性描述,对生产流程进行规划、控制和解释,实现标准化管理。

2.建立统一的业务处理平台

将统计的报表设计、数据采集、数据处理、分析、发布等系列统计业务集于一个"平台"完成,构成一个面向统计调查对象、统计工作者、政府相关部门和社会公众的统一的业务处理平台,规范数据生产流程。

3.建立分布式网络数据仓库

采用客户端浏览器、Web 服务器、基于 Web 技术的数据仓库技术,在后台建立分布式网络数据仓库,通过数据转换技术,将直报数据库及其他数据源的数据库生成利于进行分析的、不同于关系数据库的数据仓库,建立不同的专题分析数据库(多维数据库),并对多维数据库进行联机分析处理(OLAP)、数据挖掘。

4.建立真正的大数据平台

建设容量足够大的 IT 基础设施,容纳所有采集到的数据信息,将历史和现有原始数据文件整理归集到系统中,构建成在线公开的官方统计数据平台。

课题负责人:程开明
课题组成员:陈　骥　徐雪琪　庄燕杰
　　　　　　陈　龙　翁欣月　章雅婷

[参考文献]

[1] 程开明.三种国际统计质量管理框架的比较及启示[J].统计研究,2011(4):74-79.

[2] 程开明.国际上统计数据质量管理体系架构及进展[J].调研世界,2010(11):3-8.

[3] 程开明、陈龙.大数据时代的统计挑战及应对[J].中国统计,2013(8):11-13.

[4] 刘伟芳.国内外统计业务流程设计对国家企业一套表的启示[J].调研世界,2014(5):44-48.

[5] 刘志.对我国统计业务流程再造的思考[J].中国统计,2013(4):4-6.

[6] 马亮.传统研究在大数据下业务流程的变化与调整[EB/OL].http://www.c114.net,2015-1-8.

[7] 王萍.建立中国统计业务流程的构想[J].统计研究,2013(3):18-24.

[8] 王萍.统计业务流程的国际规范.中国统计,2012(10):34-36.

[9] 许小乐.大数据与政府统计改革.调研世界,2013(5):42-45.

[10] 杨美沂.数据大集中环境下的统计生产流程再造.统计与信息论坛,2010(7):10-13.

[11] 宗威、吴锋.大数据时代下数据质量的挑战.西安交通大学学报(哲学社会科学),2013(5):48-53.

[12] 郑京平、王全众. 官方统计应如何面对 BigData 的挑战[J]. 统计研究，2012(12):3-7.

[13] Cappiello C.，C. Francalanci and B. Pernici. Data Quality Assessment from the User's Perspective[C]. Proceedings of IQIS in Conjunction with the 23rd ACM，SIGMOD International Conference on Management of Data，2004: 68-72.

[14] Pipino L.，Y. Lee，and R. Y. Wang. Data Quality Assessment[J]. Communications of the ACM，2002，10(5): 211-217.

企业信息安全评价体系研究
——以浙江省企业为例

一、研究背景和意义

以信息化为核心的新一轮科技变革,正在改变着世界发展的轨迹。今天,海量的信息储存在盘内、流动在网上、传播于空中,使泄密的隐患和漏洞大为增加,造成的危害也越来越大,可以说信息安全问题刻不容缓。企业作为信息安全问题的主体,越来越多地面临信息安全的威胁,企业信息安全问题变得尤为重要。企业信息安全直接关系到企业的生存与发展,是企业正常运行的重要保障,是企业获取竞争优势的必要条件,是企业发展战略中密不可分的极为重要的一部分。

作为互联网的发源地和世界首屈一指的信息强国,美国早在 20 世纪 80 年代就开始了对信息安全问题的关注,采取相应的政策和方针来开展信息安全的保障工作。2000 年初,美国推出了电脑空间安全计划,其目的在于增强计算机网络系统对于威胁的防御能力和加强信息安全领域关键基础设施,2002 年颁布信息安全管理法以及发表国家安全战略报告,2003 年 2 月发布国家信息安全政策。其他发达国家,为了确保信息化沿着正确的方向发展,都已经制订自己国家的信息安全发展战略和发展计划。日本于 2000 年 6 月发布了《信息网络安全可靠性基准》的补充修改方案,该方案旨在对付网络上的黑客;同年 7 月,日本信息技术战略本部及信息安全会议确定了信息安全指导方针并开始尝试实施。俄罗斯在 2000 年 9 月通过了《国家信息安全构想》，明确指出了保护信息安全的各种具体措施办法，同时又颁布并实施了有关网络信息安全的法律法规。

我国信息化起步较晚，信息技术发展相对落后，信息安全事件没有像发达国家那么严重，但是信息安全问题仍然不容忽视。2003 年 7 月，国务院信息化领导小组通过并开始实行《关于加强信息安全保障工作的意见》，该意见的指导方针是"积极防御，综合防范"，并且要求把信息安全问题视为与维护社会稳定、促进经济发展以及保障国家安全这类同等重要的工作来抓。2013 年 8 月 22 日，国务院发布《国家发展改革委办公厅关于组织实施 2013 年国家信息安全专项有关事项的通知》，是针对 2012 年《国务院关于大力推进信息化发展和切实保障信息安全的若干意见》的补充与落实。经过十几年的发展，我国信息安全发展的大环境已日臻完善，并取得了巨大成绩。

但是，企业信息安全具有脆弱性和风险性，信息安全的防范对象和攻击源具有不确定性，且信息安全威胁也具有扩散性，部分企业对信息安全意识薄弱，信息安全管理力度不够，因而对企业信息安全评价体系进行深入研究，发现信息化过程中企业的潜在风险，找出信息安全建设中的薄弱环节，向企业提出预警，为企业管理层的决策提供可靠、真实的数据和资料，促进企业信息安全保障工作得到有效、持续的改进，具有一定的理论和实际意义。

本研究在国内外信息安全评估方法和标准的基础上，根据目前企业信息安全的实际情况，系统地标识和分析影响信息安全的因素，构建一套科学合理的企业信息安全评价指标体系，并以浙江省企业为例，利用主客观评价方法的结合对企业信息安全综合水平进行评判，以从根本上认识并提高浙江省企业信息化安全水平。通过比较分析发现企业信息安全隐患，并及时采取措施，预防信息安全事故的发生。

二、企业信息安全评价指标体系构建

(一)概念界定

到目前为止,信息安全还没有一个公认、统一的定义。企业信息安全问题是指在日常经营活动中,由于外部环境和信息本身的原因,使得企业不能有效地保护自身重要信息或不能充分地获取、利用外部信息或影响了企业内外部信息的传递、交流等,以至造成企业难以确保其所拥有的信息的完整性、安全性、真实性、及时性和有效性,进而对企业的正常经营活动带来危险,甚至可能对企业实现其商业目标或成功实施其战略的能力产生负面的影响,使企业遭受损失。

信息安全往往是一个动态的概念,它是以防止计算机信息遭到偶然、恶意愿意而泄露、破坏、更改为目的的,动态辨识、控制的过程。信息安全的最终目的是向合法的服务对象提供安全、准确、可靠的信息,而对未经授权的不合法人员或组织,则要保证信息的不可获取、不可破坏和不可得知。

当前企业面临的病毒泛滥、黑客入侵、恶意软件、信息失控等复杂的应用环境,合理评价并制定相应的防御措施,保护企业信息和企业信息系统不被未经授权的访问、使用、泄露、中断、修改和破坏,为企业信息和企业信息系统提供保密性、完整性、真实性、可用性服务,是保障企业良性发展的可靠基石。

(二)指标体系构建原则

建立企业信息化数据安全评价体系的根本目的就是要方便企业在信息化过程中对企业的数据信息实施安全管理,及时发现安全隐患,以防发生安全事故给企业和社会带来意外损失。因此,评价体系应该具备以下功能:

评价功能:该评价指标体系能对企业的数据安全实际状况做出客观评价;

反馈功能:评价结果能够反映企业信息化过程中数据安全管理的现状;

识别功能:能够识别出当前企业数据安全存在的问题及潜在的不安全因素;

决策支持功能:评价结果能够为领导者提供决策支持,为制定相关的预防措施提供依据。

(三)具体指标体系的设计

本研究企业信息安全指数主要从三个方面来着手构建:信息系统的安全、数据信息的安全和不安全状况(见图 1)这三个方面又包含若干二级指标及三级指标(见表 1)。

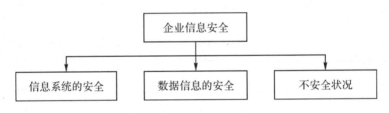

图 1　企业信息安全评价体系

1.信息系统的安全

企业信息化的普及和网络技术的快速发展,企业规模越来越大,管理系统也越来越复杂。企业信息安全管理成为企业经营过程中日益突出的问题,为了保证企业信息的安全,企业采取了大量的措施去维护信息系统,购买了大量的信息安全产品,但是并没有从本质上改变信息系统的安全漏洞。特别是在目前的企业信息系统中,物理、网络、主机、终端、应用等系统都是互相独立的个体,给管理带来了一个瓶颈。综合来说,企业信息系统主要面临下述几方面的威胁。

(1)系统建设的安全性:指企业用于信息系统工作的各种条件的安全状况,比如企业的机房和办公场所是否有独立的防护措施,以避免无关人员的接近。系统建设的安全性是整个信息系统安全的基础条件。

(2)物理安全:物理安全风险是指由于机房内消防、空调、供电等设置,出现问题导致机房存在安全隐患或机房不能使用的威胁。

（3）访问控制：企业在信息资源共享的同时也要阻止非授权用户对企业敏感信息的访问，访问控制的目的是保护企业在信息系统中存储和处理信息的安全，它是计算机网络信息安全最重要的核心策略之一，是通过某种途径显式地准许或限制用户、组、角色对信息资源的访问能力和范围的一种方法。

（4）系统保护：指企业面对各种常用工具的随机攻击的防御能力，如SHELL 脚本、拨号代理等，这些错误可能带有恶意和破坏企业的意图。

（5）标识与鉴别：指企业为设备、操作系统、应用系统等识别所建立的一种标记，用以鉴别每一个设备或操作系统的访问者。

（6）系统运营和维护：指企业在系统日常运营和维护中为保护信息安全实行的措施。

（7）管理制度：指企业为信息系统安全所做出的规章制度以及相关规定与准则。

2. 数据信息的安全、保密性

数据信息的安全与保密指计算机网络系统的数据信息受到全面保护，免于由于无意的或者有意的原因而遭到破坏、更改、泄密或丢失，保证信息的完整性、保密性、可用性和可控性。可从下述几方面着手。

（1）数据安全：企业的信息系统中存放着大量的数据，这是企业运作的重要信息资源。数据的安全涉及很多方面。数据是动态的，不断变化的，因此，应用的安全性也是动态的。

（2）备份与恢复：指企业在运行过程中，对于相关重要的数据实行的灾难备份与恢复管理的策略，以及对相关策略的执行情况。

（3）数据知识产权保护：随着数字时代的到来，各种类型的电子文件成为知识产权的主要载体，企业需要根据知识产权的类型采取相应的保护措施。

3. 不安全状况

对于存储在计算机中的重要文件、数据库中的重要数据等信息都存在安全隐患，一旦丢失、损坏或泄露，不能及时送达，会给企业造成很大的损失。如果是商业机密信息，给企业造成的损失会更大，甚至会影响到企业的生存和发展。因此，在对信息安全指数进行计算时，需要突出企业各种不安全事件发生的状况，以增强信息的管理能力。

表1　企业信息风险评价指标体系

一级指标	二级指标	三级指标	四级指标
信息系统安全	系统建设	办公场所安全性	防护措施完备性
			防护措施变化强度
		设备联网水平	设备联网比例
			联网比例变化强度
		生产设备与互联网隔离水平	隔离措施强度
			隔离措施变化强度
	物理安全	防水设备安全性	设备配置完整性
			设备检查强度
			人员投入强度
		防火设备安全性	设备配置完整性
			设备检查强度
			人员投入强度
		温湿防控安全性	设备配置完整性
			设备检查强度
			人员投入强度
		防雷设备安全性	设备配置完整性
			设备检查强度
			人员投入强度
		防盗监控安全性	设备配置完整性
			设备检查强度
			人员投入强度

续　表

一级指标	二级指标	三级指标	四级指标
信息系统的安全	物理安全	防停电设备安全性	设备配置完整性
			设备检查强度
			人员投入强度
		发电机设备安全性	设备配置完整性
			设备检查强度
			人员投入强度
	访问控制	网络准入控制强度	控制措施强度
			控制措施变化强度
		管理员登录控制强度	控制措施强度
			控制措施变化强度
		操作系统访问控制强度	控制措施强度
			控制措施变化强度
		用户使用操作系统限制强度	限制措施强度
			限制措施变化强度
		应用系统访问控制强度	限制措施强度
			限制措施变化强度
	系统保护	网络入侵保护强度	防范能力
			防范能力变化强度
		操作系统入侵保护强度	防范能力
			防范能力变化强度
		操作系统恶意代码保护强度	防范能力
			防范能力变化强度
	标识与鉴别	用户身份标识指数（设备）	标识识别强度
			标识识别强度变化水平
		用户身份鉴别指数（设备）	身份鉴别强度
			身份鉴别强度变化水平
		用户身份标识指数（操作系统）	标识识别强度
			标识识别强度变化水平

续　表

一级指标	二级指标	三级指标	四级指标
信息系统的安全	标识与鉴别	用户身份鉴别指数（操作系统）	身份鉴别强度
			身份鉴别强度变化水平
		企业应用系统身份标识和鉴别指数	标识和鉴别综合强度
			标识和鉴别综合强度变化水平
	系统运营与维护	软件授权使用安全性	授权使用安全水平
			授权使用变化水平
		应用系统业务软件容错能力	容错能力水平
			容错能力水平变化强度
		保密强度	保密协议签署强度
			保密协议签署强度变化水平
		安全意识教育水平	培训强度
			培训强度变化水平
	管理制度	管理制度的完整性	完整性水平
			变化强度
		发布和维护的安全性	安全水平
			变化强度
数据信息的安全	数据安全	执行记录完整性	完整强度
			变化强度
		数据完整性	保障措施强度
			保障措施变化强度
		数据保密性	保障措施强度
			保障措施变化强度
		数据文件管理安全性	安全水平
			变化强度
		机密文档管理制度的完整性	完整性水平
			变化强度
		文档传输安全性	安全水平
			变化强度

一级指标	二级指标	三级指标	四级指标
数据信息的安全	备份与恢复	管理策略的科学性	科学性水平
			变化强度
		管理策略的执行	执行强度
			变化强度
	数据知识产权保护	语音视频资料保护强度	
		图文信息资料保护强度	
		合同文件资料保护强度	
		创意设计保护强度	
		会议内容信息保护强度	
		邮件等信息保护强度	
不安全状况	服务器硬件损坏发生频数		
	网络不正常发生频数		
	应用系统瘫痪发生频数		
	身份被盗用发生频数		
	文件丢失或破坏发生频数		
	知识产权被盗频数		
	企业资料泄密发生频数		
	被欺诈或被勒索频数		

三、企业信息安全指数的合成

(一)权重的确定

指标赋权的方法很多,本研究采用 Delphi－AHP 构权法进行赋权。初始指标权重构造采取了有反馈的专家系统(即 Delphi 过程),以避免个人权重的缺乏代表性与公正性。同时,标度体系不沿用 Saaty 的比例九标度,而是采用如表 2 所示的修正 5/5—9/1 标度,相应的平均随机一致性指标 RI 如表 3 所示。

表 2　5/5—9/1 标度体系

标度	比较的含义
5/5＝1	i 与 j 一样重要
6/4＝1.5	i 比 j 稍微重要
7/3＝2.333	i 比 j 明显重要
8/2＝4	i 比 j 强烈重要
9/1＝9	i 比 j 极端重要
6.5/3.5 5.5/4.5 7.5/2.5 8.5/1.5	i 与 j 的比较介于上述各等级程度之间
上述各数倒数	j 与 i 的比较

表 3　不同阶的一致性指标 RI 值

矩阵阶数	3	4	5	6	7	8	9
RI	0.1	0.2598	0.3287	0.3694	0.4007	0.4167	0.43769

本研究指标赋权具体步骤:

(1)专家组选取(m 位)——每位专家提供 AHP 权矩阵(m 个)。

(2)计算平均矩阵(通常是假定专家等权威,故简单几何平均)。

（3）计算专家意见分歧度指数（K 阶对称幂均值比指数）等循环控制指标。

（4）判断意见趋同度与意见修改度（若已经达到趋同水平，即进入下一步，否则计算"反馈指标"，并回到第二步计算平均矩阵的权向量）；对矩阵的一致性进行检验（若判断一致，即下一步，否则回到第二步）。

（5）确定指标权重。

（二）企业信息安全指数的合成

企业信息安全指数的合成方法有三种：加权算数平均、加权几何平均和加权调和平均。

加权算数平均法：$y = \sum (x_i \times w_i) \div \sum (w_i)$

加权几何平均法：$y = \sqrt[\sum w]{x_1^{w_1} \times x_2^{w_2} \times \cdots \times x_n^{w_n}} = \sqrt[\sum_{i=1}^{n} w]{\prod_{i=1}^{N} x_i^{w_i}}$

加权调和平均法：$y = \dfrac{1}{\dfrac{\sum \dfrac{1}{x} w}{\sum w}} = \dfrac{\sum w}{\sum \dfrac{1}{x} w}$

上面各式中，y 为信息安全指数，wi 为各指标的权重，x 为各指标值。

从表 1 可以看出，信息系统安全和数据信息安全这两个系统内的指标均可分成两类：一类是强度或水平指标（绝对值），另一类是变化强度或变化水平（相对值）。因此，根据指标的类型，信息安全指数的合成方式也有两种。

方法一：根据投入水平系统和不安全状况系统的指标，以及信息安全系统和数据信息安全系统的变化强度或变化水平指标直接合成。选择变化强度或变化水平指标合成是因为，在实际调查中，不同时期的调查对象可能发生变动，而且答案也可能是模糊的，故直接采用强度指标或水平指标会使得不同时期的指标数据不具可比性或降低了准确性。

方法二：先根据投入水平系统和不安全状况系统的指标，以及信息安全系统和数据信息安全系统的强度指标和水平指标直接合成。然后，采用变化强度和变化水平指标(相对值)对强度和水平指标(绝对值)进行调整,消除因调查对象变动或调查者回答模糊带来的影响。

需要注意的是,不安全状况系统内的指标都是逆指标,需要进行同度量化处理,处理方法为:$x'=1000/x$。其中 x 为原来的取值,取值范围在 10—100,取值越高代表安全状况越差。经过同度量化处理后,指标取值范围同样在 10—100,但是取值越高代表安全状况越好。

根据权重和合成方法,合成后的信息安全指数取值范围在 10—100。取值越大,代表企业的信息安全水平越高。

四、浙江省企业信息安全指数的调查分析

(一)调查问卷的设计

对浙江省企业信息安全进行现状分析和指数评价,需要收集浙江省企业的信息安全相关数据,因此调查问卷成为必要工具。本研究结合信息安全评价指标体系设计调查问卷、并进行预调查,修正后形成最终问卷。

(二)数据收集与预处理

本次调查共发放问卷 500 份,实际收回 464 份,回收率 92.8%。对于问卷问题中一般的缺失值,调查的结果采用均值插补法进行填充。对于问卷不同类别指标处理如下:

1. 等级指标的量化

调查问卷中等级指标主要包括三方面:投入水平、信息系统的安全、数据信息的安全。所有的等级指标得分在 10 到 100 之间,指标所分的等级数不同,得分的转化方式不同。

表4　指标的等级转换表

等级数	弱————————————→强
二个等级	10,100
三个等级	10,55,100
四个等级	10,40,70,100
五个等级	10,35,60,80,100
六个等级	10,28,46,64,82,100
七个等级	10,25,40,55,70,85,100

2. 频数指标的量化

调查问卷中频数指标主要指不安全状况下的指标。频数指标的量化涉及两个方面:①不安全事件发生的频数量化到分数;②不同程度的不安全事件量化到一般不安全事件。对于①,所有的频数都已分成四个等级。对于②,特别重大事件=10×一般事件,重大事件=5×一般事件,较大事件次数=3×一般事件。

(三)浙江省企业信息安全指数分析

1. 信息安全指数的分级

信息安全指数的分级应该是根据各企业的指数合成进行判断的,比如取安全指数最高的20%作为第一级,即强安全级别,取前20%—40%作为第二级,即高安全级别;取前40%—60%作为第三级,即安全级别;取前60%—80%作为第四级,即弱安全级别;取最后的20%作为第五级别,即不安全级别。

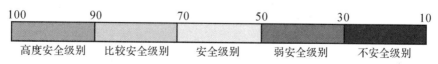

100	90	70	50	30	10
高度安全级别	比较安全级别	安全级别	弱安全级别	不安全级别	

图2　信息安全指数的分级

2.浙江省企业信息安全指数

通过调查问卷,对数据进行处理,利用主客观赋权合成浙江省企业信息安全指数如表5所示。

表5 各行业企业信息安全指数的基本统计描述

行　业	样本量	均　值	最大值	最小值	标准差	平均差
农业、狩猎、林业、渔业	8	43.52	67.28	22.25	14.05	0.32
工业	195	43.21	80.20	18.63	14.46	0.33
服务业	236	39.88	83.80	18.38	14.11	0.35
其他	25	43.94	76.10	18.63	13.71	0.31
浙江全行业	464	41.55	83.8	18.38	14.26	0.34

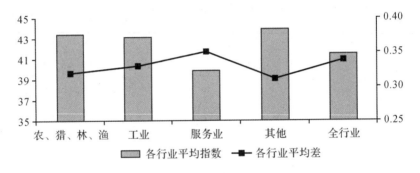

图3 各行业企业信息安全指数比较

从表5和图3可以看出,浙江省企业信息安全指数为41.55,企业的信息安全分级大多处于弱安全级别,服务行业平均信息安全指数39.88低于其他行业。

3.企业信息安全指数的影响因素分析

进一步分析企业信息安全指数的几个影响因素,从图4可以看出,信息系统安全性较好,但数据信息的安全和不安全状况的处理上存在的风险最大。

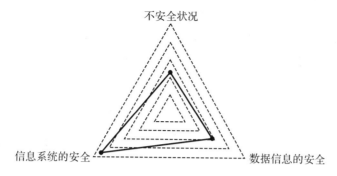

图4　企业信息安全指数的雷达图分析①

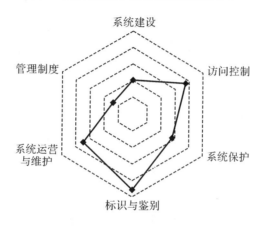

图5　信息安全系统的雷达图分析

根据图5影响信息安全系统的因素主要包括六个方面：系统建设、访问控制、系统保护、标识与鉴别、系统运营与维护和管理制度。相对来说，企业安全管理漏洞风险较大，很多企业对系统建设意识薄弱，对安全保护问题重视不够，这几个方面的风险较大。

---

① 注：数据越靠外表明该部分的信息安全性越好，越靠内表明该部分的信息风险越强，下同。

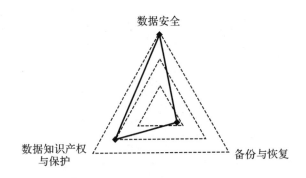

图6　数据信息的安全分析

　　数据信息的安全包括三方面：数据安全、数据知识产权与保护和备份与恢复。从图6可以看出，在该体系内，除了数据安全，企业在其他两个方面的保护上均存在较大的风险。数据知识产权与保护和备份与恢复是企业信息管理中相对明显的两个漏洞。

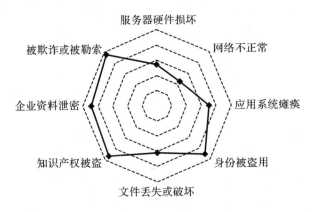

图7　不安全状况影响因素分析

　　从图7中可以看出，影响企业不安全状况的因素共有8个方面。在这8个方面中，企业对于防止被欺诈或被勒索以及资料、知识产权的保护等方面的处理状况较好。而对服务器硬件保护和应用系统的完善上处理的较差，因此需要从这两个方面着手。

五、对策与建议

根据本次调查,当前我省企业在信息安全管理中面临以下问题:

(1)重视安全技术,忽视安全管理。企业愿意在防火墙等安全技术上投资,而相应的管理水平、手段没有体现,包括管理的技术和流程,以及员工的管理。

(2)缺乏系统的安全管理思想。被动应付多于主动防御,没有做前期的预防,而是出现问题才去想补救的办法,不是建立在风险评估基础上的动态的持续改进的管理方法。

(3)企业安全意识不强,在安全管理中不够重视人的因素,员工接受的教育和培训不够。

建立完善的企业信息安全管理系统,必须内外兼修,一方面要防止外部入侵,另一方面也要防范内部人员泄密可能。

通过调查和评价分析,本研究提出以下相关建议:

1.制订一个合适的、针对性强的信息安全策略

(1)提高信息安全策略的可读性。首先要加强资料收集和调研阶段的工作,很多时候因为工作量和实施难度的原因,这些工作被简化操作了。资料收集不全,调研不够充分会导致新制订的信息安全策略无法与企业的真正安全需求保持一致,也无法确保策略中的要求与管理目标相一致。其次加强信息安全策略的评审工作。信息安全策略的制订过程有很高的政策性和个性,需要组成一个评审小组,进行几轮反复的评审过程能够让策略更加清晰、简洁,可读性更好。

(2)提高信息安全策略的实用性。信息安全策略应当与已有的信息系统结构相一致,并对其完全支持,而不是另起炉灶。信息安全策略一般在信息系统体系结构确立以后来制订,以保障信息安全体系顺利的实施、运行。其次应当深入了解企业当前的信息安全需求,召开相关人员会议,比如首席

信息官、物理安全主管、信息安全主管、内部审计主管和人力资源主管等，制订出来的信息安全策略实用性会很高。

2.深化安全、防范管理技术

根据我省企业信息安全现状和影响信息安全系统的因素分析，问题多集中在数据信息的安全和不安全状况两个方面，所以应该从这两方面着手。

（1）保障应用系统安全。在系统运行方面，为保证信息系统的安全稳定持续高效的运作，应加大对服务器等硬件设施的投入，可以同时安装主从服务器或者预备备选的服务器，以供应不时之需，并且需要实时地监测服务器的运行状况，防范和应对故障的发生。从硬件设备上保证信息系统的安全运行，做好保卫工作。

（2）注意数据知识产权的保护。企业的数据信息包含了各种商业信息，包括企业在研发、销售、生产、定价等各个方面的数据，无不涉及企业的商业机密，所以应该加大企业在数据信息安全方面的关注和投入。现如今是大数据时代，商业竞争白热化，企业数据信息关乎企业的发展进步，要时刻注意在数据知识产权方面的问题。采用合理的访问控制，在网页的访问上进行安全控制。在进行系统设计和选购时，应考虑企业内部各部门的安全，保证安全保密性级别高和逻辑分隔进行权限设置。建立相应的访问设防机制，在访问方面完善相应的注册和用户许可，不是注册的会员和用户不享受相应的服务，无法查看相关的信息。增加数据的存储和提取限制，层层设防，增加限制数据存储的视图和存储过程，进行网页跳转和弹窗等项目，阻断不良访客的不良操作，在数据获取这个层次上进行防范。

（3）注意数据的备份与恢复，减少不安全状况的发生。在备份与恢复方面，由于地震、洪水、火灾等不可抗力因素的影响以及人为因素的影响，会导致数据的遗失，给企业带来不可预估的损失，所以应加强在数据备份和恢复方面的应用和管理，根据企业的需求选取在线或离线备份系统。不论是在线还是离线备份，都有其固有的优缺点，需要企业综合在线备份和离线备份的特点，根据自身运营管理的需要，选择合适的备份方案和策略，以保障数据信息的安全。这些高端信息技术的运用能够由静转动，实时动态对企业信息进行监测和管理,并能动态监测和预警,利于企业防范数据信息安全风险,而不是被动地等待安全问题的发生,才想到要挽救困局。

(4)注意优化系统,不断引入安全技术。采取如 VPN 技术、防火墙技术、安全审计技术等高级计算机技术,从不同的角度出发,增加多道防线。加强对数据的保护,提高和强化解密技术,增加访问密码的安全强度,使外部人员不能轻易窃取和盗用。采用 VPN 技术,即虚拟专用网技术,提供高水平的安全,使用高级的加密和身份识别协议,防止数据被窥探,防止数据窃贼和其他非授权用户窥测数据,也为远程办公提供方便;采用防火墙技术,针对网络不安全因素采取保护措施,防止外部网络用户未经授权进行访问,保护内部网免受非法用户入侵,并相应地提高入侵检测技术;采用先进的安全审计技术,安装相应的安全保密监测系统,负责对系统安全的监测、控制、处理和审计,实时地对公司信息系统进行安全监测,并进行相应的评估,以促进企业不断地优化信息系统,减少安全漏洞,强化系统的薄弱环节。

总之,需要全方位的企业数据信息进行保护,贯穿整个操作过程。从数据信息产生、生成、访客访问、数据运用,到存储,再到信息安全问题的发生,整个过程都要加强对数据信息安全的保护。

3. 完善组织管理体系,开展信息安全教育

企业数据信息的使用者主要是企业员工,要增加数据信息的安全系数,应该从员工的角度去深化管理,要加强企业内部员工的信息安全意识,从根本上深化对企业数据信息安全的重视,在本质上维护信息安全。

(1)从企业管理的角度,完善相应的组织管理体系。有条件的企业可以根据自身的需要建立完善的组织管理体系。组建由企业高层、信息安全部门主管及员工等自上而下的企业数据信息安全管理机构,明确相关职责和分工,以集中统一地掌握整个企业的数据信息的相关操作,从专业性的角度在全公司开展数据信息管理服务,同时与其他各部门协同工作,积极配合相关人员的工作和有关项目的顺利开展。建立应急预警机制,有效地应对诸如系统崩溃、病毒入侵等突发事件的发生;建立审计机制,企业不仅要经常性地对财务进行审计,也要相应地对企业的数据信息进行审计,不仅要审核

数据的完整、真实、有效性，还要审计相关人员的操作日志，系统维护日志等，以减少和化解风险。促进公司运营系统、数据库的日常操作正常运行，随时随地、及时有效地为企业的日常业务和长远发展保驾护航。

（2）提高安全意识，开展信息安全教育。为保障企业数据信息的安全，在企业中可以采用多种形式对员工进行信息安全教育，比如培训和有针对性的信息安全教育。企业可以根据自身管理的要求，有选择性地采取措施和方法加强员工的数据信息安全教育。安全教育的对象可以是全体员工，也可以是相关部门或机构的人员。而教育的时间也可以是定期和不定期两种。教育的形式也有很多，可以聘请相关方面的专家对员工进行数据信息安全方面的专题讲解，也可以由内部专业人员根据大家平时出现的问题有针对性地进行点拨。除此之外，还可以刊印企业数据信息安全教育小册子，在企业运行的日常中普及相关的安全常识，比如不定期进行一次与数据信息安全有关的趣味测试等。同时，还可以建立相应的奖惩机制，对于泄露企业信息、不正当地运用企业数据的员工进行一定程度的惩罚等，在日常工作中提高员工的数据信息安全防范的自觉性，逐渐融入企业文化中。

课题负责人：陈玉娟

课题组成员：李　伟　周银香　黄秀海

章琳云　虞佳妮

[参考文献]

[1] Wm. Arthur Conklin, Gregory B. White, Chuck Cothren, et al. 计算机安全原理. 北京：高等教育出版社，2006.

[2] ISO/IEC15408：Common Criteria for Information Technology Security Evaluation, part 2：Security Functional Components. International Standard Organization, 2007.

[3] Gu Zhiqiang, Wang Kunpeng, Li Gangyan. Quantitative Evaluation Research on the Influence of Informationization on Innovative Ability

of Small and Medium — sized Manufacturing Enterprises［C］. International Conference on Auto Industry Innovation. 20061201－03, 2006:411-415.

［4］ Fang Shuqiong, Yang Baoan, Yu Yin. Construction of Evaluation Index System of National Energy Security Based on CAS Theory and PSR Model［J］. Kybemetes. 2008,37(9－10):1297-1307.

［5］ Han Ying, Dai Limin, Zhao Xiaofan, et al. Construction and Application of an Assessment Index System for evaluating the Ecocommunity's Sustainability［J］. Journal of Forestry Research. 2008,19(2):154-158.

［6］ PCI Security Standards Council LLC. PCI DSS Requirements and Security Assessment Procedures,Version 2. 0. 2010.

［7］刘晶. 模糊综合评价法在信息安全风险评估领域的研究及应用［D］. 武汉:中国地质大学,2010:11-39.

［8］罗力. 国民信息安全素养评价指标体系构建研究［J］. 重庆大学学报, 2012(18):81-86.

［9］吕韩飞,王钧. 信息安全策略实施困难的原因与对策［J］. 浙江海洋学院学报(自然科学版),2011(3):275-278.

［10］李遥,杨斌,谢海涛,高峰. 企业信息安全框架 V5. 0 白皮书［M］. IBM 中国,2010.

［11］杨绍兰. 发达国家信息政策的启示［J］. 中外科技信息,2002(2):105-109.

［12］马国庆,李伟. 电力企业信息安全风险评估模型研究［J］. 价值工程, 2008(8):112-114.

［13］李冬冬,王雄. 基于多阶段攻击的网络安全风险评估方法［J］. 通信技术,2007(1):283-285.

［14］刘彦波. 企业信息安全风险评价方法的研究［D］. 上海:复旦大学, 2008:22-45.

［15］彭佩,张婕,李红梅. 企业信息安全立体防护体系构建及运行［J］. 现代信息技术,2014(12):42-45.

大数据视角下浙江省中小银行移动金融技术创新及其客户细分统计研究

一、问题的提出

2016 年,移动互联网凭借特有的移动数据以及操作灵活、不受时空限制、携带方便和能提供完全的私人空间等特点,已经开始对传统互联网形成冲击。各种移动智能设备(智能手机、iPad 等)与人们日常生活的紧密程度越来越高,比如利用智能手机进行的移动购物、移动游戏、移动支付等,尤其"移动"商店(Apps)的出现颠覆了人们的生活方式。移动智能设备记录并存储了与人们的日常生活息息相关的海量数据,包括人们在哪里、什么时间、和谁一起、购买什么、用于哪里等范畴的数据。当前的数据比以往任何时期的数据在增速和规模上都越来越快、越来越多样化和复杂,"大数据"概念应运而生。通过对大数据的分析和使用,一方面金融机构可以定位客户、获知客户的消费习惯和偏好以及客户的行动轨迹等,进一步细分客户,并且智能化地管理客户,另一方面客户在使用移动终端进行商业活动前后能够关注到账户资金变动情况,且随时随地能获得金融机构提供的如何更好规划个人资金的合理化建议。在大数据时代下,移动与金融领域的结合产物移动金融已经开始显露出其真正的价值,尤其是在小微金融服务领域。所以,金融服务通过移动终端(移动智能设备载体)来实现也水到渠成。此外,从 iOS、Android、Windows Mobile 到 HTML5、CSS3 和 JavaScript 等移动信息技术的推陈出新也对移动金融技术模式的创新起了推波助澜的作用。

　　大数据对中小银行的发展战略和管理带来了挑战。未来客户资源的稳定和增长更多地依赖于对海量数据的发掘。在产品开发营销方面，通过对大量交易、客户金融行为和客户日常生活数据的收集，建立数据模型，从而真正地做到以客户为中心，来开发产品，做到差异化和精准营销。在银行的风险管理方面，在风险评价中引入了大数据判断法则等数据分析方法，在决策中发挥主要的作用。此外，利率市场化脚步加速，将使得银行严控成本、开拓新业务渠道、精细化管理以寻求盈利增长点。所以，银行今后将进一步强化 IT 的支撑，利用现代的信息渠道为客户提供满意的线上服务和线下咨询，以及利用智能化工具替代人工化的服务。这样可以实现转变过去业务量增加和经营范围的延伸而必须增加的网点和人员，同时也转变过去过度关系营销，为迅速扩大用户群、深挖客户金融需求提供可能。

二、课题的界定

　　中小银行发展移动金融的关键在于通过全面的创新，核心是商业模式的创新，推动移动金融经营水平的提高，利用移动终端客户数据，运用数据挖掘技术，智能细分客户和管理客户，最终形成可持续的盈利模式。所以，本课题以大数据为背景，以移动金融技术创新模式为研究对象，以数据挖掘为客户细分的研究手段，以期对浙江省中小银行的移动金融综合运营能力提升、客户细分以及智能化客户管理提供一定的借鉴意义。

三、研究过程

本课题的研究时间：2015 年 4 月—2016 年 5 月。

（一）第一阶段：课题构建阶段（2015 年 4—6 月）

1.成立课题组。

2.广泛收集资料学习有关方面的文献资料。

3.拟订课题实施方案。

(二)第二阶段:课题研究的全面实施阶段(2015 年 7 月—2016 年 3 月)

1.课题组按照操作方案初步实施研究。采取边学习边总结的方法,不断完善课题研究的方案。

2.定期开展研究活动,研究大数据视角下商业银行进行客户细分的内容、维度、方法,着力研究客户数据来源和客户细分维度。参加浙江省第十三次统计科学讨论会并提交相关课题成果。

3.按照实施方案具体实施研究。

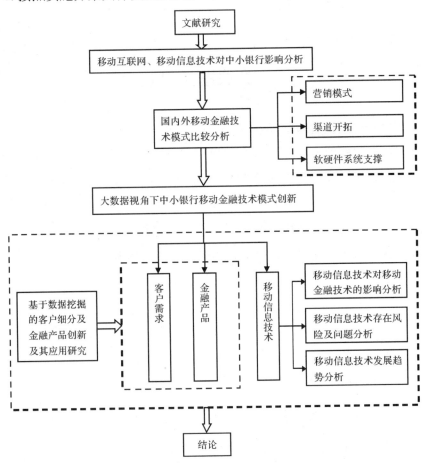

（三）第三阶段：总结鉴定阶段（2016 年 5 月）

1. 撰写课题研究总结。

2. 完成并提交课题结项报告和课题成果。

四、移动金融技术案例分析

国内外移动信息技术和金融领域相结合的移动金融模式主要有如下几种类型，移动支付（Mobile Payments）、移动商业（Mobile Commerce）、移动钱包（Mobile Money）、移动银行（Mobile Banking）等。

（一）移动支付

移动支付是指利用移动设备对购买的商品或服务进行支付的一种方式，有别于传统的现金、支票和信用卡支付方式。

从全球移动支付发展程度来看，日韩、非洲的移动支付发展最为成熟，日本的移动支付用户渗透率达到 50%，非洲肯尼亚的手机钱包业务普及率已经超过 68%，可实现转账、从 ATM 中提取现金等功能，肯尼亚移动支付远比美国先进五年；而西欧、美国等近场支付（NFC）发展相对缓慢；中国、新加坡等国家移动支付刚刚进入规模发展初期，政府对行业发展较为重视；而更多发展中国家移动支付进程较为缓慢。从全球移动支付的商业模式来看，主要分为几种：一是运营商主导；二是银行与运营商合作；三是第三方支付平台主导；四是银行主导，代表地区分别为日本、韩国、欧洲和非洲。综合来看，韩国的银行与运营商合作的模式比较适合中国的实际情况，2012 年近场支付技术标准定为银联主导的 13.56MHz，也表明了运营商与银联的合作态度。目前第三银行支付牌照已经发放了 250 多个，其中真正从事互联网支付企业 97 家，另有 150 多家预付卡公司。互联网支付企业的支付总量约达 6 万亿，占到整个支付总量的 0.5%。虽然金额占比很小，但是从交易笔数上看，互联网支付的交易指令已经占到整体的 40%，互联网支付表现出单笔量很小,但是海量长尾的特征。

(二)移动商业

移动商业是指使用移动设备进行商业交易,比如每日公关类支出、购买咖啡、支付账单等,乐购(Tesco)、Groupon、Amazon 和 eBay 等均提供了此项服务。位于韩国南部的乐购超市在地铁口为来往者提供扫码购物的方式,客户利用智能手机扫墙上商品的二维码,将"商品"放置"购物车"内,商家通过物流将客户所扫商品配送到客户指定的某一地点。国内快递业巨头顺丰推出的"嘿客"商店也是采用此种扫码购物的经营模式进行试营业,现已在全国开设几十家。

(三)移动钱包

移动钱包是一个专有名词,是指通过在某个地区建立金融生态系统,将银行服务通过移动设备来实现。在这个生态系统里,移动设备的最主要作用是为金融架构较差的国家或地区创造一个市场最优的银行网络来取代现金的作用。移动钱包与其他设备最主要的区别在于,在此生态系统中,移动设备既可以进行商业交易也是客户获取现金的渠道,是客户与商业关联的唯一路径。此项囊括诸多金融服务的技术在许多非洲国家较为成功,比如肯尼亚,主要的模式有 M—Pesa、G—Cash、WING 和 MTN 移动钱包等。

(四)移动银行

移动银行是指借助智能类设备为存量银行客户提供一种用于办理银行业务的新渠道,较之网上银行,移动银行只适用于更小屏幕的移动智能类设备,比如智能手机、iPad 等。

手机银行作为传统业务中移动信息技术渗透下的延伸和发展,可利用移动性和低成本接入的方式,吸引边远地区的低收入人群参与业务活动;利用移动性和时空的无限制性,为业务繁忙的商务人士提供个性化的便捷业务渠道。国内各大银行推出的网银手机客户端应用产品多达 170 余款。在网银手机客户端的累计下载量统计中,建行手机银行(23%)、工行手机银行

（19％）、交通银行（9％）、招商银行（8％）和农行掌上银行（8％）的下载量位居前五名。

微信银行已成为客户服务另一大平台。微信是目前国内用户量最大的社交媒体平台，截至 2013 年 7 月，微信注册用户量已经超过 4 亿；从年龄分布来看，20－30 岁之间的青年占了 74％；从职业分布来看，大学生、IT 行业和白领占 90％。这些青壮年、教育水平高的人群正是众多企业的黄金目标用户。可以想见，利用微信打造金融产品销售大平台，将成为商业银行的趋势甚至是"标配"。自 2013 年 7 月招商银行率先宣布推出微信银行之后，浦发银行、平安银行等也纷纷跟进。

直销银行的问世，又将移动银行发展推进了一步。直销银行是在互联网金融下产生的可突破时间、地域、网点等限制的，使客户通过网站、手机等渠道，在线申请弱账户或者强账户，获取银行产品和服务的一种新型银行运作模式。国内第一家直销银行于 2016 年 2 月 28 日诞生在民生银行，首期主打"如意宝"理财产品（货币基金）和"随心存"储蓄产品，具备全程互联网化、网上开户、活期存款自动申购货币基金、定期存款可提前支取、绑定他行卡转账免手续费等功能。截至 2016 年 5 月底，民生银行直销银行客户数量已经突破 47 万户，其中"如意宝"理财产品申购额超 470 亿元，保有量达到 141 亿元。建设银行、北京银行、昆仑银行等也相继进行着直销银行的建设。

五、客户细分模型研究综述

Smith（1956）首次提出了细分市场的概念。客户细分方法的差异具体体现在维度特征、细分依据、细分目标等。最早出现的是人口统计细分方法，随后发展基于客户生命周期的人口统计细分方法。Lazer（1963）首次提出以生活方式为背景来识别和细分客户；wells 和 Tigert（1971）扩展细分的维度内涵，提出 AIO；Plummer（1974）增加人口统计维度以丰富生活方式；Bushman（1982）从客户和产品关联角度建立二维分类矩阵研究市场客户。随着信息技术的不断发展，出现了以行为模式数据为基础的细分方法，

Hughes(1994)提出 RFM 分析方法。由于 RFM 分析在数据的获取和计算中耗费过高,且指标中存在多重共线性等问题,Marcus(1998)提出用购买次数与平均购买额构造二维的课还价值矩阵模型来修正 RFM 方法,可针对每一个客户群产生不同的营销战术,但该方法对于潜在客户无法定义和评价。Haley(1963)最早提出基于因果关系的利益细分方法来挖掘客户行为、动机背后的利益驱动因素,学者不断对此方法进行了丰富。Vriens(1996)总结拟合分析常用方法,并从分割类型、分割程序、优化标准三个方面阐述该技术的特点。Kim 和 Mueller(1978)概括基于因素分析的客户细分基本理论。此外,利用独立变量矩阵,将性质相同的个体进行归类的聚类分析,主要包括距离测量法、相似测量法、关联法等。Boone 和 Roelm(2002a)提出利用 Hopfield 人工神经网络技术进行客户细分的 Hopfield 和 HK 聚类方法。

随着信息技术不断提升,越来越多的学者和商者将移动设备与客户细分和客户管理相互结合,即利用移动设备将客户 360 度数据进行存储,再使用数据挖掘工具进行客户细分。Zhiyuan Yao、Peter Sarlin 等(2013)提出一种可视化、数据驱动的有效框架,并构建客户细分和客户行为响应模型。他们首先利用客户购买行为数据地图将客户进行分组,然后将不同时间点的购买物品前后的客户行为分类并进行地图标示,以此展现客户行为可视化和动态变化。Fadly hamka(2013)研究了基于智能手机的移动客户细分,利用智能手机的地理定位和客户使用手机进行的各类支付,实时地分析客户动态购买和日常活动等行为。

六、数据库营销视角的客户细分模型

数据库营销的基础是利用客户相关"数据",通过客户细分模型,把握客户偏好和需求,针对客户的需求提供相应的产品和服务。客户细分可凸现客户同质性和差异性,使得提供的产品/服务更有针对性和指向性。以商业银行为例,利用客户关系管理系统(CRM)的数据库,可对现有客户基本信息进行筛选,通过分析客户历史交易、使用储蓄记录、ATM 记录、电子银行记录,找到最有可能购买多个产品的客户,预测哪些产品是客户最可能购买的,再以交叉销售的方式向客户推销金融产品。

(一)从人口统计角度来看,要知道客户的基本属性,包括客户姓名、性别、年龄、户籍/居住地、职业、从事行业、从业年限、婚姻状况、子女情况、教育程度、收入、配偶、关联人(合伙人)基本情况。这些信息的数据是可计量的,较容易获取的外部数据

1. 按性别细分:男性、女性。

2. 按国籍细分:中国、美国、英国、法国……

3. 按民族细分:汉族……

4. 证件号码——按年龄细分:18 岁以下;18—40 岁;40—60 岁;60 岁以上。

5. 联系电话(固定电话、移动电话)。

6. 通信地址(电子邮箱、地址及邮编、现户口所在地)。

7. 按户籍/居住地细分:按照省份、市、县、镇等级细分。

8. 按职业细分:公务员或事业单位(教师、政府部门职员)、企业人员(普通职工、管理人员)、个体工商户或家庭作坊、学生、其他。

9. 按从事行业细分:农林牧渔业、采矿业、制造业、电力燃气及水的生产供应业、建筑业、交通运输仓储和邮政业、信息传输计算机服务及软件业、批发零售业、住宿餐饮业、金融业、房地产业、租赁和商务服务业、科学研究技术服务和地质勘查业、水利环境和公共设施管理、居民服务和其他服务业、教育业、卫生社会保障和社会福利业、文化教育娱乐业、公共管理和社会组织、其他行业。

10. 按从业年限细分:1 年以下、1—5 年、5—10 年、10—20 年、20—30年、30 年以上。

11. 按婚姻状况细分:已婚、单身(未婚、离异、丧偶)。

12. 按子女情况细分:有子女、无子女。

其中,对有子女情况再细分:子女性别、子女数量、子女年龄、子女教育程度、子女家庭情况、子女从事行业等。

13. 按教育程度细分：研究生及以上、本科、大专、高中、初中、小学及以下。

14. 年收入细分：0—5 万、5 万—10 万、10 万—20 万、20 万—50 万、50 万以上。

15. 配偶基本情况细分，与上述 1—14 类似。

①按性别细分：男性、女性。

②按年龄细分：18 岁以下；18—40 岁；40—60 岁；60 岁以上。

③按户籍/居住地细分：按照省份、市、县、镇等级细分。

④按职业细分：公务员或事业单位（教师、政府部门职员）、企业人员（普通职工、管理人员）、个体工商户或家庭作坊、学生、其他。

⑤按从事行业细分：农林牧渔业、采矿业、制造业、电力燃气及水的生产供应业、建筑业、交通运输仓储和邮政业、信息传输计算机服务及软件业、批发零售业、住宿餐饮业、金融业、房地产业、租赁和商务服务业、科学研究技术服务和地质勘查业、水利环境和公共设施管理、居民服务和其他服务业、教育业、卫生社会保障和社会福利业、文化教育娱乐业、公共管理和社会组织、其他行业。

⑥按从业年限细分：1 年以下、1—5 年、5—10 年、10—20 年、20—30 年、30 年以上。

⑦按教育程度细分：研究生及以上、本科、大专、高中、初中、小学、小学以下。

⑧按年收入细分：0—5 万、5 万—10 万、10 万—20 万、20 万—50 万、50 万以上。

16. （合伙人）基本情况细分，与上述 1—14 类似。

①按性别细分：男性、女性。

②按年龄细分：18 岁以下；18—40 岁；40—60 岁；60 岁以上。

③按户籍/居住地细分：按照省份、市、县、镇等级细分。

④按职业细分：公务员或事业单位（教师、政府部门职员）、企业人员（普通职工、管理人员）、个体工商户或家庭作坊、学生、其他。

⑤按从事行业细分：农林牧渔业、采矿业、制造业、电力燃气及水的生产供应业、建筑业、交通运输仓储和邮政业、信息传输计算机服务及软件业、批发零售业、住宿餐饮业、金融业、房地产业、租赁和商务服务业、科学研究技术服务和地质勘查业、水利环境和公共设施管理、居民服务和其他服务业、教育业、卫生社会保障和社会福利业、文化教育娱乐业、公共管理和社会组织、其他行业。

⑥按从业年限细分：1 年以下、1—5 年、5—10 年、10—20 年、20—30 年、30 年以上。

⑦按教育程度细分：研究生及以上、本科、大专、高中、初中、小学、小学以下。

⑧按年收入细分：0—5 万、5 万—10 万、10 万—20 万、20 万—50 万、50 万以上。

⑨按婚姻状况细分：已婚、单身（未婚、离异、丧偶）。

⑩按子女情况细分：有子女、无子女。

其中，对有子女情况再细分：子女性别、子女数量、子女年龄、子女教育程度、子女家庭情况、子女从事行业等。

（二）从客户行为角度来看，金融行业层面，即客户与银行交易行为。将客户划分成高端客户、中端客户、低端客户、食利客户、储蓄客户

1.客户首次开户/销户时间：对我行的认知度、忠诚度

2.客户账户类型：支票、存折、借记卡、信用卡、其他

3.客户账户基本情况

(1)支票。

①支票数量。

②支票开户行。

(2)存折。

①存折数量。

②存折开户行。

(3)借记卡。

①借记卡数量。

②借记卡开户行。

(4)贷记卡(信用卡)/准贷记卡。

①(准)贷记卡数量。

②(准)贷记卡授信额度。

③(准)贷记卡(最大)透支余额。

④(准)贷记卡用途(消费/透支)。

⑤(准)贷记卡逾期金额。

⑥(准)贷记卡逾期次数。

4.客户存款类账户情况

①客户首次开活期账户时间。

②客户首次开定期账户时间。

③客户活期账户日均余额。

④客户定期账户日均余额。

⑤客户存款类型(对公存款业务分活期存款、定期存款、协定存款和通知存款)。

⑥客户定期存款期限及各期限的次数。

⑦客户通知存款期限及各期限的次数。

⑧客户协定存款期限及各期限的次数。

5.客户理财类账户情况

①首次购买理财类产品时间。

②购买理财产品期数。

③购买理财产品每期的金额。

④购买理财产品是否有连续性。

⑤对新理财产品是否在第一时间购买。

⑥获知理财类产品渠道。

⑦是否有购买多项理财类产品。

6.客户贷款类账户情况

(1)客户首次贷款情况。

①客户首次贷款时间。

②客户首次贷款金额。

③客户首次贷款期限(3个月、6个月、1年等)。

(2)客户贷款类型。

①农业贷款(贷款期限、金额)。

②非农业贷款(贷款期限、金额)。

(3)客户贷款次数。

(4)客户转贷情况(金额变化、期限变化)。

(5)客户提前还贷情况。

①客户提前还贷时间。

②客户提前还贷次数。

(6)客户首次被否决情况。

①客户首次被否决时间。

②客户首次被否决原因。

(7)客户被否决次数。

(8)客户被否决后再次贷款情况。

①否决后再次贷款时间。

②否决后再次贷款金额。

③否决后再次贷款期限。

(9)客户贷款支付方式。

①自主支付及用途。

②受托支付及用途。

7.客户办理业务渠道

(1)客户通过电子银行办理业务情况。

①客户首次办理电子银行的时间。

②客户办理电子银行类型(网上银行、手机银行、电话银行、自助银行)。

③客户办理电子银行频率。

④客户办理电子银行业务类型(网上转账、网上交电费等)。

⑤客户是否有办支付宝。

⑥客户登录次数(/周,/月,/年)。

⑦客户登录时长/次。

(2)客户通过柜面办理业务情况。

①客户柜面办理周期。

②客户柜面办理业务类型(现金存取、大小额电汇、本票、支票等)。

③客户柜面办理业务金额。

(3)客户通过 ATM 办理业务情况。

①客户 ATM 办理业务类型(现金存取、查询等)。

②客户 ATM 办理业务金额。

③客户 ATM 办理周期。

8.客户办理结算业务情况

(1)支票业务。

①支票数量。

②支票金额。

③支票对象。

④支票用途。

(2)本票业务。

①本票数量。

②本票金额。

③本票对象。

④本票用途。

(3)银行汇票业务。

①银行汇票数量。

②银行汇票类型(三省一市汇票、城商行汇票/现金汇票、转账汇票)。

③银行汇票金额。

④银行汇票用途。

(4)银行承兑汇票业务。

①银行承兑汇票数量。

②银行承兑汇票金额。

③银行承兑汇票期限(<6个月)。

(5)委托收款。

①委托收款类型(商业汇票、债券、存单等债务证明)。

②委托收款金额。

③委托收款期限(<6个月)。

(6)代理业务。

①代发工资业务。

②代收代缴业务(电费、电话费、保险费、医疗保险费等)。

9.拨打客服电话的次数

(三)从客户态度/价值来看,客户对产品反馈。客户对利率、存期、产品类型偏好等程度

七、基于客户细分模型的客户特征分析及营销对策研究

(一)个人客户

客户类型	特 征	营 销 对 策
纯风险类客户	年龄偏中年,纯存款余额少,购买理财产品频率高,且喜欢购买利率高的产品等。	针对此类客户,可以为他们推荐投资、理财类且高风险高收益产品,因为其抗风险能力较强,偏好于风险类投资。或者针对该纯风险类客户群量身定做期货、期权、贵金属等产品。

续 表

客户类型	特 征	营 销 对 策
纯消费类客户	年龄偏轻,纯存款余额少,信用卡刷卡余额高,刷卡用途偏重于消费,且信用卡数量较多。	此类客户年龄层偏低,消费高,对新鲜事物的好奇心和接受度高,可以专门制作纯消费型信用卡,如刷卡可以换购礼物、赢取积分、免费参与签约特约商户的优惠活动等活动,以迎合客户群。
透支类客户	年龄偏中,信用卡刷卡用途偏重于透支,信用卡数量较多,基本无贷款。	此类客户年龄层偏中等,从事某项生意,其经营资金周转可能受行业规律影响有一定的周期性,而导致现金流紧张,需要通过信用卡透支。可以从透支的计息、透支期限、透支还款方式定制与其适合的信用卡产品。
贷款类客户	贷款次数多,贷款余额高,信用卡数量少,信用卡余额少。	此类客户在资金流趋紧的情况下,偏好通过贷款方式来解决,可以为此类客户就贷款金额、贷款期限、贷款利率、还款方式制作贷款产品,随时跟踪其贷款使用,以维系客户。
纯储蓄类客户	年龄偏高,一般为老年人,基本无理财产品,无信用卡,贷款数量少,风险意识弱,抗风险能力不强。	针对此类客户,可以向其推荐整存整取、通知等安稳型产品,或者与保险公司联合开发安稳型、养老分红型产品。
网络型客户	年龄偏低,业务发生场所多为网银记录,其偏好通过网络办理金融业务,不喜欢临柜办理。	针对此类客户,要丰富电子银行产品,完善网络服务体系,疏通电子渠道;推荐支付宝类产品。

(二)企业客户

客户群		主要情况	现实需求	潜在需求
国内贸易企业	微小型企业	年产值或年营业额在 500 万以下;小型制造修理厂服务零售业街道、乡村、个体经营企业	1. 存款及存款组合 2. 担保贷款、抵押贷款等 3. 国内结算业务、保管箱业务、信托业务、单位信用卡业务 4. 公司理财、代理业务 5. 代理企业财务	1. 自动金库 2. 电子银行 3. 财务监管 4. 信息咨询

续　表

客户群		主要情况	现实需求	潜在需求
国内贸易企业	中型企业	年产值或年营业额在500万至1个亿之间 中型制造厂、商厦、宾馆、民营企业、"三资企业"	1.存款及存款组合 2.国内各种贷款、国际贷款 3.国内结算业务、国际结算业务、信托业务、租赁业务、信用卡业务 4.公司理财、供理业务、代理外汇买卖	1.电子银行 2.投资策略、论证 3.国际市场调查 4.财务咨询 5.投资银行业务
	大型企业	年产值或年营业额在1个亿以上 大型工厂、商厦、宾馆、民营企业集团、三资企业集团、连锁店、大型超市等	1.存款及存款组合 2.国内贷款、国际贷款、国内融资、国际融资、代理股票上市 3.信托业务、租赁业务、代理公司理财、信用卡业务 4.银行担保、银行表外业务	1.投资银行业务 2.企业银行 3.代理资产经营 4.被兼并企业清盘 5.电子银行 6.国外信息咨询
国外贸易企业	进出口企业（含外资企业）	从事进出口贸易,生产经营的产品主要销往国外,主要从事贸易,包括外资企业、合资企业	1.国内存款,并通过国内银行海外分支机构取得当地货币的活期和储蓄账户,保付支票等 2.进出口信贷、福费廷、融资租赁、票据贴现 3.信用证结算、托收票据等 4.货币兑换、外汇买卖 5.国外担保、银行保函、国外信托业务	1.国外票据贴现 2.资金调查报告 3.国际银行支票 4.表外业务 5.国外信息咨询

八、课题取得的成果

论文《数据库营销之客户细分统计模型浅析——以商业银行为例》在浙江省第十三次统计科学讨论会上被录用并收录论文汇编。

论文《Analysis of Influence Factors of Non-performing Loans and Path Based on the Dynamic Control Theory》,参加2015年10月29日—31日在马来西亚举办的 The International Symposium on Innovative Management, Information & Production（IMIP2015）国际会议,2016年11月在 EI 期刊发表。

九、今后的设想

基于客户关系管理(CRM)系统的客户细分模型体系的数据获取渠道在实时和动态方面有需要改善,随着信息技术的不断创新和提高,需要在数据获取渠道方面有所革新,将移动设备与传统客户细分相互结合将是今后很长一段时间的研究重点,尤其对于银行等金融机构客户细分的研究显得十分重要,这也是课题组后续开展研究的方向。

课题负责人:王震蕾
课题组成员:秦　嵩　叶仁道　薛　洁
　　　　　　王　然　陈剑敏　王伟文

[参考文献]

[1] 魏敏,田蕾.个人理财市场细分及客户群差异性分析[J].金融论坛,2006(10).

[2] 刘英姿,吴昊.客户细分方法研究综述[J].管理工程学报,2006(1).

[3] 陈静宇.基于客户价值的中间商客户细分与客户管理策略研究[D].重庆大学,2004.

[4] 王崇,赵金楼.基于动态神经网络的消费者购买行为特征的挖掘[J].情报杂志,2011(11).

[5] 魏巍.基于客户数据库的市场细分实证研究——以某高校网络超市数据为例[J].河南工程学院学报(社会科学版),2011(2).